高等学校创新性数智化应用型经济管理规划教材（会计系列）

总主编 / 李雪　主审 / 徐国君



# 会计学

马俊云◎主编

李小林　陈德英◎副主编

立信会计出版社
LIXIN ACCOUNTING PUBLISHING HOUSE

**图书在版编目(CIP)数据**

会计学/马俊云主编. —上海：立信会计出版社，2022.8(2024.8重印)

ISBN 978-7-5429-7125-8

Ⅰ. ①会… Ⅱ. ①马… Ⅲ. ①会计学—高等学校—教材 Ⅳ. ①F230

中国版本图书馆CIP数据核字(2022)第123271号

策划编辑　方士华
责任编辑　孙　勇
美术编辑　吴博闻

**会计学**

KUAIJIXUE

| | | | |
|---|---|---|---|
| 出版发行 | 立信会计出版社 | | |
| 地　　址 | 上海市中山西路2230号 | 邮政编码 | 200235 |
| 电　　话 | (021)64411389 | 传　　真 | (021)64411325 |
| 网　　址 | www.lixinaph.com | 电子邮箱 | lixinaph2019@126.com |
| 网上书店 | http://lixin.jd.com | | http://lxkjcbs.tmall.com |
| 经　　销 | 各地新华书店 | | |

| | | | |
|---|---|---|---|
| 印　　刷 | 苏州市古得堡数码印刷有限公司 | | |
| 开　　本 | 787毫米×1092毫米 | 1/16 | |
| 印　　张 | 16.25 | | |
| 字　　数 | 395千字 | | |
| 版　　次 | 2022年8月第1版 | | |
| 印　　次 | 2024年8月第2次 | | |
| 书　　号 | ISBN 978-7-5429-7125-8/F | | |
| 定　　价 | 49.00元 | | |

如有印订差错，请与本社联系调换

# 总　序

教材是高校实现人才培养目标的重要载体，教材及教材建设对高校发展具有举足轻重的作用。与培养模式相对应的教材是培养合格人才的基本保证，是实现培养目标的重要工具。由于历史的原因，在财经类教材的出版方面，相关出版社出版研究型本科或者高职高专、中等职业等层次的教材较多，应用型本科教材较少。虽然近年来一些应用型本科教材也陆续出版，但总体而言，这些教材还是缺乏权威性、普适性、实用性、创新性。造成这种状况的原因主要在于：出版社对财经类应用型本科教材的出版还不够重视，没有进行有效的组织；财经类应用型本科院校多为新建院校，教材建设相对滞后，主观上也较愿意使用研究型本科教材；在教材使用中存在比较严重的混用现象，教材目标读者群不明确，如不少教材既适用于研究型本科院校又适用于应用型本科院校，或者既适用于本科院校又适用于高职高专院校。

由于目前财经类应用型本科教材种类和数量匮乏或质量欠佳，财经类应用型本科院校不得不沿用传统研究型教材。这些教材本身的质量很好、级别很高，但是并不适用于应用型本科院校的教学，教师和学生普遍反映不好用。即使在全国范围看，也还没有相对成套、成熟的适合财经类应用型本科院校的教材。现有教材存在的主要问题包括：①教材的定位和要求过高；②教材的内容偏多、难度偏大；③教材着重于理论解释，相关案例、实训等内容较少，缺乏普适性、实用性。

与此同时，信息技术的快速发展使学生的学习习惯和阅读习惯发生了改变，不断朝个性化、自主学习的方向发展，传统的单一纸质教材已经无法适应这种变化。翻转课堂、慕课、微课等网络课程的兴起，混合式教学的不断推进，也对立体化教材建设提出了新的要求。教材作为一种课堂上的教学工具、一种传播媒介，理应顺势而为，随课堂形式、学生学习方式的改变而改变，朝着数字化、立体化、可视化的方向发展。因此，需要编写适应学生水平、便于学生接受的立体化财经类应用型本科教材。

我们组织具有多年应用型人才培养经验的优秀教师和实务界专家编写了这套教材。本套系列教材有《会计基本技能》《出纳实务》《基础会计》《中级财务会计》《成本会计》《管理会计》《会计信息系统》《财务管理》《审计学》《高级财务会计》《商业分析》《税法》《经济法》《金融学》等品种。为了保证教材的质量，本套教材聘请了知名高校的专家教授进行专门指导和审核。每本教材至少有一名本学科的知名专家或学科带头人提出审核指导意见，至少有一名高等院校教学一线的高级职称教师组织编写，至少有一名行业协会、实务界专家或教学研究机构人员提出编写建议。

本系列教材的特色如下。

1. 应用性

应用型本科的教材建设应坚持培养应用型本科人才的定位,充分吸收和借鉴传统的普通本科教材与高职高专类教材建设的优点和经验,以就业为导向,做到理论上高于高职高专类教材、动手能力的培养上高于传统的本科院校教材。本系列教材体现了应用型本科的定位,体现了素质教育和“以学生发展为本”的教育理念,遵循了高等教育教学基本规律,重视知识、能力和素质的协调发展,根据应用型人才培养模式对学生的创新精神、实践能力和适应能力的要求,在内容选材、教学方法、学习方法、实验和实训配套等方面突出了应用性特征。

2. 针对性

本系列教材的编写符合会计学、财务管理和审计学等专业的培养目标、培养需求、业务规格和教学大纲的基本要求,与各专业的课程结构和课程设置相对应,与课程平台和课程模块相对应。教材在结构纵横的布局、内容重点的选取、示例习题的设计等方面符合教改目标和教学大纲的要求,把教师的备课、试讲、授课、辅导答疑等教学环节有机地结合起来。

3. 立体化

本系列教材为立体化教材,实现了由传统纸质教材向“纸质教材+数字资源”的转变,通过技术手段将晦涩难懂的理论知识转变为直观的具体知识,以立体化、数字化的方式呈现,包括图文、动画、音频、视频等多种形式,生动、有趣且易懂,不仅可以激发学生的学习兴趣,还有利于教学效果的提升。

4. 趣味性

本系列教材注重趣味性,使用了大量的例题和案例,每章都加入了“思政育人”“相关思考”“延伸阅读”等内容,使读者能够加深理解,便于掌握相关内容。在案例、例题等的设计选用上重点突出趣味性,易于引发读者的共鸣。

5. 先进性

本系列教材反映了应用型会计人才教育教学改革的内容,能够反映学科领域的新发展。教材的整体规划、每一种教材的内容构建等均体现了创新性。教材还强调了系列配套,包括了教材、学习参考书、教学课件等。立体化教材在内容修订上更具有明显优势,线上资源可以随时根据政策法规、理论知识或工作实务等的变化进行调整,更有利于保持教材内容的先进性。

6. 基础性

本系列教材将打破传统教材自身知识框架的封闭性,尝试多方面知识的融会贯通,注重知识层次的递进,体现每一门科目的基本内容,同时在具体内容上突出实际运用能力,做到“教师易教,学生乐学,技能实用”。

7. 易于自学

自学能力是大学生的一项基本能力。学生只有具备了自主学习的能力,才能最终建立起终身学习的保障体系,这也是应用型本科人才培养的客观要求。应用技术型高校的生源素质与普通高校相比存在一定的差距，除了一部分是高考发挥失误的学生，还有一部分学生在学习习惯、基础知识等方面存在一定的欠缺，这就要求教材能够调动这部分学生的学习积极性，在理论方面尽量通俗易懂，在实践方面尽量采用案例式教学。为了有利于学生课后自主学习，本系列教材配套了学习指导书和教学课件。

因此，本系列教材的定位准确，特色明显，适用于应用型本科院校教学，容易得到学生和市场的认可，便于学生的自学和教师的教学。

“十四五”高等学校创新性数智化应用型经济管理规划教材凝聚了众多领导、教授和专家多年来的经验和心血。当然，由于我们的经验和人力有限，教材中难免存在不足，我们期待着各位同行、专家和读者的批评指正。我们将伴随着经济发展和会计环境的变迁不断修订教材，以便及时反映学科的最新发展和人才培养的最新变化。

本系列教材自2014年出版后，得到市场的认可，深受广大高校师生的欢迎。为了更好地回馈读者，本系列教材从2017年起启动第二版的修订工作，2019年启动第三版的修订工作，2021年启动第四版的修订工作。各种教材的修订版将陆续出版。我们会一如既往地做好教材修订和相关服务工作，希望广大读者对本套系列教材继续给予支持。

李　雪

2022年8月

# 前　言

本书为“十四五”高等学校创新性数智化应用型经济管理规划教材（会计系列）之一，具有应用性、针对性、先进性、基础性、自学性的特点。随着经济的快速发展，企业对管理人员的素质要求越来越高，读懂会计报表、根据会计信息进行决策是对管理人员的基本要求。会计学是一门专业基础课，通过教学使学生能站在会计信息使用者的角度掌握会计学的基本理论，了解会计核算方法，了解会计信息的处理过程，能解读有关会计报表，具备运用会计信息进行分析和决策的能力。

本书根据新企业会计准则体系和新税法改革的最新成果编写。全书共分为 8 章，主要内容包括总论、会计要素与科目、会计等式与复式记账、会计凭证与会计账簿、账务处理程序、制造业企业主要经济业务的核算、财务会计报告、管理会计基础。在编写风格上，本书注重循序渐进，由浅入深，注重会计基础性内容的阐述和基本方法的应用。本书每章都加入了内容简介、学习目的和要求、知识框架、本章小结、本章重要概念、本章练习，有助于学生理解和把握本书基本内容和方法，有助于培养学生的分析能力和创新能力。在讲解的过程中，本书将理论与实务工作紧密结合，有助于增强学生理论与实务相结合的能力。本书主要作为高等院校会计等相关专业教材，也可供相关专业人员参考。

本书编写特点如下：

(1) 本书涉及财务会计、管理会计的内容，既丰富了学生的会计理论知识，又培养了学生的系统思维能力。

(2) 本书理论联系实际，重视知识、能力和素质的协调发展，以培养应用型人才为目的，提高学生的创新精神和实践能力。

(3) 本书利用图、表等方式进行讲解，图文并茂，并穿插鲜活案例，通俗易懂。

(4) 本书为立体化教材，形式多样，主要通过多媒体、多形态、多用途、多层次的教学资源呈现。

(5) 本书加入了课程思政的内容，将知识传授与价值引领、能力提升、素质养成有机融合。

马俊云为本书主编，李小林、陈德英为副主编，孙晓彤、于群、张念念参与编写。本书具体编写分工如下：孙晓彤负责编写第 1 章，李小林负责编写第 2 章，李小林负责编写第 3 章，马俊云负责编写第 4 章，陈德英负责编写第 5 章，马俊云负责编写第 6 章，陈德英、张念念负责编写第 7 章，于群负责编写第 8 章。

本书在编写的过程中参考了大量相关教材和论著，在此向有关作者致以深深的谢意！

我们对本书的编写进行过多次讨论研究，力求内容编排合理、避免错误，书中若有疏漏不足之处，敬请读者批评指正。

编　者

2022 年 8 月

# 目 录

# 第1章　总　　论



## 内容简介

本章主要讲解了会计定义，包括会计的产生与发展、会计的本质和会计的概念、会计的职能与目标、会计核算的假设、会计的方法以及财务会计与管理会计、财务管理的关系。

## 学习目的和要求

通过本章学习，学生应掌握基础会计的含义、职能和目标；明确会计的基本假设、会计基础和核算方法，了解基础会计的生产与发展。

## 知识框架

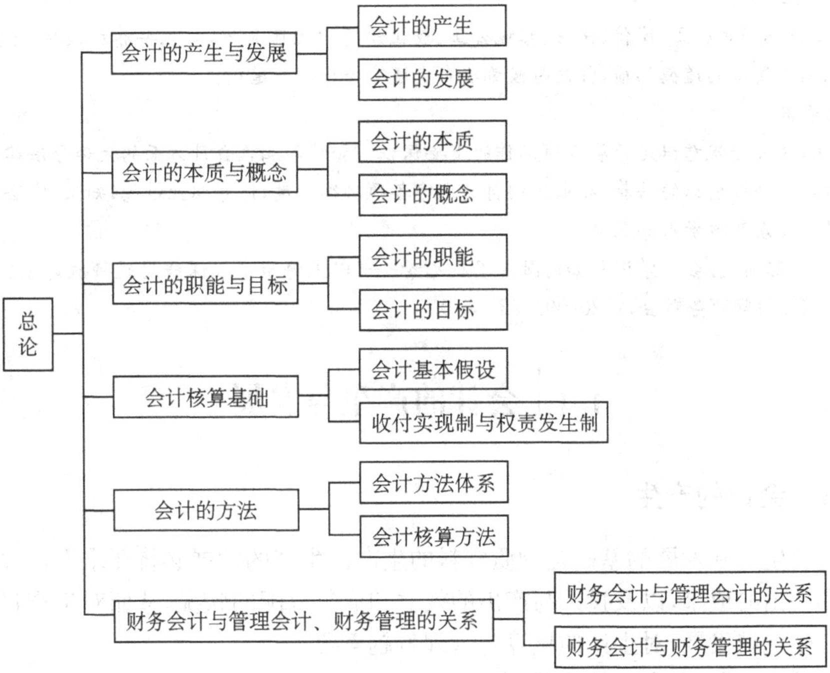

## 思政育人

### 会计与道德

会计学作为经济管理类学生的必修课程，课程目标是培养会计信息的使用者，教学内容应侧重于会计要素及会计信息的理解与分析，同时将求真务实、坚持原则的职业道德教育贯穿整个教学过程，以促进学生健全、高尚人格的塑造和培养。

1. 诚信信念

社会主义核心价值观中强调诚信原则，诚实守信也是会计学科的根本理念，是会计行业得以健康发展的基本保证。相关性和可靠性是会计信息质量的最基本要求，离开了诚信，会计的可靠性也就无从谈起。

2. 谨慎原则

谨慎性也被称为稳健性，是会计核算中的重要原则，是管理者对于不确定性的一个谨慎反应，也是建立社会主义市场经济的客观要求。

3. 公允与平衡

会计学中重要的等式是资产＝负债＋所有者权益，强调等式左右的平衡，左侧是拥有的资源，右侧是承担的责任和义务。从资产负债表的角度来看，学生们要有“先天下之忧而忧，后天下之乐而乐”的政治抱负，“苟利国家生死以，岂因祸福避趋之”的报国情怀，只有讲求奉献才能得到越来越多的净收益。

财务会计报告要求真实公允，能够反映事物的实质。偏离公允原则，会给国民经济带来负面影响。会计政策的制定需要依赖大量的主观判断与估计，管理者应坚持公允原则，不夸大或缩小事实，确切反映企业的能力与风险。

4. 责任与担当

会计中的权责发生制强调责任与担当，恪尽职守、敬业奉献是每个人应有的责任和担当。学生应树立正确的权利观和责任观，树立可持续发展的长远业绩观。

5. 会计职业道德

会计职业道德倡导独立、诚信、保密、客观公正、敬业爱岗的优良品质，学生要养成慎独、慎欲、慎省、慎微的好习惯，培养高尚的道德品质，任何时候都要自觉遵守会计职业道德。

6. 合规意识

遵纪守法、树立合规意识是开展各项工作的重要保证。会计学涵盖会计方面的大部分法律、法规，教学时，应注重对学生合规意识的培养，要求他们自觉遵守各项法律制度，恪守职业道德，知法、守法、敬法，切实保护国家、社会公众及投资人等利益。

（资料来源：陈丽英. 会计学课程如何融入思政元素——以上海市高校课程思政领航计划（精品改革领航课程）为例[J]. 国际商务财会，2020(09)：52-55.）

# 1.1 会计的产生与发展

## 1.1.1 会计的产生

人类社会生产和发展的基础是物质资料的生产。生产的发展必将要求人们关注生产投入的耗费和产出的成果，以及投入与产出的效益和成果分配的状况，从而对生产过程进行核算和管理。生产越发展，对生产的核算与管理就越重要。

在原始社会初期，生产比较简单，人们对生产的耗费与成果的关心是先通过头脑记忆再进行记载的，如绘图记事、刻画记事和结绳记事等。到了原始社会中期，第一次社会大分工使畜牧业和农业分开，生产有了很大发展，出现了剩余产品，有了物物交换，人们开始关心有多少剩余产品，剩余产品怎样分配和怎样交换，同时也开始以牛、羊、兽皮、贝壳为等价物进行交换，从而促进了对生产的核算和管理。到了原始社会末期，第二次社会大分工使工业和农业分开，会计获得了进一步发展，有了商品生产，交换随之扩大，并形成以某种商品（如麻布、茶叶等）为“一般等价物”进行交换。人们对生产的耗费与成果的关心，促使会计从生产过程中一种必要的附带工作，逐步形成一种专门的工作，开始有专门的人员对其进行核算和管理。例如，马克思在对印度古代历史的研究中发现，原始社会末期，在远古的印度公社中，已经有记账员在登记农业账目，登记和记录与此有关的一切事项。

### 1.1.2　会计的发展

1-1视频：会计的发展史

会计的发展可以分为古代会计、近代会计和现代会计三个阶段。

**1. 古代会计阶段**

古代会计阶段是从会计产生到1494年专门论述借贷复式簿记的书籍出现之前的阶段，这是会计发展史上最漫长的一段时期。古埃及、古巴比伦、古罗马和古希腊等文明古国都留下了对会计活动的记载。

我国最早出现会计事项记载的文字是商朝的甲骨文。公元前475年，我国进入了封建社会，生产力有了一定发展，已将黄金、白银作为货币。唐代中期已有“飞钱”，其已具有纸币性质，类似汇票。宋高宗在太府寺中专设有“审计司”，掌管查账的工作，这是我国专设会计、审计机构的初始。宋代“四柱”式会计方法（旧管＋新收－开除＝实在）的运用，标志着我国中式会计达到比较科学、系统、完善的程度。公元994年，我国已经开始使用“四柱”式会计方法，英国在1855年才用法案形式固定下列公式：上期结存＋本期收入－本期支出＝本期结存。明朝末年，商界有人把“官厅会计”的账簿格式及登记方法改为适应民间商业的“龙门账”。鸦片战争前的清朝，一些较大的工厂手工业中已专设“账房”，设置账簿，考核费用、成本与利润。

**2. 近代会计阶段**

近代会计以复式记账法的产生和《簿记论》的问世为标志。1949年，意大利数学家卢卡·帕乔利出版了《算术、几何、比及比例概要》一书，其中的《簿记论》较为详细地阐述了日记账、分录账和总账以及试算表的编制方法，介绍了威尼斯复式记账法的原理和方法。《簿记论》的问世，使会计界在关注会计实务的同时，开始致力于会计理论的研究，这不仅结束了簿记作为一项技术性工作的阶段，还使簿记成为一门科学，而且在世界会计发展史上开创了一个影响极其深远的时代——卢卡·帕乔利时代。该书的出版标志着近代会计的开始，卢卡·帕乔利也被誉为“会计之父”。

从16世纪末到19世纪，意大利的复式簿记迅速在欧洲传播并取得了很大发展。随着德国、法国、英国等国资本主义的迅速发展，尤其是英国工业革命的兴起，许多专门研究和论述簿记、会计理论等方面书籍陆续出版，会计知识得到广泛普及。

**3. 现代会计阶段**

20世纪20年代末至30年代初，美国发生的经济危机促成了《证券法》和《证券交易法》的颁布及对会计准则的系统研究和制定。财务会计准则体系的形成不仅奠定了现代会计法制体系和现代会计理论体系的基础，而且促进了传统会计向现代会计的转变。进入 20 世纪 50 年代，在会计规范进一步深刻发展的同时，为适应现代管理科学的发展，国际上逐渐形成了以全面提高企业经济效益为目的、以决策会计为主要内容的管理会计。1952 年，国际会计师联合会正式通过“管理会计”这一专业术语，这标志着会计正式划分为财务会计和管理会计两大领域。

## 1.2 会计的本质与概念

### 1.2.1 会计的本质

会计的本质是一种管理活动，具体原因如下：

(1) 从理论上讲，会计工作既包括核算又包括管理。正如马克思指出的，过程越是按社会的规模进行，越是失去纯粹个人的性质，作为对过程进行控制和观念总结的簿记就越是必要。

(2) 从实际工作中看，会计改革中，中华人民共和国财政部（以下简称“财政部”）于 1995 年 12 月 15 日发布的《会计改革与发展纲要》(财会字〔1995〕71 号)提出，要建立与社会主义市场经济发展要求相适应的会计模式。会计模式的基本要求是以提高经济效益为目标，适应企业内部运行机制，建立有利于推行和落实内部经济责任制，有利于对经济活动实行全过程、全方位核算和监督的管理会计。

会计工作是一项完整的工作，会计核算和会计管理是会计实际工作中不可分割的两个方面。从国家财政部门和行业管理部门的要求来看，无论是国家宏观管理或企业微观管理，都需要会计机构和会计人员对经济活动进行核算和管理。

(3) 从法律规定上看，《中华人民共和国会计法》(以下简称《会计法》)第五条规定：“会计机构、会计人员依照本法规定进行会计核算，实行会计监督。”这一条规定了会计机构、会计人员的主要职责——既要进行会计核算，又要进行会计监督。

(4) 从发展趋势上看，随着高科技的发展和社会信息化程度的提高，会计工作在会计电算化的基础上，为管理会计的发展创造了条件。

可见，会计工作既是一种会计信息系统，又是一项经济管理活动，其本质是一种管理活动。

1-2 会计的特点

### 1.2.2 会计的概念

1-3 扫一扫练一练

会计已经成为现代企业中一项重要的管理工作。企业的会计工作主要是通过一系列会计程序，对企业的经济活动和财务收支进行核算和监督，反映企业的财务状况、经营成果和现金流量，反映企业管理层受托责任履行情况，为会计信息使用者提供有用的决策信息，并积极参与经营管理决策，提高企业经济效益，促进市场经济健康有序的发展。

1-4 扫一扫练一练答案

会计既是一个信息系统，又是一个经济管理系统。从管理活动系统和过程看，其主要有反映经济情况、监督经济活动、控制经济过程、分析经营成果、预测经济前景、参与经济决策等几项工作，从而形成会计预测与决策、会计控制与检查、会计考核与分析等会计管理运行的一套体系。

从会计作为一个信息系统方面看，不难看出，会计是由若干个子系统组成的。会计的子系统主要按照所提供的信息性质和用途的不同，分为财务会计信息系统和管理会计信息系统，如再细分还可按内容分出成本会计、责任会计、预算会计、社会会计等多个子系统。

综上所述，会计是以货币为主要计量单位，利用专门程序和会计方法，对企业和行政、事业单位的经济活动，进行连续、系统、全面地核算和监督，以便向财务会计报告的使用者提供有关的会计信息的一项经济管理活动。

## 1.3 会计的职能与目标

### 1.3.1 会计的职能

会计的职能是指会计在经济管理中所具有的功能，具体来讲，就是会计是用来做什么的。现代会计的基本职能应当归纳为核算和监督。

**1. 会计核算职能**

会计核算职能是指会计以货币为主要计量单位，通过确认、记录、计算和报告等环节，对特定单位的经济活动进行记账、算账和报账，为经济管理提供信息。企业日常中会发生许多经济业务，会计人员对其记账、算账，最后形成会计报告，这些是会计最基本的工作，同时体现了会计的核算职能。会计的核算职能是会计最基本的职能，是其他会计管理工作的基础。

**2. 会计监督职能**

会计监督职能是指利用会计核算所提供的会计信息，以国家财经法规、政策等为依据，对各特定对象发生的经济业务的合法性、合理性进行检查。

会计监督包括事前监督、事中监督和事后监督。对已经发生或已经完成的经济业务进行合规性、合法性检查，是会计的事后监督，如对原始凭证、记账凭证进行审核；对会计监督体现在经济业务发生过程之中，是事中监督，如在预算执行过程中进行分析和控制；对尚未发生之前的会计监督，是事前监督，如对于预算、计划的审定。

**3. 两者之间的关系**

会计核算和会计监督是密切联系、相辅相成的。会计核算是实行会计监督的前提和基础，为会计监督提供核算资料，是会计监督的客观依据；会计监督是会计核算合法性和正确性的保证，保证会计核算信息的真实和可靠。没有会计核算，会计监督就没有了客观依据；没有会计监督，会计核算就失去了意义。

### 1.3.2 会计的目标

会计产生和发展的历史告诉我们，人类在社会实践中运用会计的目的是要借助会计对经济活动进行反映和监督，为经营管理提供财务信息，并考核、评价经营责任，从而取得最大的经济效益。这是由商品个别劳动时间和社会劳动时间的不同，以及人力、物力资源的有限等基本矛盾所决定的。那么，会计能提供些什么信息呢？这就要明确会计的目标是什么。会计目标就是设置会计的目的与要求，具体而言，会计目标就是对会计自身所提供经济信息的内容、种类、时间、方式及质量等方面的要求。也就是说，会计目标是要回答会计应干些什么的问题，即对所从事的工作，先要明确其应符合何时以何种方式提供何种信息。

会计目标指明了会计实践活动的目的和方向，同时也明确了会计在经济管理活动中的

1-5 会计的作用

使命，即成为会计发展的导向。制定科学的会计目标，对于把握会计发展的趋势，确定会计未来发展的步骤和措施，调动和借助会计工作者的积极性和创造性，促使会计工作规范化、标准化、系统化，更好地为社会主义市场经济服务等都具有重要的作用。

会计目标与会计目的不同，会计目的是对于会计实践活动而主观提出的，它不属于会计信息系统，它是在该系统以外回答人们利用会计信息来做些什么；会计目标则不是，它属于会计信息系统的组成部分，它一经明确，作为其具体化的会计职能就确定了。因为会计目标提出后，不论是从质的方面，还是从量的方面，其都规定了会计能提供什么种类和内容，以及什么方式的信息，此时，会计目标不能超出这个范围，除非又提出新的目标。

## 1.4 会计核算基础

### 1.4.1 会计基本假设

会计基本假设是企业会计确认、计量和报告的前提。会计基本假设包括会计主体、持续经营、会计分期和货币计量。

**1. 会计主体**

会计主体是指企业会计确认、计量和报告的空间范围，即进行会计核算和监督的特定单位和组织。

在会计主体的假设下，企业应当对其本身发生的交易或者事项进行会计确认、计量和报告，会计主体是反映企业本身所发生的经济活动从而进行核算和监督的特定单位或组织。明确界定会计主体是开展会计确认、计量和报告工作的重要前提。

第一，明确会计主体，才能划定会计所要处理的各项交易或事项的范围。在会计实务中，只有那些影响企业本身经济利益的各项交易或者事项才能加以确认、计量和报告，那些不影响企业本身利益的各项交易或事项则不能加以确认、计量和报告。会计工作中通常所讲的资产、负债的确认，收入的实现，费用的发生等，都是针对特定会计主体而言的。

第二，明确会计主体，才能将会计主体的交易或者事项与会计主体所有者的交易或者事项以及其他会计主体的交易或者事项区分开来。例如，企业所有者的经济交易或者事项是属于企业所有者主体所发生的，不应纳入企业会计核算的范围，但是企业所有者投入企业的资本或者企业向所有者分配的利润，则属于企业主体所发生的交易或者事项，应当纳入企业会计核算的范围。

会计主体不同于法律主体。一般而言，法律主体必然是一个会计主体。例如，一个企业作为一个法律主体，应当建立财务会计系统，独立反映其财务状况、经营成果和现金流量。但是，会计主体不一定是法律主体。又如，企业集团中的母公司拥有若干子公司，母、子公司虽然是不同的法律主体，但是母公司对子公司拥有控制权，为了全面反映企业集团的财务状况、经营成果和现金流量，有必要将企业集团作为一个会计主体，编制合并财务报表。在这种情况下，尽管企业集团不属于法律主体，但它属于会计主体。再如，由企业管理的证券投资基金、企业年金基金等，尽管不属于法律主体，但属于会计主体，应当对每项基金进行会计确认、计量和报告。

**2. 持续经营**

持续经营是指在可以预见的将来，会计主体的生产经营活动将会按既定目标正常、持续地进行下去，企业不会面临破产、清算，也不会大规模削减业务。在持续经营假设下，会计核算应当以企业正常、持续的生产经营活动为前提。它规定了会计核算的时间范围。

企业是否持续经营，在会计核算原则、会计业务处理方法的选择上有很大差别。一般情况下，应当假定企业将会按当前的规模和状态继续经营下去，不会停业，也不会大规模削减业务。明确这个基本前提，就意味着会计主体将按照既定用途使用资产，按照既定的合约条件清偿债务，按照受益期间合理分配发生的各项费用，会计人员就可以在此基础上选择会计核算原则和会计业务处理方法。例如，一般情况下，企业的固定资产可以在一个较长的时期内发挥作用，如果判断企业会持续经营，就可以假定企业的固定资产会在生产经营过程中长期发挥作用，并服务于生产经营过程，固定资产就可以根据历史成本进行记录，并采用折旧的方法将其价值分摊到各个会计期间或相关产品的成本中。如果判断企业不能持续经营，这时固定资产就不应采用历史成本进行记录并按期计提折旧。

持续经营是根据企业发展的一般情况所作的假设，而实际上任何企业都存在破产、清算的风险，也就是说，企业不能持续经营的可能性总是存在的。因此，需要企业定期对其持续经营基本前提作出分析和判断。企业经营一旦终止或破产清算，就必须改变会计核算原则和会计业务处理方法，并在企业财务会计报告中作相应披露。

**3. 会计分期**

会计分期是指将一个企业持续经营的经济活动划分为一个个连续的、长短相同的期间，以便分期结算账目和编制财务会计报告。

根据持续经营假设，一个企业将按当前的规模和状态持续经营下去。但是，无论是企业的生产经营决策还是投资者、债权人的决策，都需要及时的信息，它们将企业持续的生产经营活动划分为一个个连续的、长短相同的期间，分期确认、计量和报告企业的财务状况、经营成果和现金流量。会计分期产生了当期与以前期间、以后期间的差别，才使不同类型的会计主体有了记账的基准，进而出现了折旧、摊销等会计处理方法。

在会计分期假设下，企业应当划分会计期间，分期结算账目和编制财务报表。会计期间通常分为年度和中期。在我国，会计年度自公历1月1日起至12月31日止。中期是指短于一个完整的会计年度的报告期间，通常包括半年度、季度和月度。

**4. 货币计量**

货币计量是指会计主体在会计核算过程中采用货币作为计量单位，计量、记录和报告会计主体的生产经营活动。

在会计核算过程中，选择货币作为计量单位是由货币本身的属性决定的。货币是商品的一般等价物，是衡量一般商品价值的共同尺度，具有价值尺度、流通手段、贮藏手段和支付手段等特点。其他的计量单位，如重量、体积、面积、长度、只、件、台、工时等，只能从一个侧面反映企业的生产经营情况，无法在量上进行汇总和比较，不便于管理和会计计量。为了全面反映企业的生产经营、业务收支等情况，会计核算就选择了货币作为计量单位。当然，采用统一的货币尺度，也有不利的方面，因为影响财务状况和经营成果的因素并不是都能用货币来计量的，如企业经营战略、企业在市场中的信誉度、企业的地理位置、企业的技术研发能力等。企业经济活动中凡是能够用货币进行计量的，就可以进行会计核算，凡是不能用货币进行计量的，就不必进行会计核算，但要求企业采用一些非货币指标对财务报表作必要的补充说明。

1-6 视频：会计基本假设

货币计量是以货币价值不变、币值稳定为条件，对于货币购买力的波动不予考虑。因为，只有在币值稳定或相对稳定的情况下，不同时点的资产的价值才具有可比性，不同时间的收入和费用才能进行比较，才能计算、确定其经营成果，会计核算提供的会计信息才能真实可靠地反映企业的经营状况。然而，现实中货币的币值是不稳定的，币值变动时有发生，这就需要假定币值稳定不变。当币值波动较大时，可以通过会计核算原则和会计处理方法的选择，尽可能消除通货膨胀的影响。会计核算中计量用的货币称为记账本位币。我国企业的会计核算以人民币为记账本位币。业务收支以人民币以外的货币为主的企业，可以选定其中一种货币作为记账本位币，但是企业编制的财务会计报告应当折算为人民币；在境外设立的中国企业向国内报送的财务会计报告也应当折算为人民币。

### 1.4.2 收付实现制与权责发生制

1-7 视频：收付实现制

**1. 收付实现制**

收付实现制也称现金制，是以收到或支付现金作为确认收入和费用的标准，是与权责发生制相对应的一种会计基础。

1-8 视频：权责发生制

事业单位会计核算一般采用收付实现制；事业单位部分经济业务或者事项，以及部分行业事业单位的会计核算采用权责发生制核算的，由财政部在相关会计制度中具体规定。

**2. 权责发生制**

权责发生制也称应计制或应收应付制，是指收入、费用的确认应当以收入和费用的实际发生作为确认的标准，合理确认当期损益的一种会计基础。

1-9 扫一扫练一练

在权责发生制下，凡是当期已经实现的收入和已经发生或应当负担的费用，无论款项是否收付，都应当作为当期的收入和费用，计入利润表；凡是不属于当期的收入和费用，即使款项已在当期收付，也不应当作为当期的收入和费用。为了真实、公允地反映特定时点的财务状况和特定期间的经营成果，企业在会计确认、计量和报告中应当以权责发生制为基础。

1-10 扫一扫练一练答案

## 1.5 会计的方法

### 1.5.1 会计方法体系

会计方法是指用何种手段去实现会计的目标，完成会计的职能。会计方法究竟包括哪些方面的内容，在会计理论界和实务界存在着不同的看法。多数会计学者认为，从会计所要实现的目标和职能分析，会计方法包括会计核算方法、会计分析方法、会计检查方法、会计预测方法和会计决策方法。

**1. 会计核算方法**

会计核算方法是对会计对象进行连续、系统、全面、综合地记录、计算、反映和监督所采用的方法，包括从对经济业务的确认开始，通过会计数据的加工，到编制财务报表为止的一系列最基本、最主要的方法。

**2. 会计分析方法**

会计分析方法是依据会计核算提供的各项资料及经济业务发生的过程，对企业的经营过程及其经营成果进行定性和定量的分析所采用的方法。会计分析方法是会计预测、会计决策、会计检查的主要依据。

**3. 会计检查方法**

会计检查方法是通过会计核算及会计分析所提供的资料与有关标准进行比较，考核、检查企业生产经营过程或单位的经济业务是否合理、合法及其与标准有多大偏差的方法，其目的在于考核会计主体的经营业绩，控制经济运行按预定的轨道进行。

**4. 会计预测方法**

会计预测方法是通过会计核算及会计分析所提供的资料与市场环境因素的相关性，对会计主体的财会指标及未来发展趋势作出测算、预计的方法，以便为会计决策提供可选择的方案。

**5. 会计决策方法**

会计决策方法是指按财务指标的一定目标，从若干备选方案中选择最优方案的方法。参与经营决策，选择经济效益较高的方案，是会计工作的一项重要内容。

### 1.5.2 会计核算方法

会计核算方法是用来反映和监督会计对象的，会计对象的多样性和复杂性决定了用来进行反映和监督的会计核算方法不能采取单一的方法形式，而应该采用科学的体系。因此，会计核算方法由设置会计科目和账户、复式记账、填制和审核凭证、登记会计账簿、成本计算、财产清查和编制财务会计报告七种具体方法构成，这七种方法构成了一个完整的、科学的方法体系。

**1. 设置会计科目和账户**

会计科目是指对会计要素的具体内容进行分类核算的项目。账户是根据会计科目设置的，具有一定格式和结构，用于分类反映会计要素增减变动情况及其结果的载体。

企业根据生产经营特点和管理要求在会计制度中事先确定会计科目，并根据这些科目在账簿中开立账户，分门别类地连续记录各项经济业务。

**2. 复式记账**

复式记账是指在两个或两个以上相互联系的账户中进行登记，全面系统地反映会计要素增减变化及其结果的一种记账方法。复式记账是会计核算方法体系的核心。登记会计账簿简称记账，是以审核无误的会计凭证为依据而进行的。

**3. 填制和审核凭证**

填制和审核凭证是指为了保证会计记录完整、可靠，审查经济业务是否合理合法，而采用的一种专门方法。会计凭证是记录经济业务、明确经济责任的书面证明，是登记账簿的依据。会计凭证必须经过会计部门和有关部门的审核。只有经过审核并认为正确无误的会计凭证，才能作为登记账簿的依据。填制和审核凭证是会计核算工作的起点，正确填制和审核凭证，是进行核算和实施监督的基础。

**4. 登记会计账簿**

登记会计账簿是指在账簿上连续地、完整地、科学地记录经济活动与财务收支的一种专门方法。账簿是指用来连续、系统、全面、综合地记录各项经济业务的簿籍，是保存数据资料的重要工具。登记账簿必须以会计凭证为依据,利用所设置的账户和复式记账的方法,将所有的经济业务按其发生的时间顺序,分门别类而又相互联系地加以反映,以便提供完整而系统的核算资料。

**5. 成本计算**

成本计算是指对生产经营过程中发生的各种生产费用,按照各种不同的成本计算对象进行归集和分配,进而计算产品的总成本和单位成本的一种专门方法。成本计算可以确定材料的采购成本、产品的生产成本和销售成本,可以反映和监督生产经营过程中发生的各项费用是否节约或超支,并确定企业的经营成果。

**6. 财产清查**

财产清查是指通过对货币资金、实物资产和往来款项等的盘点或核对,确定其实存数,查明账存数与实存数是否相符的一种专门方法。财产清查可以查明各项财产物资的保管和使用情况以及往来款项的结算情况;监督各项财产物资的安全与合理使用。

**7. 编制财务会计报告**

编制财务会计报告是指对会计日常核算资料定期加以总结,总括地反映经济活动和财务收支情况、考核计划、预算执行结果的一种专门方法。财务会计报告是根据账簿记录定期编制的,总括地反映企业和行政、事业单位一定时期的财务状况、经营成果和现金流量的书面文件。编制财务会计报告不仅能满足单位内部管理者的决策需要,还可以满足与单位有利害关系的团体和个人了解本单位财务状况和经营成果的需要,同时也满足了税务部门了解本单位纳税情况的需要。提供会计信息是会计核算的重要环节,其必须遵循真实性、相关性和明晰性等原则,及时地向会计信息使用者提供会计信息。

## 1.6 财务会计与管理会计、财务管理的关系

### 1.6.1 财务会计与管理会计的关系

**1. 财务会计与管理会计的联系**

管理会计和财务会计处于相同的环境中,都为企业的生产、经营、管理服务。两者都能够记录、计算、分析、评价企业的经济活动,为企业的经营管理决策提供客观依据,有助于企业实现经济价值最大化的发展目标。管理会计和财务会计都源于传统会计,两者之间相互制约、相互依存,一起构成了企业财务活动的有机整体。

**2. 财务会计与管理会计的区别**

(1) 内容不同。管理会计的内容主要包括规划决策、业绩评价和控制,管理会计是对企业资金进行分析、评价、控制、预测和决策,用于管理企业的经济活动;财务会计的内容主要包括负债、资产、所有者权益、费用、收入以及利润的核算,是对资金的确认、记录、计量及汇报,用于反映企业的资金运动。

(2) 服务对象不同。管理会计能够提供最优化的决策和有效经营的管理信息,为企业内部管理人员提供参考依据,为提高企业经济效益和加强企业内部控制服务,常常被称为内部会计;财务会计能够提供最基本的财务信息,侧重于服务与企业有联系的个人或团体,常常被称为外部会计。

(3) 工作重点不同。经营管理型的管理会计需要在反映过去的基础上，强化前景预测、规划、决策等功能，面向未来是其工作重点；报账型的财务会计主要提供历史资金信息，面向过去是其工作重点。

(4) 时间跨度不同。编制管理会计报告有着较大的时间弹性，编制的时间可以短至1天，也可以长达几年，在实际运用中常常按照管理者的需求进行；编制财务会计报告的时间往往有着硬性规定，通常情况下编制对外财务会计报告的时间为1年、1季或1个月。

(5) 管理会计和财务会计在会计程序、会计方法、精确程度和信息特征等方面也存在着一定的差别。

### 1.6.2 财务会计与财务管理的关系

**1. 财务会计与财务管理的联系**

(1) 两者都运用货币尺度。财务会计和财务管理均是通过货币形式进行计量、计价以及评价的，均与企业的经济管理活动相关。

(2) 两者都是经济管理的一个组成部分。近年来，大多数企业、事业单位把财务会计部门和财务管理部门结合在一起，属于合署办公。它们均是为了实现企业经营管理的最终目标和提高企业的经济效益。

**2. 财务会计与财务管理的区别**

(1) 管理方式不同。财务会计主要是一个信息系统，财务会计的管理通过会计信息、会计制度等间接展开；而财务管理是在商品货币经济条件下对企业经营活动的一个特定方面的财务活动进行计划、组织、协调和控制的一种管理活动，是一种直接的价值管理活动。

(2) 两者的方法不同。财务会计主要采用核算、监督和信息参与的方法，而财务管理则采取预测、分析、决策等方法。财务管理作为一个完整的系统，其管理方法主要包括财务预测、财务决策、财务计划、财务控制、财务分析、财务检查及监督等。财务管理侧重于事前的预测、决策、计划和事中的控制与监督；财务会计作为一个信息处理系统，侧重于对事后经济事项进行反映和监督，它以设置会计科目和账户、复式记账、填制和审核凭证、登记账簿、成本计算、财产清查和编制会计报表等方法为主。由此，财务会计通过收集、存贮、传输和加工会计数据，输出财务信息，满足信息用户的需求；财务管理可以在此基础上，对会计信息作进一步加工，并利用加工后的信息参与经济管理。

(3) 两者的目标不同。财务会计的目标主要是提供有用的会计信息，财务管理的目标是企业组织财务活动、处理财务关系所要达到的根本目的，它决定着企业财务管理的基本方向，是企业财务管理工作的出发点。在有效市场的前提下，努力经营公司，追求公司价值最大化是财务管理的最终目标。

(4) 两者的职能不同。财务会计的基本职能是反映和监督，是对企业已经发生的经济业务进行货币计量的过程，其重点是对过去的财务信息进行核算，而不是对价值运动直接进行的管理；财务管理则是对企业的财务活动(价值运动)直接进行管理，它具有一般管理所固有的职能，即计划、组织、协调和控制。

(5) 两者的对象不同。对象不同是财务会计与财务管理两者存在区别的根本原因。财务会计作为一个经济信息系统，它的处理对象是价值运动信息。财务管理的目的是根据价值运动规律，为企业带来尽可能大的收益，所以，其管理的对象就是价值运动自身。

## 本章小结

本章主要学习会计学的基础知识，会计是以货币为主要计量单位，借助专门方法和程序，对企业、事业单位的经济活动进行全面、连续、系统地核算和监督，在此基础上对经济活动进行分析、预测和控制，提供经济信息、实现最优经济效益的一种管理活动。本章主要介绍了会计的产生与发展以及会计核算职能和会计监督职能。此外，本章还从会计主体、持续经营和会计分期三个方面介绍了会计的基本假设，从填制和审核凭证、设置会计科目和账户、复式记账、登记会计账簿、成本计算、财产清查、编制财务会计报告七个方面讲述了会计的核算方法。

## 本章重要概念

会计核算职能　会计监督职能　持续经营　会计分期　货币计量

## 本章练习

1-11 扫一扫看课件

### 一、单选题

1. 会计的管理活动论认为(　　)。

A. 会计是一种经济活动

B. 会计是一种经济信息系统

C. 会计是一项管理经济的工具

D. 会计是以提供经济信息，提高经济效益为目的的一种管理活动

2. 会计的基本职能是(　　)。

A. 控制与监督　　B. 反映与监督　　C. 反映与核算　　D. 反映与分析

3. 下列选项中，属于会计工作实践产生的结果的是(　　)。

A. 会计作用　　B. 会计任务　　C. 会计目的　　D. 会计对象

4. 下列选项中，不属于会计核算专门方法的是(　　)。

A. 成本计算与复式记账　　B. 错账更正与评估预测

C. 设置账户与填制、审核会计凭证　　D. 编制报表与登记账簿

5. 下列选项中，不属于会计核算的基本前提的是(　　)。

A. 会计主体与会计分期　　B. 持续经营与会计分期

C. 权责发生制与货币计量　　D. 划分收益性支出与资本性支出

### 二、多选题

1. 下列说法中正确的有(　　)。

A. 会计是适应生产活动发展的需要而产生的

B. 会计是生产活动发展到一定阶段的产物

C. 会计从生产、发展到现在经历了一个漫长的发展历史

D. 近代会计史将复式簿记著作的出版和会计职业的出现视为两个里程碑
E. 经济越发展,会计越重要。
2. 会计反映职能的一般特征包括(   )。
A. 具有客观性
B. 以货币为主要计量单位
C. 具有连续性、系统性、全面性
D. 体现在记账、算账、报账三个阶段上
E. 包括事前反映、事中反映、事后反映
3. 有关会计基本职能的关系,下列说法中正确的有(   )。
A. 反映职能是监督职能的基础
B. 监督职能是反映职能的保证
C. 没有反映职能提供可靠的信息,监督职能就没有客观依据
D. 没有监督职能进行控制,也不可能提供真实可靠的会计信息
E. 两大职能是紧密结合,辩证统一的
4. 会计核算方法包括(   )。
A. 成本计算和财产清查
B. 设置会计科目和复式记账
C. 填制和审核会计凭证
D. 登记账簿和编制财务报表
E. 试算平衡
5. 会计各方面的作用综合起来说,包括(   )。
A. 为投资者提供财务会计报告
B. 保证企业投入资产的安全和完整
C. 为国家进行宏观调控、制定经济政策提供信息
D. 加强经济核算,为企业经营管理提供数据
E. 有时会导致会计信息失真

## 三、判断题

1. 会计在产生的初期,只是作为"生产职能的附带部分",之后随着剩余产品的规模的缩小,会计逐渐从生产职能中分离出来,成为独立的职能。 (   )
2. 一般认为,在会计学说史上,将帕乔利复式簿记著作的出版和会计职能的出现视为近代会计史中的两个里程碑。 (   )
3. 会计是对经济活动进行连续、系统、全面地反映和监督的一个经济管理工具。 (   )
4. 会计可反映过去已经发生的经济活动,也可反映未来可能发生的经济活动。 (   )
5. 会计反映具有连续性,而会计监督只具有强制性。 (   )

## 四、简答题

1. 简述会计核算职能和会计监督职能的含义及两者关系。
2. 会计核算方法有哪些?

## 五、案例题

能够用400元人民币创办一个企业吗?不管你相信与否,这的确可以做到。刘月娟是

北京一所著名美术学院的学生，和其他大学生一样，她也常常为了补贴日常花销而去赚一些零用钱。她正为购买一台具有特别设计功能的计算机而烦恼，而她手头仅有400元。促使她决定于2016年12月创办一家美术培训部。她支出了120元在一家餐厅请朋友吃饭，帮她出出主意，又向她的一个师姐借款4 000元，用于租房等费用。根据她曾经在一家美术培训班服务兼讲课的经验，她购置了一些讲课所必备的书籍、静物，并支出一部分钱用于装修画室。她为她的美术培训部取名为“周围”。刘月娟支出了100元印制了500份广告传单，又用100元购置了信封、邮票等。8天后，她已经有了17名学员，规定每人每月学费为1 800元，并且她找到了一位较具能力的同学做合伙人。她与合伙人分别为“周围”的发展承担着不同的角色（合伙人兼作“周围”的会计和讲课教师），并获取一定的报酬。截至2×22年1月末，她们已经招收了50名学员，除了归还师姐的借款本金和利息计5 000元、抵销各项必需的费用，各获得讲课费、服务费净收入30 000元和22 000元。她们用这笔钱又继续租房，扩大画室面积，为了增加招收学员的数量，她们甚至聘请了非常有经验的教授、留学归国学者，免费进行了两次讲座，为“周围”的下一步发展奠定了良好的基础。

4个月下来，“周围”平均每月招收学员39名，获取收入共计24 000元。她们还以每小时200元的讲课报酬雇佣了4位同学担任兼职教师。至此，她们核算了一下，除去房租等各项费用共获利67 800元。这笔钱足够她们各自购买一台非常可心的计算机，并且还有一笔不小的节余，更重要的是，她们通过4个月的锻炼，懂得了许多营销技巧，也懂得了应该怎样与人打交道和合作，学到了不少财务知识，获得了比金钱更为宝贵的工作经验。

（资料来源：https://www.guayunfan.com/lilun/370335.html）

**案例要求：**

在本案例中，我们可以获取到哪些与会计相关的信息？

# 第 2 章　会计要素与科目



## 内容简介

会计对象是会计核算和监督的内容，会计对象的具体化内容是会计要素，而会计要素的进一步分类是会计科目，会计科目的具体运用则体现为会计账户。本章主要讲述了会计对象、会计要素及会计科目与账户三个主要问题。

## 学习目的和要求

通过本章学习，学生应理解资金运动的含义，掌握会计要素的含义及具体内容，会计科目的分类及账户的结构；明确会计对象、会计要素和会计科目与账户之间的关系；了解会计要素的计量及会计科目的设置原则。

## 知识框架

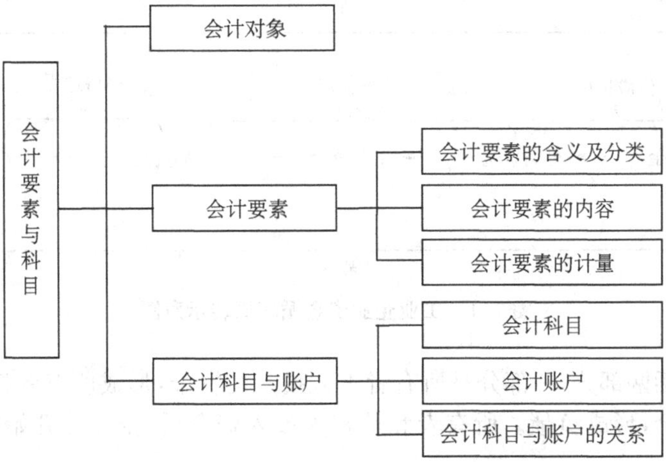


## 思政育人

**会计造假究竟是谁的责任？**

某公司是一家大型国有企业。2×21 年 12 月，公司总经理针对公司效益下滑、面临亏损的情况，电话请示正在外地出差的董事长。董事长指示总经理把财务会计报告做得漂亮一些，总经理把这项工作交给公司总会计师,要求按照董事长意见处理。总会计师按公司领导意图,对当年度的财务会计报告进行了技术处理,虚拟了若干笔无交易的销售收入,从而使公司报表由亏变盈。经诚信会计师事务所审计后,公司财务会计报告对外报出。2×22 年 4 月,当地财政部门发现该公司存在重大会计作假行为,依据《会计法》及相关法律、法规、制度,拟对该公司董事长、总经理、总会计师等相关人员进行行政处罚,并分别下达了行政处罚告知书。在随后进行的听证会上,有关当事人作了如下陈述。

公司董事长称:“我前一段时间出差在外,对公司情况不太了解,我虽然在财务会计报告上签名并盖章,但只是履行会计手续,我不能负任何责任。具体情况可由公司总经理予以说明。”

公司总经理称:“我是搞技术出身的,主要抓公司的生产经营,对会计我是门外汉,我虽在财务会计报告上签名并盖章,那也只是履行程序而已。以前也是这样做的,我不应承担责任。有关财务会计报告情况应由公司总会计师解释。”

公司总会计师称:“公司对外报出的财务会计报告是经过诚信会计师事务所审计的,他们出具了无保留意见的审计报告。诚信会计师事务所应对本公司财务会计报告的真实性、完整性负责,承担由此带来的一切责任。”

在本案例中,该公司的财务会计报告出现了重大的财务造假行为。什么是财务会计报告、财务会计报告包括哪些要素、具体会计要素又如何进行分类,这些问题都会在本章中得到解答。

(资料来源:https://www.51test.net/show/92152.html)

## 2.1 会计对象

会计对象,即会计核算和监督的内容。凡是能够以货币表现的经济活动都是会计核算和监督的内容,即价值运动或资金运动。由于单位性质不同,经济活动的内容不同,资金运动的具体内容也不尽相同。图 2-1 揭示了工业企业资金循环周转的过程。

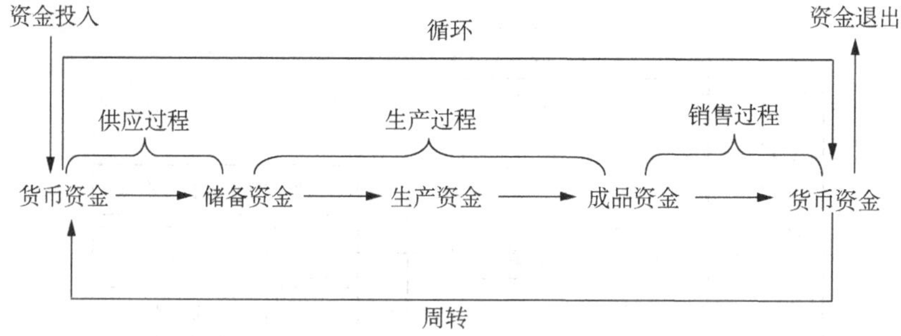


**图 2-1 工业企业资金循环周转示意图**

资金投入包括两部分,一部分是所有者本人投入的资金,形成所有者权益;另一部分是债权人投入的资金,形成负债。所有者和债权人投入资金后,企业才开始正常的生产经营活动。

资金运用是指资金投入企业后,在供应、生产和销售等过程不断循环和周转。在资金循环和周转的过程中,资金的形态也在发生变化。供应过程以货币购入材料物资,材料物资等占用的资金为储备资金。在这一过程中,资金的形态由货币资金转化为储备资金。在生产过程中,生产车间领用材料物资加工生产产品,产品完工后验收到产成品仓库,车间各种在产品占用的资金为生产资金,完工产品占用的资金为成品资金。在这一过程中,资金的形态先由储备资金转化为生产资金,然后由生产资金转化为成品资金。在销售过程中,产成品售出后收回货币资金。在这一过程中，成品资金转化为货币资金。资金从货币形态开始，依次经过储备资金、生产资金、成品资金，最后又回到货币资金的这一运动过程叫做资金循环，周而复始的资金循环叫做资金周转。

销售过程收回资金后，资金还需要按照法定程序偿还债务、上缴各项税金、向所有者分配利润等，这部分资金离开本企业，退出企业资金的循环和周转，称为资金退出。

因此，工业企业因资金投入、资金循环、资金周转、资金退出等各项经济活动所引起的经济资源的增减变化、各项成本费用的支出以及收入的取得、利润的实现及分配，共同构成会计核算的对象。

与工业企业相比，商品流通企业没有生产过程，经营过程包括商品购进和销售过程。商品购进过程主要是采购商品，这时货币资金转换为商品资金；商品销售过程主要是销售商品，资金又从商品资金转换为货币资金。当然，商品流通企业也会有资金的投入和退出过程，这些共同构成了商品流通企业会计核算的对象。图2-2揭示了商品流通企业资金循环周转的过程。

2-1 视频：工业企业的资金运动

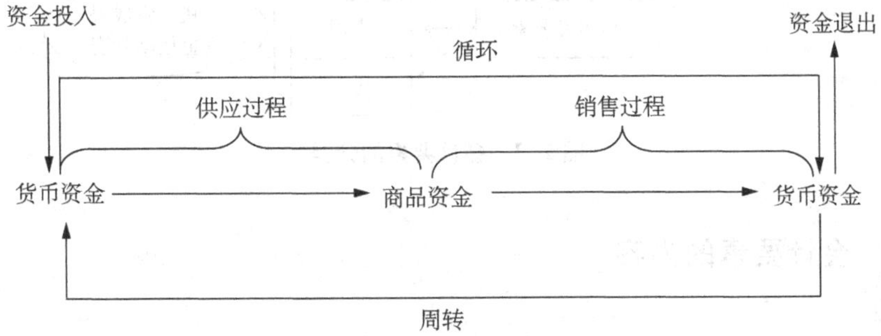


**图2-2　商品流通企业资金循环周转示意图**

与工业企业和商品流通企业相比，行政、事业单位属于非营利组织，一般没有或只有很少经营活动，所以资金的运动主要包括资金的拨入和资金的付出过程。在资金拨入过程，行政、事业单位取得国家财政，并按照预算拨入款项；在资金付出过程，行政、事业单位又按照预算支付各种行政费用和业务费用。因此，行政、事业单位会计对象的内容就是预算资金及其收支。

2-2 扫一扫练一练

综上所述，不论是工业企业、商品流通企业，还是行政、事业单位，都是社会再生产过程中的基层单位，会计反映和监督的对象都是资金及其运动过程。所以，我们把会计对象概括为社会再生产过程中的资金运动。

2-3 扫一扫练一练答案

## 2.2 会计要素

### 2.2.1　会计要素的含义及分类

会计要素是对会计对象的基本分类，是会计对象的具体化，是反映会计主体的财务状况和经营成果的基本单位。

我国《企业会计准则——基本准则》严格定义了资产、负债、所有者权益、收入、费用和利润六大会计要素。这六大会计要素可以划分为两类:资产、负债和所有者权益是构成资产负债表的要素,又称资产负债表要素。资产是资金的占用形态,负债和所有者权益是资金的来源。资金的来源及占用情况,也反映出企业的财务状况,是资金运动的静态体现;收入、费用和利润是构成利润表的要素,又称利润表要素。收入是经济利益的总流入,费用是经济利益的总流出,收入和费用配比形成利润。利润是经济活动的结果,也反映出企业的经营成果,是资金运动的动态表现。会计要素的分类如图 2-3 所示。

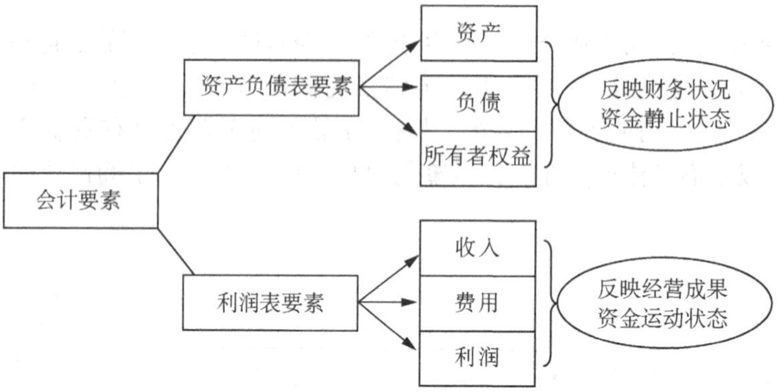


**图 2-3 会计要素的分类**

### 2.2.2 会计要素的内容

**1. 资产**

资产是指企业过去的交易或者事项形成的、由企业拥有或者控制的、预期会给企业带来经济利益的资源。资产具有以下几个特点:

(1) 资产是由企业过去的交易或者事项形成。资产必须是现实的,不能是预期的。未来的交易或事项以及未发生的交易或事项可能产生的结果,不属于现在的资产。

(2) 资产必须为企业所拥有或者控制。拥有是指企业对某项资源具有所有权,能够从该项资产中得到经济利益。控制是指企业实质上已经掌握了某项资产的未来收益和风险,所以控制同样能够从该项经济资源获取经济利益,如企业融资租入的固定资产。

(3) 资产预期能为企业带来经济利益。能够在未来直接或间接地产生经济利益是资产的本质所在,一旦不能为企业带来经济利益,则不能确认为企业的资产。

企业的资产按其流动性可以划分为流动资产和非流动资产。其中,可以在 1 年内变现的资产属于流动资产,如库存现金、银行存款、存货及各项应收和预付款项。有些企业的生产周期比较长,如造船业、大型机械制造业等,从购料到销售商品直到收回货款,往往超过 1 年,在这种情况下,就不能把 1 年内变现作为划分流动资产的标志,而是将营业周期作为划分流动资产的标志。所以,流动资产可以概括为在 1 年或者超过 1 年的一个营业周期内变现或者耗用的资产。非流动资产是指不能在 1 年或者超过 1 年的一个营业周期内变现或者耗用的资产,如固定资产、无形资产和长期股权投资等。

2-4 视频：资产的含义

**趣味阅读 2-1**

**融资租入固定资产**

承租人想要一台固定资产，可他买不起，于是他就找到了融资租赁公司。

承租人说："亲爱的出租人先生，你好，我想到你这融资租赁一台生产设备怎么样？"

出租人说："好啊，我就是专门做这个的。设备你选好了吗？是谁的设备？"

承租人说："选好了，我就想要出卖人的那台设备。"

出租人说："那就好，那你就到出卖人那去提货吧，价款我出，有关的事宜你去跟他谈吧，不过这固定资产的所有权是我的，你可以分期给我付租金。设备你可要选好，有什么问题我不负责任的！如果你能按期把各期租金给我的话，租期完了后，设备就给你吧！我要那破玩意也没有用。"

承租人一听，高兴极了，于是两人就签订了融资租赁合同，并到出卖人那提了货。最终承租人按合同约定每期给出租人付租金，设备成了自己的，但这设备也已经老得快要卖废铁了。

从这个小故事中我们大概可以了解到融资租赁资产的特点：承租人虽然没有所有权，但拥有控制权。租入的资产几乎在其整个使用寿命内都为承租人服务，满足资产的确认条件，所以作为承租人的资产核算。

**相关思考 2-1**

**下列各项是否属于企业的资产？**

1. 企业计划将于下月购入的原材料。
2. 企业库存一批霉烂变质的材料。
3. 企业融资租入的一台设备。

请问：上述三项能否作为企业的资产？

**2. 负债**

负债是指过去的交易或事项形成的现时义务，履行该义务预期将会导致经济利益流出企业。负债具有以下几个特点：

（1）负债是由企业过去的交易或事项形成。负债是过去的交易或事项形成的当前的债务，预期在将来要发生的交易或事项可能产生的债务，不能作为企业的负债。

（2）负债是企业承担的现时义务。现时义务是指企业在现行条件下已承担的义务。未来发生的交易或者事项形成的义务，不属于现时义务，不能作为企业的负债。

（3）负债预期会导致经济利益流出企业。企业履行偿还义务时，关系到企业会有经济利益的流出，如支付现金、提供劳务、转让其他财产等。

2-5 视频：负债的含义

企业的负债按偿还期限的长短，一般分为流动负债和非流动负债。流动负债是指预期在1年或超过1年的一个营业周期内清偿的债务，包括短期借款、应付及预收账款、应付职工薪酬、应交税费、应付股利等；非流动负债是指偿还期在1年或者超过1年的一个营业周期以上的债务，主要包括长期借款、应付债券、长期应付款等。

2-6 视频：所有者权益的含义及分类

**3. 所有者权益**

所有者权益是指企业资产扣除负债后，由所有者享有的剩余权益。公司的所有者权益又称股东权益。所有者权益的金额为资产减去负债后的余额，又称为净资产。所有者权益与负债都是企业的资金来源，但两者有本质的不同。与负债相比，所有者权益具有以下几个特点：

(1) 除非企业发生破产、清算和派发股利，所有者权益可供企业长期使用，不需偿还给投资者；而负债必须按期还本付息。

(2) 企业在清算时，只有在清偿了所有的负债后，所有者权益才能返还给投资者。

(3) 投资者凭借所有者权益参与企业的利润分配和经营管理，而债权人无权参与企业的利润分配和经营管理。

所有者权益按照来源通常包括实收资本、资本公积、盈余公积、未分配利润和其他综合收益。实收资本是指投资者按照企业章程或合同、协议的约定，实际投入企业的资本。资本公积是指在筹集资本过程中所取得的由投入资本所引起的各种增值，包括资本溢价和股本溢价。盈余公积是指企业按照法律、法规的规定从净利润中提取的积累资金。未分配利润是企业留待以后年度分配的利润。盈余公积和未分配利润为企业的留存收益。实收资本和资本公积属于投资者的初始投入资本，盈余公积和未分配利润属于投入资本的增值。资本公积的其他资本公积、其他综合收益是指企业根据会计准则规定，未在当期损益中确定的各项利得和损失(即直接计入所有者权益的利得和损失)。所有者权益的分类如图2-4所示。

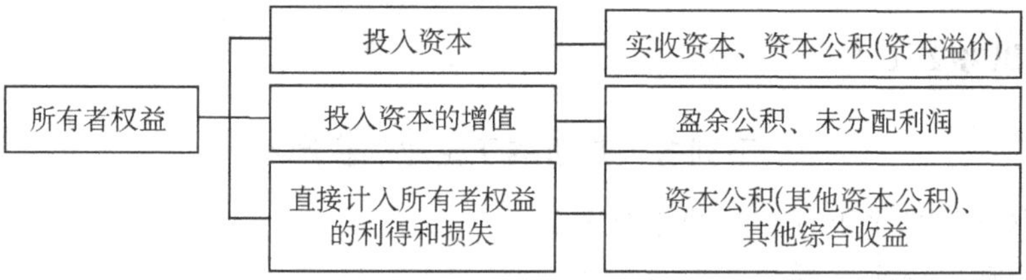


**图2-4　所有者权益的分类**

**4. 收入**

收入是指企业在日常活动中形成的、会导致所有者权益增加的、与所有者投入资本无关的经济利益的总流入。收入具有以下几个特点：

(1) 收入从企业的日常活动中产生，而不是从偶发的交易或事项中产生。日常活动是指企业为完成其经营目标所从事的经常性活动以及与之相关的活动。例如，工业企业销售产品、商品流通企业销售商品、服务业提供劳务，它们是企业从事的经常性活动，属于日常活动。除此之外，工业企业销售材料、出租以及提供劳务是企业从事的与经常性活动相关的活动，也属于日常活动。

(2) 收入可能表现为企业资产的增加，也可能表现为企业负债的减少，或者两者兼而有之。

(3) 收入能导致企业所有者权益的增加。

(4) 收入只包括本企业经济利益的流入，而不包括为第三方或客户代收的款项。

广义收入可分为日常活动取得的收入(即狭义收入)和非日常活动取得的收入(即利得)，收入按照在经营活动中所占的比重可以分为主营业务收入和其他业务收入。主营业务收入是指企业从事主营业务所取得的收入，其他业务收入是指企业从事兼营业务取得的收入。

收入的构成及分类如图 2-5 所示。

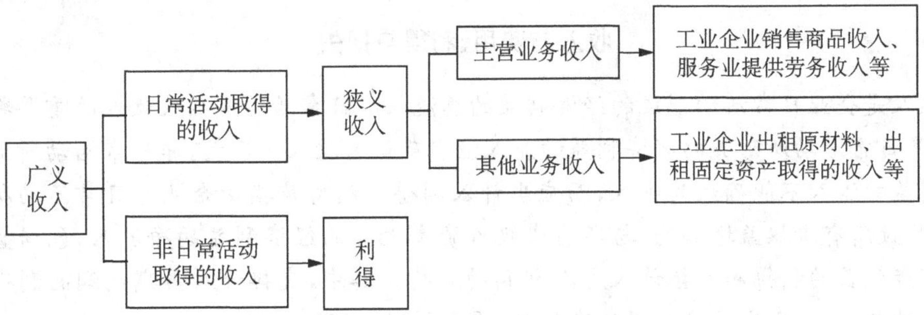


**图 2-5　收入的构成及分类**

**特别提示 2-1**

收入产生于企业日常活动，包括主营业务收入和其他业务收入。非日常活动经济利益的流入不是收入，属于利得，如报废固定资产、无形资产的收益。

**5. 费用**

费用是指企业在日常活动中发生的、会导致所有者权益减少的、与向所有者分配利润无关的经济利益的总流出。费用具有以下几个特点：

(1) 费用是企业日常活动产生的。

(2) 费用可能表现为资产的减少，也可能表现为负债的增加，或者两者兼而有之。

(3) 费用能导致企业所有者权益的减少，但与向所有者分配利润无关。

费用可以分为两大类：一部分是企业为生产产品、提供劳务而发生的各种耗费。企业在确认收入时，将已销售产品成本或劳务成本从当期收入中扣除，即主营业务成本或其他业务成本。另一部分是企业日常活动中发生的税费、期间费用和资产减值损失等。

广义费用可分为日常活动发生的费用（即狭义费用）和非日常活动发生的费用（即损失）。营业成本分为主营业务成本和其他业务成本。税费是指企业经营活动应负担的根据销售收入确定的税金及附加。期间费用是企业本期发生的，不能直接或间接计入产品生产成本，而直接计入当期损益的各项费用，期间费用包括销售费用、管理费用和财务费用。资产减值损失是指企业计提的存货跌价准备、固定资产减值准备等形成的损失。费用的构成及分类如图 2-6 所示。

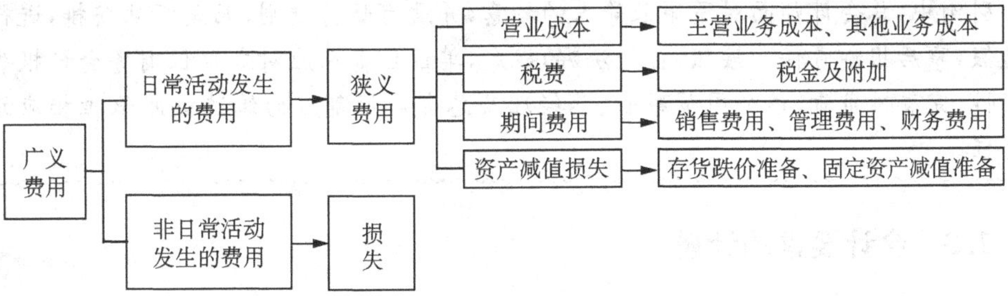


**图 2-6　费用的构成及分类**

## 知识拓展 2-1

### 收入与费用、利得与损失

收入是企业日常活动形成的经济利益的总流入。日常活动是确认收入的重要判断标准，凡是日常活动所形成的经济利益的流入应当确认为收入。反之，非日常活动所形成的经济利益的流入不能确认为收入，而应当计入利得。利得是指由企业非日常活动所形成的、会导致所有者权益增加的、与所有者投入资本无关的经济利益的净流入，包括直接计入所有者权益的利得和直接计入当期利润的利得。其中，直接计入当期利润的利得主要指营业外收入，如固定资产的报废净收益、罚没利得、捐赠利得等。

费用是企业日常活动形成的经济利益的总流出。日常活动是确认费用的重要判断标准，凡是日常活动所形成的经济利益的流出应当确认为费用。反之，非日常活动所形成的经济利益的流出不能确认为费用，而应当计入损失。损失是指由企业非日常活动所形成的、会导致所有者权益减少的、与向所有者分配利润无关的经济利益的净流出，包括直接计入所有者权益的损失和直接计入当期利润的损失。其中，直接计入当期利润的损失主要指营业外支出，如固定资产的报废净损失、罚款支出、捐赠支出等。

2-7 扫一扫练一练

2-8 扫一扫练一练答案

2-9 思政课堂：会计基本要素与人生

**6. 利润**

利润是指企业在一定会计期间的经营成果。利润包括收入减去费用后的净额、直接计入当期利润的利得和损失。其中，收入减去费用后的净额反映的是企业日常活动的经营业绩，直接计入当期利润的利得和损失反映的是企业非日常活动的业绩。直接计入当期利润的利得和损失是指应当计入当期损益，会导致所有者权益发生增减变化的、与所有者投入资本或向所有者分配利润无关的利得（如营业外收入）和损失（如营业外支出）。

**思政育人解析**

### 会计造假究竟是谁的责任？

财务会计报告是企业对外提供的反映企业某一特定日期财务状况和某一会计期间经营成果、现金流量等会计信息的文件。财务会计报告中最基本的两大报表是资产负债表和利润表。其中，资产、负债和所有者权益是资产负债表的三大构成要素，收入、费用和利润是利润表的三大构成要素。

引例中，总会计师面对董事长等人的授意，并没有坚持准则，而是听从安排，进行会计造假，事后推卸责任。按照《会计法》的规定，单位负责人应对本单位财务会计报告的真实性、完整性负责，该公司董事长、总经理及总会计师都应为编造假账承担相应的法律责任。

## 2.2.3 会计要素的计量

会计计量是根据一定的计量标准和计量方法，将符合确认条件的会计要素登记入账并列报于财务会计报告而确定其金额的过程。计量属性是指予以计量的某一要素的特性。从会计角度，计量属性反映的是会计要素金额的确定基础。根据《企业会计准则——基本准则》的规定，会计计量属性主要包括历史成本、重置成本、可变现净值、现值和公允价值等。

**1. 会计计量属性及其构成**

(1) 历史成本。历史成本又称为实际成本，就是取得或制造某项财产物资时所实际支付的现金或其他等价物金额。在历史成本计量下，资产按照其购置时支付的现金或者现金等价物的金额，或者按照购置资产时所付出对价的公允价值计量。负债按照其因承担现时义务而实际收到的款项或者资产的金额，或者承担现时义务的合同金额，或者按照日常活动中为偿还负债预期需要支付的现金或者现金等价物的金额计量。例如，购入设备价款30万元，则不考虑其他因素，这台设备按历史成本计价的金额为30万元。

2-10视频：历史成本

(2) 重置成本。重置成本又称现行成本，是指按照当前市场条件，重新取得同样一项资产所需支付的现金或现金等价物金额。在重置成本计量下，资产按照现在购买相同或者相似资产所需支付的现金或者现金等价物的金额计量。负债按照现在偿付该项债务所需支付的现金或者现金等价物的金额计量。例如，期末财产清查时发现一台全新的没有入账的设备。目前市场上同类设备的市场价格为10万元，那么按重置成本计价，该设备入账金额为10万元。

2-11视频：重置成本

(3) 可变现净值。可变现净值是指在正常生产经营过程中，以资产预计售价减去进一步加工成本和预计销售费用以及相关税费后的净值。在可变现净值计量下，资产按照其正常对外销售所能收到现金或者现金等价物的金额扣减该资产至完工时估计将要发生的成本、估计的销售费用以及相关税费后的金额计量。可变现净值通常应用于存货资产减值情况下的后续计量。例如，仓库中有一批商品，账面价值为8万元，同期市场售价10万元，预计销售该商品需要发生的销售费用等相关税费3万元，则该商品的可变现净值为7万元(10−3)。

(4) 现值。现值是指对未来现金流量以恰当的折现率进行折现后的价值，是考虑货币时间价值的一种计量属性。在现值计量下，资产按照预计从其持续使用和最终处置中所取得的未来净现金流入量的折现金额计量。负债按照预计期限内需要偿还的未来净现金流出量的折现金额计量。例如，以分期付款方式购入一台设备，期限5年，每年末付款分别为11万元、12.1万元、13.31万元、14.64万元和16.11万元(即未来每年的现金流出)，年利率为10%，则该设备的现值为50万元$[11\div(1+10\%)^1+12.1\div(1+10\%)^2+13.31\div(1+10\%)^3+14.64\div(1+10\%)^4+16.11\div(1+10\%)^5]$。

2-12视频：现值

(5) 公允价值。公允价值是指在公平交易中，熟悉情况的交易双方自愿进行资产交换或者债务清偿的金额。在公允价值计量下，资产和负债按照市场参与者在计量日发生的有序交易中，出售资产所能收到或者转移负债所需支付的价格计量。例如，2×21年1月1日公司买入20万股股票作为交易性金融资产。2×21年6月30日，股票的收盘价为每股2元，则该项资产在2×21年6月30日按照公允价值计价的金额为40万元。

**2. 计量属性的应用原则**

《企业会计准则——基本准则》规定，企业在对会计要素进行计量时，一般应当采用历史成本。采用重置成本、可变现净值、现值、公允价值计量的，应当保证所确定的会计要素金额能够取得并可靠计量。

2-13视频：会计要素计量属性

# 2.3 会计科目与账户

## 2.3.1 会计科目

### 1. 会计科目的含义

会计科目是对会计要素的具体内容进行分类核算的项目。为了更加全面、具体和详细地对各项会计要素的具体内容及其增减变动情况进行核算和监督，为经济管理提供更加具体的分类数量指标，我们有必要在会计要素的基础上，对会计对象进行再分类，这就是会计科目。

会计对象的构成层次如图 2-7 所示。

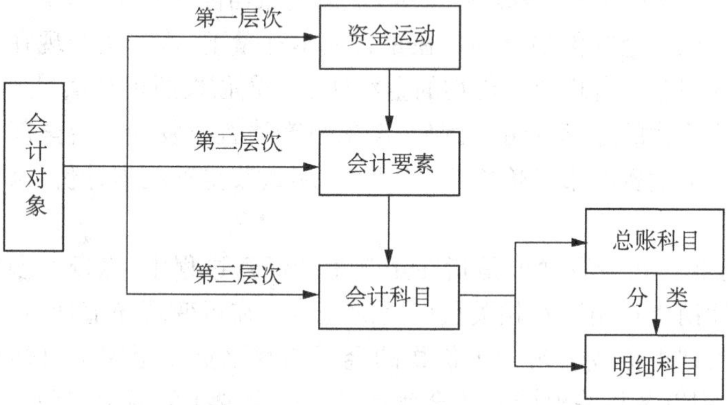


**图 2-7 会计对象的构成层次**

### 2. 会计科目的分类

(1) 按会计科目反映的经济内容分类。会计科目按照反映的经济内容可分为资产类、负债类、共同类、所有者权益类、成本类和损益类六大类。会计科目按归属会计要素分类如图 2-8 所示。

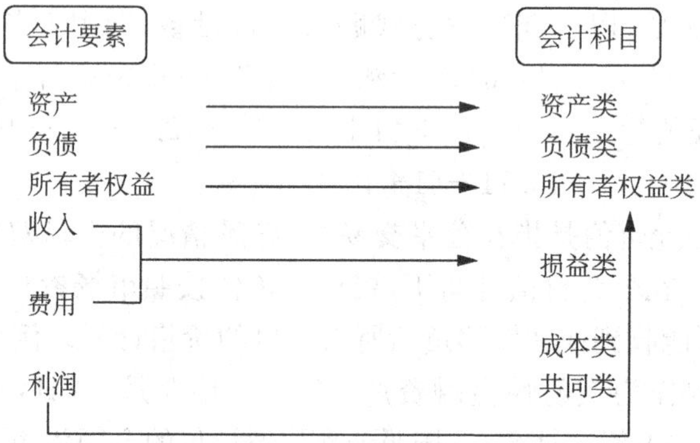


**图 2-8 会计科目按归属会计要素分类**

资产类科目是对资产要素的具体内容进行分类核算的项目，按照流动性分为流动资产科目和非流动资产科目。流动资产科目，如“库存现金”“银行存款”“原材料”科目等；非流动资产科目，如“固定资产”“无形资产”“长期股权投资”科目等。

负债类科目是对负债要素的具体内容进行分类核算的项目，按照偿还期限分为流动负债科目和非流动负债科目。流动负债科目，如“短期借款”“应付账款”“应付职工薪酬”科目等；非流动负债科目，如“长期借款”“长期应付款”“应付债券”科目等。

共同类科目是既有资产性质又有负债性质的科目，主要有“清算资金往来”“外汇买卖”“衍生工具”“套期工具”科目等。

所有者权益类科目是对所有者权益要素的具体内容进行分类核算的项目，按形成和性质分为反映资本的科目和反映留存收益的科目。反映资本的科目，如“实收资本”“资本公积”科目；反映留存收益的科目，如“盈余公积”和“未分配利润”科目。

成本类科目是对可归属于产品生产成本、劳务成本的具体内容进行分类核算的项目，按成本的内容和性质的不同可分为反映产品成本的科目和反映劳务成本的科目。反映产品成本的科目，如“生产成本”和“制造费用”科目等；反映劳务成本的科目，如“劳务成本”科目等。

损益类科目是对收入、费用等具体内容进行分类核算的项目。收入类科目，如“主营业务收入”“其他业务收入”科目等；费用类账户，如“主营业务成本”“税金及附加”“其他业务成本”科目等。

(2) 按会计科目核算信息的详细程度分类。会计科目按其核算信息的详细程度可以分为总分类科目和明细分类科目。

总分类科目又称为总账科目或一级科目，它是对会计要素的具体内容进行总括分类的会计科目，提供核算对象的总括指标，如“原材料”“固定资产”“应收账款”科目等。总分类科目原则上由财政部统一制定，以会计核算制度的形式颁布实施。常见会计科目如表2-1所示。

表2-1 **常见会计科目表**

| 编号 | 会计科目名称 | 编号 | 会计科目名称 | 编号 | 会计科目名称 |
|---|---|---|---|---|---|
| | **一、资产类** | 1604 | 在建工程 | | **四、所有者权益类** |
| 1001 | 库存现金 | 1605 | 工程物资 | 4001 | 实收资本 |
| 1002 | 银行存款 | 1606 | 固定资产清理 | 4002 | 资本公积 |
| 1012 | 其他货币资金 | 1701 | 无形资产 | 4101 | 盈余公积 |
| 1101 | 交易性金融资产 | 1702 | 累计摊销 | 4103 | 本年利润 |
| 1121 | 应收票据 | 1703 | 无形资产减值准备 | 4104 | 利润分配 |
| 1122 | 应收账款 | 1801 | 长期待摊费用 | | **五、成本类** |
| 1123 | 预付账款 | 1811 | 递延所得税资产 | 5001 | 生产成本 |
| 1131 | 应收股利 | 1901 | 待处理财产损溢 | 5101 | 制造费用 |
| 1132 | 应收利息 | | **二、负债类** | 5201 | 劳务成本 |
| 1221 | 其他应收款 | 2001 | 短期借款 | 5301 | 研发支出 |
| 1231 | 坏账准备 | 2201 | 应付票据 | | **六、损益类** |
| 1401 | 材料采购 | 2202 | 应付账款 | 6001 | 主营业务收入 |
| 1402 | 在途物资 | 2203 | 预收账款 | 6051 | 其他业务收入 |
| 1403 | 原材料 | 2211 | 应付职工薪酬 | 6101 | 公允价值变动损益 |
| 1404 | 材料成本差异 | 2221 | 应交税费 | 6111 | 投资损益 |

（续表）

| 编号 | 会计科目名称 | 编号 | 会计科目名称 | 编号 | 会计科目名称 |
|---|---|---|---|---|---|
| 1405 | 库存商品 | 2231 | 应付利息 | 6301 | 营业外收入 |
| 1406 | 发出商品 | 2232 | 应付股利 | 6401 | 主营业务成本 |
| 1408 | 委托加工物资 | 2241 | 其他应付款 | 6402 | 其他业务成本 |
| 1411 | 周转材料 | 2501 | 长期借款 | 6403 | 税金及附加 |
| 1471 | 存货跌价准备 | 2502 | 应付债券 | 6601 | 销售费用 |
| 1501 | 债权投资 | 2701 | 长期应付款 | 6602 | 管理费用 |
| 1502 | 其他债权投资 | 2711 | 专项应付款 | 6603 | 财务费用 |
| 1503 | 其他权益工具投资 | 2801 | 预计负债 | 6701 | 资产减值损失 |
| 1511 | 长期股权投资 | 2901 | 递延所得税负债 | 6711 | 营业外支出 |
| 1512 | 长期股权投资减值准备 | | **三、共同类** | 6801 | 所得税费用 |
| 1521 | 投资性房地产 | 3101 | 衍生工具 | 6901 | 以前年度损益调整 |
| 1531 | 长期应收款 | 3201 | 套期工具 | | |
| 1601 | 固定资产 | 3202 | 被套期项目 | | |
| 1602 | 累计折旧 | | | | |
| 1603 | 固定资产减值准备 | | | | |

明细分类科目又称明细科目，是对总分类科目所含内容再作详细分类的会计科目，它所提供的是更加详细具体的指标。可在企业的应收账款下按照对方单位设置总分类科目与明细分类科目，如图 2-9 所示。

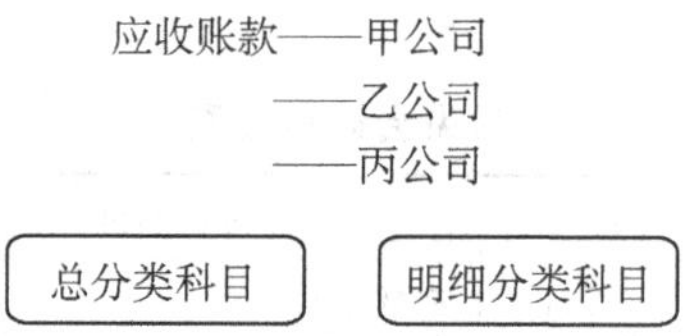


**图 2-9　总分类科目与明细分类科目**

2-14 视频：会计科目的含义及分类

为了适应管理上的需要，当总分类科目下设置的明细科目太多时，可在总分类科目与明细分类科目之间增设二级科目（也称“子目”）。二级科目所核算信息的详细程度介于总分类科目与明细分类科目之间，如图 2-10 所示。

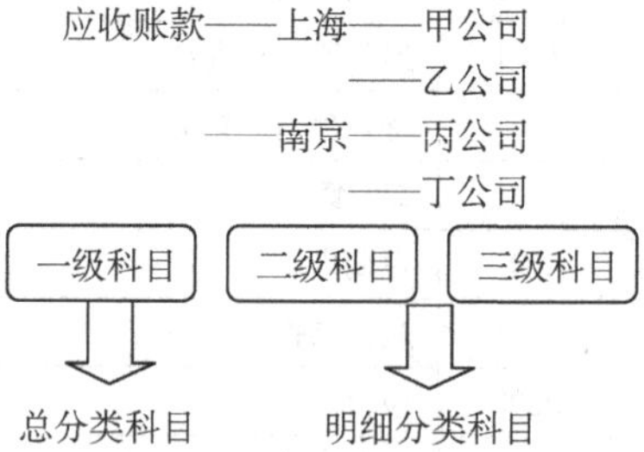


**图 2-10　总分类科目与明细分类科目**

### 3. 会计科目设置的原则

不同单位经济业务活动的具体内容、规模大小和业务繁简程度等情况不尽相同,因此在设置会计科目时应考虑自身特点和具体情况。企业在设置会计科目时都必须遵守以下原则:

(1) 合法性原则。合法性又称统一性,是指所设置的会计科目应当符合国家统一的会计制度的规定,按照《企业会计准则》对一些主要会计科目的设置及其核算内容所作的统一规定,以保证不同企业对外提供的会计信息的可比性。

2-15 视频:会计科目的设置原则

(2) 相关性原则。相关性是指所设置的会计科目应当为提供有关各方所需要的会计信息服务,满足对外报告与对内管理的要求。

(3) 实用性原则。实用性又称灵活性,是指在保证提供统一核算指标的前提下,各会计主体可以根据本单位的具体情况和经济管理要求,对统一规定的会计科目作必要的增设、分拆和合并。

**案例讨论 2-1**

**会计科目按经济内容的分类**

某工业企业发生了以下经济业务:

(1) 存放在出纳处的现金 1 000 元。

(2) 存放在银行的款项 150 000 元。

(3) 向银行借入 6 个月的周转借款 200 000 元。

(4) 存放在仓库的材料 80 000 元。

(5) 仓库中存放的商品 160 000 元。

(6) 房屋及建筑物 4 000 000 元。

(7) 所有者投入资本 1 000 000 元。

(8) 机器设备 500 000 元。

(9) 应收外单位货款 260 000 元。

(10) 应付给外单位货款 250 000 元。

请根据案例在下列题中填入适当选项:

(1) 根据资料应该设置(  )资产类会计科目。

A. 库存现金、银行存款 、应收账款　　B. 原材料、库存商品

C. 固定资产、长期股权投资　　D. 其他应收款、预付账款

(2) 根据资料应设置(  )负债类会计科目。

A. 短期借款　　B. 长期借款

C. 应付股利　　D. 应付账款

(3) 根据资料应设置(  )所有者权益类科目。

A. 实收资本　　B. 盈余公积

C. 资本公积　　D. 利润分配

### 2.3.2 会计账户

**1. 账户的含义**

会计账户，简称账户，是根据会计科目开设的，具有一定格式和结构，用来分类反映会计要素增减变动及其结果的一种工具。会计科目仅仅是对会计要素的具体内容进行分类核算形成的项目，它不能反映交易或事项的发生所引起的会计要素各项目增减变动情况和结果。各项核算指标的具体数据资料，只有通过账户记录才能取得。因此，在设置会计科目后，还必须依据会计科目开设相应的账户，设置账户是会计核算的专门方法之一。

**2. 账户的结构**

账户的结构是指账户核算和监督会计要素增减变化及结果的具体格式。尽管企业的经济业务错综复杂，但从数量上看不外乎增加和减少两种情况。所以用来积累企业在某一会计期间内各种有关数据的账户，在结构上就应分为两方，即左方和右方。一方登记增加数，另一方则登记减少数。至于哪一方登记增加，哪一方登记减少，则由所采用的记账方法和所记录的经济内容而决定。在借贷记账法中，所有账户的左方为借方，右方为贷方。

(1) 账户的基本结构。一个完整的账户结构应包括：账户名称，即会计科目；会计事项发生的日期；摘要，即经济业务的简要说明；凭证号数，即表明账户记录的依据；金额，即增加额、减少额和余额。账户结构如表 2-2 所示。

表 2-2　　**账户名称**

| 年 | | 凭证号数 | 摘要 | 增加额 | 减少额 | 余额 |
|---|---|---|---|---|---|---|
| 月 | 日 | | | | | |
| | | | | | | |
| | | | | | | |
| | | | | | | |

账户的金额要素具体包括期初余额、本期增加发生额、本期减少发生额和期末余额。登记本期增加数的金额为本期增加发生额，登记本期减少数的金额为本期减少发生额，增减相抵后的差额为余额。余额按时间不同，分为期初余额和期末余额，一定时期的期末余额为下一个会计期间的期初余额。四个金额要素之间的关系如下：

$$期末余额=期初余额+本期增加发生额-本期减少发生额$$

(2) 账户基本结构的简化形式。为了说明问题和学习的方便，我们通常用一条水平线及其一条平分的垂直线来表示账户，称为 T 形账户或“丁”字账户，如图 2-11 所示。

左方(借方)　　**账 户 名 称**　　右方(贷方)

**图 2-11　T 形账户结构**

【例 2-1】 琴岛有限责任公司 2×21 年关于库存现金的业务如表 2-3 所示。

表 2-3 库存现金

| 2×21 年 | | 凭证号数 | 摘要 | 增加额 | 减少额 | 余额 |
|---|---|---|---|---|---|---|
| 月 | 日 | | | | | |
| 12 | 1 | | 月初余额 | | | 1 150.00 |
| 12 | 1 | 现收 1 | 张孟归还借款 | 400.00 | | 1 550.00 |
| 12 | 1 | 现付 1 | 王刚报销差旅费 | | 250.00 | 1 300.00 |
| 12 | 1 | 银付 3 | 提取现金 | 2 500.00 | | 3 800.00 |
| 12 | 1 | 现付 2 | 购买办公用品 | | 350.00 | 3 450.00 |
| 12 | 1 | | 本日合计 | 2 900.00 | 600.00 | 3 450.00 |

[例 2-1]中业务用 T 形账户表示如图 2-12 所示。

| 左方 | 库存现金 | | 右方 |
|---|---|---|---|
| 期初余额： | 1 150 | | |
| 本期增加发生额： | 400 | 本期减少发生额： | 250 |
| | 2 500 | | 350 |
| 期末余额： | 3 450 | | |

图 2-12 “库存现金”账户结构

### 2.3.3 会计科目与账户的关系

会计科目和账户在会计学中是两个不同的概念，两者之间既有联系又有区别。

会计科目与账户都可以分门别类地反映某项经济内容，即两者所反映的经济内容是相同的。会计科目是账户的名称，账户是根据会计科目开设的。

会计科目与账户也是有区别的。会计科目只表明某项经济内容，而账户不仅表明相同的经济内容，而且还具有一定的结构格式，并通过账户的结构反映某项经济内容的增减变动情况。

2-16 扫一扫练一练

## 本章小结

本章主要学习会计要素的含义、特征及分类；会计科目的含义、总分类科目及明细分类科目；会计科目设置的原则；账户的含义、结构。

2-17 扫一扫练一练答案

## 本章重要概念

会计要素 资产 负债 所有者权益 收入 费用 利润 会计科目 总分类科目 明细分类科目 会计账户

2-18 扫一扫看课件

## 本章练习

### 一、单选题

1. 流动资产是指其变现或耗用期在(　　)。

A. 1年以内

B. 一个营业周期内

C. 1年内或超过1年的一个营业周期内

D. 超过1年的一个营业周期以上

2. 预收账款属于会计要素中的(　　)。

A. 资产　　B. 负债　　C. 费用　　D. 所有者权益

3. 下列项目中,属于流动资产的是(　　)。

A. 预收账款　　B. 应收账款　　C. 应付账款　　D. 短期借款

4. 科目按会计要素分类,"本年利润"科目属于(　　)。

A. 资产类科目　　B. 所有者权益类科目

C. 成本类科目　　D. 损益类科目

5. 从数量上看,所有者权益是(　　)的余额。

A. 流动资产减去流动负债　　B. 长期资产减去长期负债

C. 全部资产减去流动负债　　D. 全部资产减去全部负债

6. 下列属于反映企业财务状况的会计要素是(　　)。

A. 收入　　B. 所有者权益

C. 费用　　D. 利润

7.《企业会计准则——收入》规定,企业的收入不包括(　　)。

A. 销售商品的收入　　B. 提供劳务的收入

C. 因他人使用本企业资产取得的收入　　D. 报废固定资产的收益

8. 会计的对象是特定主体的(　　)。

A. 资金运动　　B. 经济活动　　C. 财产物资　　D. 货币资金

9. 下面关于会计对象的说法中,不正确的是(　　)。

A. 会计对象是指会计所要核算与监督的内容

B. 特定主体能够以货币表现的经济活动,都是会计核算和监督的内容

C. 企业日常进行的所有活动都是会计对象

D. 会计对象就是社会再生产过程中的资金运动

10. 下列不属于期间费用的是(　　)。

A. 销售费用　　B. 管理费用　　C. 制造费用　　D. 财务费用

### 二、多选题

1. 下列各项中,属于收入会计要素内容的有(　　)。

A. 销售商品收入　　B. 出租固定资产取得的租金收入

C. 销售材料的收入　　D. 报废固定资产取得的净收益

2. 下列各项中属于所有者权益的有(　　)。

A. 实收资本　　B. 资本公积　　C. 盈余公积　　D. 未分配利润

3. 按经济内容分类,下列科目中,属于损益类科目的有(　　)。

A. 主营业务成本　　B. 生产成本

C. 制造费用　　D. 管理费用

4. 关于负债,下列各项表述中正确的有(　　)。

A. 负债按其流动性不同,分为流动负债和非流动负债

B. 负债通常是在未来某一时日通过交付资产或提供劳务来清偿

C. 正在筹划的未来交易事项,也属于负债

D. 应付债券属于流动负债

5. 下列各项不属于流动负债的有(　　)。

A. 预收账款　　B. 应收账款　　C. 预付账款　　D. 应付债券

## 三、判断题

1. 利润是收入与费用配比相抵后的差额,是反映经营成果的要素。(　　)

2. 所有者权益是企业投资人对企业资产的要求权。(　　)

3. 收入、费用和利润三大会计要素又经常被称为资产负债表要素。(　　)

4. 企业发生收入往往表现为货币资产的流入,但是并非所有货币资产的流入都是企业的收入。(　　)

5. 在不影响会计核算要求和财务会计报告指标汇总,对外提供统一的财务会计报告的前提下,企业可以自行增设、减少或合并某些会计科目。(　　)

## 四、简答题

1. 什么叫会计要素?会计要素可以分为几类?

2. 什么是会计科目?举出常用的流动资产类科目。

3. 设置会计科目的原则是什么?

## 五、业务题

确认以下所列的各项目属于哪类会计要素(资产、负债、所有者权益、收入、费用、利润)。

(1) 厂部办公大楼。

(2) 运输汽车。

(3) 未完工产品。

(4) 支付的广告费。

(5) 应付给供货单位的材料款。

(6) 还未上缴的税金。

(7) 预收的货物订金。

(8) 存在开户银行的存款。

(9) 向银行借入的短期借款。

(10) 仓库中的商品。

(11) 已经实现的产品销售收入。
(12) 厂部发生的办公费。
(13) 生产产品耗用的原材料。
(14) 银行借款的利息支出。
(15) 应发给职工的工资。
(16) 从利润当中提取的公积金。
(17) 由出纳人员保管的现金。
(18) 以前年度留存企业的尚未分配利润。

# 第 3 章　会计等式与复式记账



## 内容简介

本章主要讲述会计等式和复式记账两个主要问题。会计等式是表示会计要素之间关系的数学表达式，会计等式又包括基本会计等式、动态会计等式和扩展的会计等式。记账方法是在账户中登记经济业务的技术方法，记账方法包括单式记账法和复式记账法，其中复式记账法是目前会计核算的主要记账方法。

## 学习目的和要求

通过本章学习，学生应理解会计等式的基本原理，掌握借贷记账法的相关内容，包括借贷记账法的含义、账户的结构、记账规则等内容。

## 知识框架

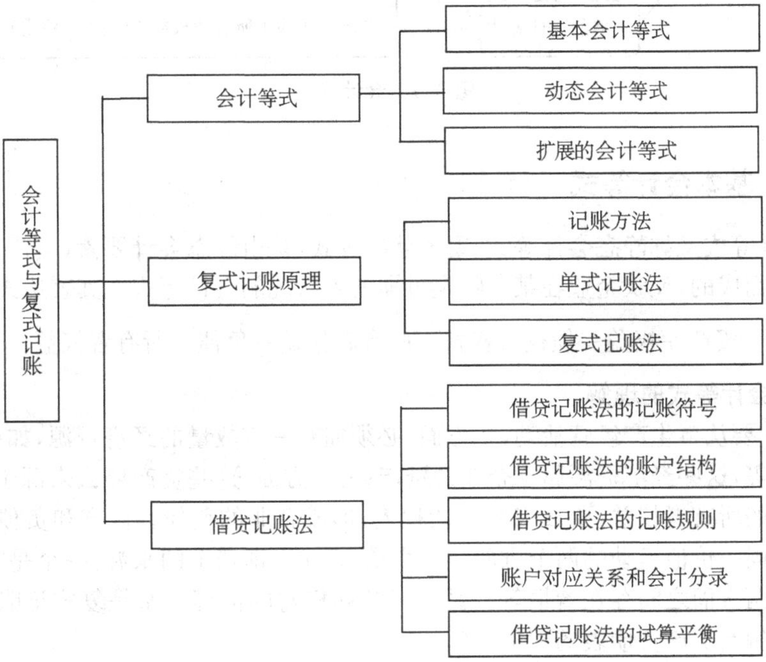

### 思政育人

**张先生错了吗?**

张先生开设了一家公司,投资10万元,因为公司业务较少,再加上为了减少办公费用,他决定不请会计,自己记账。2×20年年末时,公司没有发生业务,除了记录银行存款10万元,没有其他账簿记录。2×21年,公司支付了各种办公费28 000元,取得收入88 000元,购置了计算机等设备20 000元,房屋租金15 000元,支付工资25 000元。张先生只记了银行存款日记账,公司现在的账面余额也是10万元。张先生认为公司没有赚钱所以没有缴税。2×22年1月15日,税务部门检查认为该公司账目混乱,有偷税嫌疑。

请问你如何看待这件事?张先生什么地方做错了?应该如何改进?

# 3.1 会计等式

会计等式,又称为会计恒等式,是反映会计要素之间内在联系的数学表达式。它是各会计主体设置账户进行复式记账和编制财务报表的理论依据。会计等式包括基本会计等式、动态会计等式和扩展的会计等式,如图3-1所示。

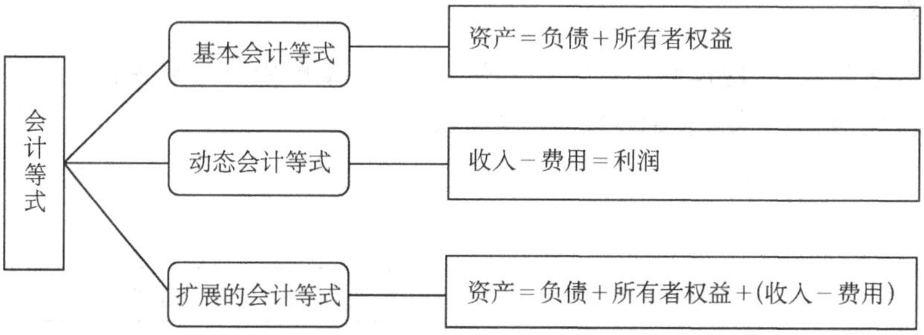


**图3-1 会计等式**

## 3.1.1 基本会计等式

3-1视频:基本会计等式

基本会计等式又称静态会计等式、财务状况等式,是由静态会计要素(资产、负债和所有者权益)组合而成的,反映企业在某一特定日期财务状况的会计等式。其表达式为:

$$资产=权益=债权人权益+所有者权益=负债+所有者权益 \tag{3-1}$$

**1. 基本会计等式的理解**

任何企业要从事生产经营活动,一方面,必须拥有一定数量的经济资源,如机器设备、现金、银行存款等,这些经济资源属于企业的资产;另一方面,这些资产要么来源于企业的投资者,形成企业的所有者权益,要么来源于债权人,形成企业的负债。资产和负债与所有者权益,实际上是同一价值运动的两个方面。一个是"来龙",即资金的来源,一个是"去脉",即资金的占用,这两方面之间存在着恒等关系。资产和权益的恒等关系是复式记账法的理论依据,也是企业编制资产负债表的理论基础。

**2. 经济业务对基本会计等式的影响**

企业在生产经营过程中,不断地发生各种经济业务。引起资产和权益发生增减变化的业务事项，称为经济业务事项。无论企业发生何种经济事项，资产和权益要素如何变化，都不会破坏会计等式的平衡关系。按照经济业务对会计等式的不同影响，可以将经济业务分为以下四种基本类型：

(1) 资产项目与权益项目同时增加，即等式两边同增。资产项目和负债项目同增，或资产项目和所有者权益项目同增。

(2) 资产项目与权益项目同时减少，即等式两边同减。资产项目和负债项目同减，或资产项目和所有者权益项目同减。

(3) 资产项目内部有增有减，即等式左边有增有减。资产项目此增彼减。

(4) 权益项目内部有增有减，即等式右边有增有减。负债项目此增彼减，或者所有者权益项目此增彼减，或者负债项目和所有者权益项目一增一减。

通过以上分析，我们可以得出如下结论：

(1) 一项经济业务的发生，可能仅涉及资产与负债和所有者权益中的一方，也可能涉及双方，但无论如何，结果一定是基本会计等式的恒等关系保持不变。

(2) 一项经济业务的发生，如果仅涉及资产与负债和所有者权益中的一方，既不会影响到双方的恒等关系，也不会使双方的总额发生变动。

(3) 一项经济业务的发生，如果涉及资产与负债和所有者权益中的双方，虽然不会影响到双方的恒等关系，但会使双方的总额发生同增或同减变动。

(4) 一项经济业务的发生，如果涉及负债与所有者权益中的双方，虽然不会影响到双方的恒等关系，但会使双方的总额发生一增一减的变动。

### 3.1.2 动态会计等式

动态会计等式又称经营成果等式，是由动态会计要素收入、费用和利润组成的反映企业在某一会计期间经营成果的会计等式。其表达式为：

$$\text{收入}-\text{费用}=\text{利润} \tag{3-2}$$

企业经营的目标是从生产经营活动中获取收益。企业在取得收入的同时，必然要发生相应的费用。将一定期间的收入和费用相比较，收入大于费用的差额为利润，收入小于费用的差额为亏损。动态会计等式，是企业编制利润表的理论基础。

**案例讨论 3-1**

**利润的计算**

小张自己投资开了一家快餐店，快餐店一个月的经营情况如下：

(1) 预付半年房租 12 000 元。

(2) 购入各种原材料 6 000 元，其中本月耗用 2/3。

(3) 支付员工工资 1 500 元。

(4) 支付水电费 400 元。

(5) 取得营业收入 20 000 元。

假设不考虑其他因素，请问小张的快餐店本月的利润是多少？

### 3.1.3 扩展的会计等式

式(3-1)反映的是资金运动的静态状况，式(3-2)反映的是资金运动的动态状况。运动是绝对的，静止是相对的，运动的结果最终总是以相对静止的形式表现出来。因此，资金运动的动态状况最后必然反映到各项静态会计要素的变化上，从而使会计等式之间建立起勾稽关系。

3-2 扫一扫练一练

3-3 扫一扫练一练答案

利润属于所有者权益的一部分，所以将式(3-1)与式(3-2)合并为：

$$资产=负债+所有者权益+(收入-费用)$$

或

$$资产+费用=负债+所有者权益+收入 \tag{3-3}$$

收入可导致企业资产增加或负债减少，最终会导致所有者权益的增加；费用会导致资产减少或负债增加，最终会导致所有者权益减少。所以，一定时期的经营成果必然会影响一定时点的财务状况。

以上分析说明，资产、负债、所有者权益、收入、费用和利润这六大会计要素之间存在着一种恒等关系。会计等式反映了这种恒等关系，因而，它始终成立。任何经济业务的发生都不会破坏会计等式的平衡关系。

**案例讨论 3-2**

**对扩展的会计等式的理解**

1. 某企业期初资产 100 万元，本月销售商品现金收入 8 万元，该商品成本费用 3 万元，请问期末该企业资产总额有多少。

2. 某企业 9 月初资产总计 100 万元，负债总额 30 万元。9 月份发生如下业务：向银行借入款项 40 万元；发生费用 6 万元。9 月末资产总计 142 万元，假设无其他经济业务的发生。要求：计算 9 月份收入。

## 3.2 复式记账原理

### 3.2.1 记账方法

在会计工作中，为了有效地反映和监督会计对象，各会计主体除了要按照规定的会计科目设置账户，还应采用一定的记账方法。所谓记账方法，是指按照一定的规则，使用一定的符号，在账户中登记各项经济业务的技术方法。会计记账方法经历了由单式记账到复式记账的发展过程。

### 3.2.2 单式记账法

**1. 单式记账法的含义**

单式记账法是指对发生的每一项经济业务，只在一个账户中进行登记的一种记账方法。

**2. 单式记账法的特点**

(1) 单式记账法的主要特征是对于每项经济业务，通常只登记现金和银行存款的收付业务，以及应收、应付款的结算业务，而不登记实物的收付。例如，企业购入一批材料计价 3 000 元，材料已收到，货款尚未支付。对于这项经济业务，采用单式记账法，就只反映应付账款增加 3 000 元，而材料的增加则不予登记。

(2) 单式记账法是一种比较简单、不完整的记账方法。单式记账法的优点是记账手续比较简单。但其账户的设置是不完整的，各个账户之间又互不联系，所以无法全面反映各项经济业务的来龙去脉，也不能正确核算成本和盈亏，更不便于检查账户记录的正确性。例如，在采用单式记账法记录上述经济业务的过程中，账面上仅能反映应付账款增加 3 000 元，增加的原因则无法得知。因此，这种记账方法只适用于经济业务非常简单的企业，目前已很少采用。

### 3.2.3 复式记账法

**1. 复式记账法的含义**

复式记账法是指对任何一项经济业务，都必须用相等的金额在两个或两个以上的有关账户中相互联系地进行登记，借以反映会计对象具体内容增减变化的一种记账方法。

复式记账法的主要特征是需要设置完整的账户体系，除了“库存现金”“银行存款”账户，还要设置实物性资产以及收入、费用和各种权益类账户；不仅记录货币资金的收付和债权债务的发生，还要对所有财产和全部权益的增减变化，以及经营过程中所发生的费用和获得的收入作全面、系统的反映；对每项经济业务，都要在两个或两个以上的账户中进行等额双重记录，以便反映其来龙去脉。在上述的例子中，这项经济业务除了在“应付账款”账户中作增加 3 000 元的登记，还要在有关材料账户中作增加 3 000 元的记录，这样登记的结果可以表明，企业债务的发生与材料的购进是相互联系的。

3-4 视频：复式记账法的含义

**2. 复式记账的特点**

每项经济业务都要在两个或两个以上的账户中进行等额双重记录，所以复式记账法的主要优点如下：

(1) 全面、系统地反映经济业务内容和资金运动的来龙去脉，对经济业务进行全面监督。

(2) 依据会计等式的平衡关系进行试算平衡，便于查账和对账。

**3. 复式记账法的理论依据**

企业发生的所有经济业务无非就是涉及资金增加和减少两个方面，并且某项资金在量上的增加或减少，总是与另一项资金在量上的减少或增加相伴而生。换言之，在资金运动中，一部分资金的减少或增加，总是有另一部分资金的增减变动作为其变化的原因。这样就要求会计在记账的时候，必须要把每项经济业务所涉及的资金增减变化的原因和结果都记录下来，从而完整、全面地反映经济业务所引起的资金运动的来龙去脉。而复式记账方法恰恰就是适应了资金运动的这一规律性的客观要求，把每一项经济业务所涉及的资金在量上的增减变化，通过两个或两个以上账户的记录予以全面反映。可见，资金运动的内在规律是复式记账的理论依据。

3-5 思政课堂：复式记账法与我们的生活

**4. 复式记账法的种类**

复式记账法具有单式记账法无法比拟的优势，它也是世界各国公认的一种记账方法。从其发展历史看，复式记账法有“借贷记账法”“增减记账法”“收付记账法”等。我国现行有关制度规定企业和行政、事业单位一律采用借贷记账法记账。

## 3.3 借贷记账法

借贷记账法是以“借”和“贷”作为记账符号的一种复式记账方法。借贷记账法的内容包括记账符号、账户结构、记账规则、试算平衡等几个方面。

**趣味阅读 3-1**

**借贷记账法的产生与发展**

借贷记账法起源于13～14世纪的意大利。最初，意大利佛罗伦萨的“借贷资本家”对于收进来的存款，记在贷主(creditor)的名下，表示自身的债务即欠人的增加；对于付出去的放款，则记在借主(debtor)的名下，表示自身的债权即人欠的增加。这样，“借”“贷”两字分别表示借贷资本家的债权(人欠)、债务(欠人)及其增减变化。这时记账方法是单式，记账对象仅限于债权人和债务人。

在以后的几百年里，随着商品经济的发展，借贷记账法又经过了热那亚阶段和威尼斯阶段，在不断发展和完善，“借”“贷”二字逐渐失去其本来含义，变成了纯粹的记账符号。记录的内容也不仅仅局限于货币资金的借贷业务，而是逐步扩展到财产物资、经营损益和经营资本的增减变化，并广泛应用于许多行业。随后，借贷记账法传遍欧洲、美洲等地，成为世界通用的记账方法。1494年，意大利数学家卢卡·帕乔利的《算术、几何、比及比例概要》一书问世，使借贷记账法正式成为大家公认的复式记账法，同时也标志着近代会计的开始。

### 3.3.1 借贷记账法的记账符号

借贷记账法是以“借”和“贷”作为记账符号，表明经济业务的增减和变动方向。“借”“贷”两个文字的字义与其在会计史上的最初含义无关，是会计的专门术语，并已经成为通用的国际商业语言。

“借”和“贷”两字作为记账符号，都具有增加和减少的双重含义。“借”和“贷”与具体账户结合，有两层含义：

(1) 表示记账的方向。在借贷记账法下，所有账户的左方为“借方”，所有账户的右方为“贷方”。至于哪一方表示增加还是减少，取决于账户的性质和核算的经济内容。

(2) 表示资金的增减。“借”对会计等式左边的账户即资产、费用类账户表示增加，对会计等式右边的账户即负债、所有者权益、收入类账户则表示减少；“贷”对会计等式左边的资产、费用类账户表示减少，对会计等式右边的负债、所有者权益、收入类账户则表示增加。

资产＋费用＝负债＋所有者权益＋收入

借方增加，贷方减少　借方减少，贷方增加

### 3.3.2 借贷记账法的账户结构

根据上文介绍，对于资产、费用类账户借方表示增加，贷方表示减少；对于负债及所有者权益、收入和利润类账户则贷方表示增加，借方表示减少。以下分别说明借贷记账法下各账户的结构。

**1. 资产类账户的结构**

资产类账户的结构：账户的借方登记资产的增加额，贷方登记资产的减少额，账户期末如有余额，一般在借方，如图 3-2 所示。

| 借方 | | 资产类账户 | 贷方 |
|---|---|---|---|
| 期初余额<br>本期增加额 | ×××<br>…… | 本期减少额 | ×××<br>…… |
| 本期增加发生额 | ××× | 本期减少发生额 | ××× |
| 期末余额 | ××× | | |

**图 3-2　资产类账户结构**

该类账户期末余额的计算公式如下：

资产类账户期末借方余额＝期初借方余额＋本期借方发生额－本期贷方发生额

**2. 权益类账户结构**

负债及所有者权益类账户的结构与资产的结构正好相反。该类账户的结构是：账户的贷方登记负债及所有者权益的增加额，借方登记负债及所有者权益的减少额，账户期末如有余额，一般在贷方，如图 3-3 所示。

| 借方 | | 负债及所有者权益类账户 | 贷方 |
|---|---|---|---|
| 本期减少额 | ×××<br>…… | 期初余额<br>本期增加额 | ×××<br>…… |
| 本期减少发生额 | ××× | 本期增加发生额 | ××× |
| | | 期末余额 | ××× |

**图 3-3　负债及所有者权益类账户结构**

该类账户期末余额的计算公式如下：

负债及所有者权益类账户期末贷方余额＝期初贷方余额＋本期贷方发生额－本期借方发生额

**3. 成本类账户结构**

成本类账户的结构与资产类账户结构相同，账户的借方登记成本的增加额，贷方登记成本的减少额。账户期末如有余额，一般在借方，表示未完工的在产品成本，如图 3-4 所示。

借方　　成 本 类 账 户　　贷方

| 借方 | | 贷方 | |
|---|---|---|---|
| 期初余额 | | | |
| 本期增加额 | ××× | 本期减少额 | ××× |
| | …… | | …… |
| 本期增加发生额 | ××× | 本期减少发生额 | ××× |
| 期末余额 | ××× | | |

图 3-4　成本类账户结构

该类账户期末余额的计算公式如下：

成本类账户期末借方余额＝期初借方余额＋本期借方发生额－本期贷方发生额

**4. 损益类账户结构**

(1) 费用类账户结构。费用类账户同资产类账户，借方登记费用的增加，贷方登记费用的减少。由于借方登记的费用增加额一般都要通过贷方转出，该类账户期末通常没有余额，如图 3-5 所示。

借方　　费 用 类 账 户　　贷方

| 借方 | | 贷方 | |
|---|---|---|---|
| 本期增加额 | ××× | 本期减少额 | ××× |
| | …… | | …… |
| 本期增加发生额 | ××× | 本期减少发生额 | ××× |

图 3-5　费用类账户结构

(2) 收入类账户结构。收入类账户同负债及所有者权益类账户，贷方登记收入的增加，借方登记收入的减少。由于贷方登记的收入增加额一般都要通过借方转出，该类账户期末通常没有余额，如图 3-6 所示。

借方　　收 入 类 账 户　　贷方

| 借方 | | 贷方 | |
|---|---|---|---|
| 本期减少额 | ××× | 本期增加额 | ××× |
| | …… | | …… |
| 本期减少发生额 | ××× | 本期增加发生额 | ××× |

图 3-6　收入类账户结构

**知识拓展 3-1**

**实账户与虚账户**

账户，是按照规定的会计科目在账簿中对各项经济业务进行的分类、系统、连续记录的一种手段。因此，每一个账户都应该反映一种具体的经济业务。从期末有无余额的角度划分，账户分为实账户和虚账户。通常将期末有余额的账户称为实账户，实账户的期末余额代表着企业的资产、负债或所有者权益情况；将期末无余额的账户称为虚账户，虚账户的发生额反映企业的损益情况。

### 案例讨论 3-3

**虚账户没有经济意义吗?**

王老师在讲课时讲到,会计有实账户,如“原材料”账户的期末余额表示材料占有的资金额,“银行存款”账户的期末余额表示银行存款的期末实存额;会计还有一种虚账户,一般期末没有余额。小明同学恍然大悟,认为实账户都有实际经济意义,虚账户都没有经济意义。你认为小明同学的看法正确吗?

显然,小明同学的看法不正确,并不是实账户都有实际经济意义,虚账户都没有经济意义。实账户和虚账户的划分只是从是否有期末余额这个角度进行的,与是否具有经济意义无关。可见,实账户和虚账户都是对企业某类经济业务的核算,都具有经济意义。

## 3.3.3 借贷记账法的记账规则

不同的记账方法,具有不同的记账规则。借贷记账法属于复式记账法的一种,按照复式记账的原理,任何一笔经济业务都要以相等的金额,在两个或两个以上相互联系的账户中进行记录。

**【例 3-1】** 琴岛有限责任公司 2×21 年 12 月 31 日资产、负债及所有者权益各账户的期末余额如表 3-1 所示。

表 3-1 **资产、负债及所有者权益各账户的期末余额** 单位:元

| 资产类账户 | 金额 | 负债及所有者权益类账户 | 金额 |
|---|---|---|---|
| 库存现金 | 500 | 短期借款 | 210 000 |
| 银行存款 | 38 000 | 应付账款 | 50 000 |
| 应收账款 | 40 000 | 应付职工薪酬 | 15 000 |
| 原材料 | 110 000 | 应付股利 | 20 000 |
| 固定资产 | 236 500 | 实收资本 | 90 000 |
| | | 资本公积 | 40 000 |
| 总计 | 425 000 | 总计 | 425 000 |

琴岛有限责任公司公司 2×22 年 1 月发生以下经济业务:

(1) 接受投资者投入资金 50 000 元,存入银行。

这项经济业务一方面使企业的银行存款增加,银行存款属于资产,资产的增加应记入借方;另一方面使实收资本增加,实收资本属于所有者权益,所有者权益的增加应记入贷方。其登账结果如图 3-7 和图 3-8 所示。

| 借 | 银行存款 | 贷 |
|---|---|---|
| 期初余额: | 38 000 | |
| (1) | 50 000 | |

**图 3-7 “银行存款”账户结构**

| 借 | 实收资本 | 贷 |
|---|---|---|
| | 期初余额: | 90 000 |
| | (1) | 50 000 |

**图 3-8 “实收资本”账户结构**

(2) 以银行存款 25 000 元购买材料。

这项经济业务一方面使企业的银行存款减少，银行存款属于资产，资产的减少应记入贷方；另一方面使原材料增加，原材料属于资产，资产的增加应记入借方。其登账结果如图 3-9 和图 3-10 所示。

| 借 | 银行存款 | | 贷 |
|---|---|---|---|
| 期初余额： | 38 000 | (2) | 25 000 |
| (1) | 50 000 | | |

图 3-9 "银行存款"账户结构

| 借 | 原材料 | | 贷 |
|---|---|---|---|
| 期初余额： | 110 000 | | |
| (2) | 25 000 | | |

图 3-10 "原材料"账户结构

(3) 以银行存款 50 000 元偿还前欠货款。

这项经济业务一方面使企业的银行存款减少，银行存款属于资产，资产的减少应记入贷方；另一方面使应付账款减少，应付账款属于负债，负债的减少应记入借方。其登账结果如图 3-11 和图 3-12 所示。

| 借 | 银行存款 | | 贷 |
|---|---|---|---|
| 期初余额： | 38 000 | (2) | 25 000 |
| (1) | 50 000 | (3) | 50 000 |

图 3-11 "银行存款"账户结构

| 借 | 应付账款 | | 贷 |
|---|---|---|---|
| (3) | 50 000 | 期初余额： | 50 000 |

图 3-12 "应付账款"账户结构

(4) 从银行提取现金 3 000 元。

这项经济业务一方面使企业的库存现金增加，库存现金属于资产，资产的增加应记入借方；另一方面使银行存款减少，银行存款属于资产，资产的减少应记入贷方。其登账结果如图 3-13 和图 3-14 所示。

| 借 | 银行存款 | | 贷 |
|---|---|---|---|
| 期初余额： | 38 000 | (2) | 25 000 |
| (1) | 50 000 | (3) | 50 000 |
| | | (4) | 3 000 |

图 3-13 "银行存款"账户结构

| 借 | 库存现金 | | 贷 |
|---|---|---|---|
| 期初余额： | 500 | | |
| (4) | 3 000 | | |

图 3-14 "库存现金"账户结构

从以上所举的几个例子可以看出，每一项经济业务发生之后，运用借贷记账法进行处理时都必须在记入某一个(或几个)账户借方的同时记入另一个(或几个)账户的贷方，而且记入借方与记入贷方的金额总是相等。因此，我们可以总结出借贷记账法的记账规律(亦称"记账规则")，即有借必有贷，借贷必相等。

### 3.3.4 账户对应关系和会计分录

账户对应关系是指采用借贷记账法对每笔交易或事项进行记录时，相关账户之间形成的应借、应贷的相互关系。存在着对应关系的账户称为对应账户。

采用借贷记账法登记某项经济业务时，应先通过编制会计分录来确定其所涉及的账户及其对应关系，从而保证账户记录的正确性。所谓会计分录是指预先确定每笔经济业务所涉及的账户名称，以及记入账户的方向和金额的一种记录。会计分录包括账户名称、记账方向和记账金额三个要素。

在实际运用借贷记账法的记账规则登记经济业务时，一般要按三个步骤进行：

首先，科目。根据发生的经济业务设置相应的会计科目或账户。

其次，增减。判断相应会计账户是增加还是减少。

最后，借贷。根据账户的性质判断增减方向。例如，资产、费用类账户的增加是借方，减少是贷方；负债及所有者权益、收入类账户增加是贷方，减少是借方。

**【例 3-2】** 承[例 3-1]，编制琴岛有限责任公司 2×22 年 1 月发生经济业务的会计分录。

(1) 接受投资者投入资金 50 000 元，存入银行。

借：银行存款　　50 000

　　贷：实收资本　　50 000

(2) 以银行存款 25 000 元购买材料。

借：原材料　　50 000

　　贷：银行存款　　50 000

(3) 以银行存款 50 000 元偿还前欠货款。

借：应付账款　　50 000

　　贷：银行存款　　50 000

(4) 从银行提取现金 3 000 元。

借：库存现金　　3 000

　　贷：银行存款　　3 000

会计分录按其所运用账户的多少分为简单会计分录和复合会计分录两种。简单会计分录是指只涉及一个账户借方和另一个账户贷方的会计分录，即一借一贷的分录。复合会计分录是指由两个以上账户所组成的会计分录，包括一借多贷、多借一贷和多借多贷的会计分录。复合会计分录实际上是由几个简单会计分录组成的，因而必要时可将其分解为若干个简单会计分录。会计分录的种类如图 3-15 所示。

3-6 视频：借贷记账法的会计分录

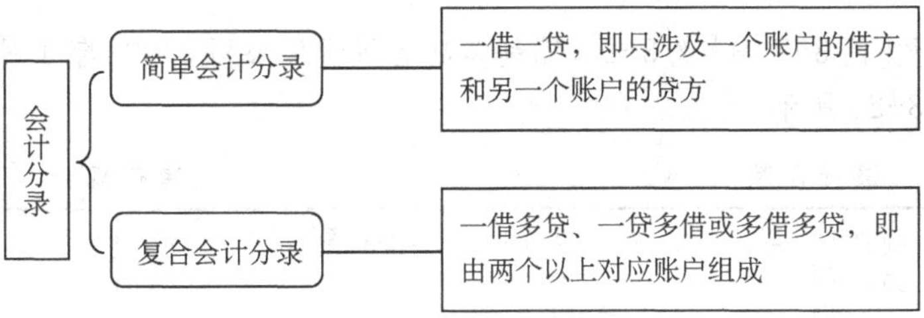


**图 3-15　会计分录的种类**

### 3.3.5　借贷记账法的试算平衡

借贷记账法的试算平衡，是指根据会计等式的平衡原理，按照记账规律的要求，通过汇总计算和比较，来检查账户记录的正确性和完整性。借贷记账法的试算平衡包括账户发生额试算平衡及余额试算平衡。

**1. 账户发生额试算平衡**

平衡公式：全部账户借方发生额合计＝全部账户贷方发生额合计。

理论依据：借贷记账法的记账规则。

**2. 余额试算平衡**

平衡公式：全部账户借方余额合计＝全部账户贷方余额合计。

理论依据：资产＝负债＋所有者权益。

试算平衡工作是通过编制试算平衡表来完成的。试算平衡表是通过借贷金额是否平衡来检查账户记录是否正确。通过试算平衡表，如果借贷不平衡，则肯定账户记录有错误，应认真查找，直到实现平衡为止；如果借贷平衡，则只能推断账簿记录或计算基本正确，而并不能说明账户记录绝对正确，因为有些错误对于借贷双方的平衡并不发生影响。例如，漏记某项经济业务；重记某项经济业务；某项经济业务记错有关账户；某项经济业务在账户记录中，颠倒了记账方向；借方或贷方发生额中，偶然发生多记或少记并相互抵销，借贷仍然平衡。

试算平衡表的格式如表 3-2 所示。

表 3-2　**试算平衡表**

| 账户名称 | 期初余额 | | 本期发生额 | | 期末余额 | |
|---|---|---|---|---|---|---|
| | 借方 | 贷方 | 借方 | 贷方 | 借方 | 贷方 |
| | | | | | | |
| | | | | | | |
| | | | | | | |
| | | | | | | |
| | | | | | | |
| 合计 | | | | | | |

**【例 3-3】** 承［例 3-1］和［例 3-2］，编制琴岛有限责任公司 2×22 年 1 月的试算平衡表，如图 3-16 至图 3-20 所示。

借　**银行存款**　贷

| | | | |
|---|---|---|---|
| 期初余额： | 38 000 | (2) | 25 000 |
| (1) | 50 000 | (3) | 50 000 |
| | | (4) | 3 000 |
| 本期发生额 | 50 000 | 本期发生额 | 78 000 |
| 期末余额 | 10 000 | | |

**图 3-16 “银行存款”账户结构**

借　**库存现金**　贷

| | | | |
|---|---|---|---|
| 期初余额： | 500 | | |
| (4) | 3 000 | | |
| 本期发生额 | 3 000 | | |
| 期末余额 | 3 500 | | |

**图 3-17 “库存现金”账户结构**

| 借 | 实收资本 | | 贷 |
|---|---|---|---|
| | 期初余额： | 90 000 | |
| | (1) | 50 000 | |
| | 本期发生额 | 50 000 | |
| | 期末余额 | 140 000 | |

**图 3-18 “实收资本”账户结构**

| 借 | 原材料 | | 贷 |
|---|---|---|---|
| 期初余额： | 110 000 | | |
| (2) | 25 000 | | |
| 本期发生额 | 25 000 | | |
| 期末余额 | 135 000 | | |

**图 3-19 “原材料”账户结构**

| 借 | 应付账款 | | 贷 |
|---|---|---|---|
| (3) | 50 000 | 期初余额： | 50 000 |
| 本期发生额 | 50 000 | 期末余额 | 0 |

**图 3-20 “应付账款”账户结构**

总分类账发生额及余额试算平衡表如表 3-3 所示。

3-7 视频：借贷记账法的试算平衡

表 3-3 **总分类账发生额及余额试算平衡表** 单位：元

| 账户名称 | 期初余额 | | 本期发生额 | | 期末余额 | |
|---|---|---|---|---|---|---|
| | 借方 | 贷方 | 借方 | 贷方 | 借方 | 贷方 |
| 库存现金 | 500 | | 3 000 | | 3 500 | |
| 银行存款 | 38 000 | | 50 000 | 78 000 | 10 000 | |
| 应收账款 | 40 000 | | | | 40 000 | |
| 原材料 | 110 000 | | 25 000 | | 135 000 | |
| 固定资产 | 236 500 | | | | 236 500 | |
| 短期借款 | | 210 000 | | | | 210 000 |
| 应付账款 | | 50 000 | 50 000 | | | 0 |
| 应付职工薪酬 | | 15 000 | | | | 15 000 |
| 应付股利 | | 20 000 | | | | 20 000 |
| 实收资本 | | 90 000 | | 50 000 | | 140 000 |
| 资本公积 | | 40 000 | | | | 40 000 |
| 合计 | 425 000 | 425 000 | 128 000 | 128 000 | 425 000 | 425 000 |

**思政育人解析**

### 张先生错了吗?

在本章的“思政育人”模块中，张先生公司的会计系统不完整。按照《中华人民共和国公司法》(以下简称《公司法》)和《会计法》，公司作为一个会计主体，应该由具有会计从业资格证的会计人员记账，应当根据涉及的经济业务设置相应的会计科目，并按照借贷记账法进行记录。张先生仅记录银行存款日记账是片面的，不能反映公司经营活动的来龙去脉，也无法得知每一笔银行存款变动的对应关系。

3-8 扫一扫练一练

3-9 扫一扫练一练答案

3-10 复式记账法发展历史之增减记账法

3-11 复式记账法发展历史之收付记账法

3-12 扫一扫看课件

根据2×20年、2×21年该公司发生的业务，还需要在“实收资本”“管理费用”“主营业务收入”“固定资产”“累计折旧”“应付职工薪酬”“主营业务成本”“本年利润”等账户中登记入账，并根据账簿记录核算全年的利润。尽管公司的银行存款余额没有变动，但是由于购置了计算机等固定资产，按照权责发生制原则，应对资产耗费在收益期内逐年摊销或者提取折旧，从而正确计算当年的利润。

### 案例讨论 3-4

**小明的疑问**

小明同学在学会计时，他向老师提出了几个问题：账户与科目是不是一回事？账户结构是否与不同的记账方法有关系？对于同一个账户来说，期末余额是不是永远固定在一方？每一个账户是不是都是反映一种具体的经济业务？为什么还会有虚账户？

你能否回答小明同学提出的问题呢？

## 本章小结

本章主要学习了会计等式包括基本会计等式、动态会计等式和扩展会计等式；复式记账法的含义、特点及理论依据；借贷记账法的记账符号、账户结构、记账规则、试算平衡等内容。

## 本章重要概念

会计等式　复式记账法　借贷记账法　记账符号　记账规则　会计分录　试算平衡

## 本章练习

### 一、单选题

1. 账户发生额试算平衡是根据(　　)来确定的。

A. 借贷记账法的记账规则　　B. 资产＝负债＋所有者权益

C. 收入－费用＝利润　　D. 平行登记原则

2. 下列账户中，期末应无余额的是(　　)账户。

A.“实收资本”　B.“应付账款”　C.“固定资产”　D.“管理费用”

3. 下列记账错误中，不能通过试算平衡检查发现的是(　　)。

A. 将某一账户的借方发生额600元，误写成6 000元，贷方金额无误

B. 某项经济业务在记账过程中颠倒了借贷科目，金额无误

C. 借方的金额误记到贷方

D. 漏记了借方的发生额

4. 在借贷记账法下，账户的贷方用来登记(　　)。

A. 收入类科目的减少　　B. 所有者权益类科目的增加

C. 负债类科目的减少　　D. 成本类科目的增加

5. “应收账款”账户的期末余额等于(　　)。

A. 期初余额＋本期借方发生额－本期贷方发生额

B. 期初余额－本期借方发生额－本期贷方发生额

C. 期初余额＋本期借方发生额＋本期贷方发生额

D. 期初余额－本期借方发生额＋本期贷方发生额

6. 下列关于借贷记账法的表述中，正确的是(　　)。

A. 漏记一项经济业务通过试算平衡可以发现

B. 借贷记账法是复式记账法的一种

C. 在借贷记账法下，负债增加记借方，减少记贷方

D. 在借贷记账法下，“借”代表增加，“贷”代表减少

7. 下列错误中，能够通过试算平衡发现的是(　　)。

A. 重记经济业务　　B. 漏记经济业务

C. 借贷方向相反　　D. 借贷金额不等

8. A公司月初应付账款余额为80万元，本月购入材料一批，贷款30万元，款项尚未支付，另支付上期购买商品的欠款50万元。则本月“应付账款”账户的余额为(　　)万元。

A. 借方60　　B. 贷方100　　C. 借方100　　D. 贷方60

9. 借贷记账法余额试算平衡的依据是(　　)。

A. 账户的对应关系　　B. 账户的结构

C. 借贷记账法的记账规则　　D. 资产与权益的恒等关系

10. 甲公司月末编制的试算平衡表中，全部账户的本月借方发生额合计为136万元，除实收资本账户以外的账户本月贷方发生额合计120万元，则实收资本账户(　　)。

A. 本月贷方发生额为16万元　　B. 本月借方发生额为16万元

C. 本月借方余额为16万元　　D. 本月贷方余额为16万元

## 二、多选题

1. 会计分录的内容包括(　　)。

A. 经济业务内容摘要　　B. 账户名称

C. 经济业务发生额　　D. 应借、应贷方向

2. 下列各项经济业务中，能引起资产和负债总额同时增加的有(　　)。

A. 从银行借款存入企业的存款账户　　B. 用银行存款偿还所欠货款

C. 企业赊购材料一批　　D. 收到投资人投入的资金存入银行

3. 在借贷记账法下，账户的贷方应登记(　　)。

A. 负债、收入的增加数　　B. 负债、收入的减少数

C. 资产、成本的减少数　　D. 资产、成本的增加数

4. 收到投资者投入的固定资产20万元，正确的说法有(　　)。

A. 借记“固定资产”账户20万元　　B. 贷记“实收资本”账户20万元

C. 贷记“固定资产”账户 20 万元　　　　D. 借记“实收资本”账户 20 万元

5. 下列关于借贷记账法的说法中正确的有(　　)。

A. 借贷记账法下哪一方登记增加,哪一方登记减少取决于账户的性质和类型

B. 可以进行发生额试算平衡和余额试算平衡

C. 以“有借必有贷,借贷必相等”作为记账规则

D. 以“借”“贷”为记账符号

## 三、判断题

1. 根据会计等式的平衡原理,当经济业务发生时,就以相等的金额,在相互关联的两个或两个以上科目进行记录,这种双重记录的方法就是复式记账法。(　　)

2. 借贷记账法的记账规则为:有借必有贷,借贷必相等。即对于每一笔经济业务都只要在两个账户中以借方和贷方相等的金额进行登记。(　　)

3. 资产、负债与所有者权益的平衡关系是企业资金运动处于相对静止状态下出现的,如果考虑收入、费用等动态要素,则资产与权益总额的平衡关系必然被破坏。(　　)

4. 企业可以将不同类型的经济业务合并在一起,这样可以形成复合会计分录。(　　)

5. 运用单式记账法记录经济业务,可以反映每项经济业务的来龙去脉,可以检查每笔业务是否合理、合法。(　　)

## 四、简答题

1. 什么叫会计等式? 会计等式有哪几种不同的表示方法?

2. 企业经济业务发生对会计恒等式产生哪些影响?

## 五、业务题

琴岛有限责任公司 2×22 年发生以下经济业务,要求作出相应的会计分录。

(1) 购进一批材料,价值 100 万元,款项尚未支付。

(2) 向银行借入期限为 6 个月的短期借款 500 万元,存入银行。

(3) 用银行存款 3 万元偿还上月应付购货款。

(4) 以银行存款 60 万元,偿还银行短期借款。

(5) 将库存现金 10 万元存入银行。

(6) 以银行存款 400 万元购置一固定资产。

(7) 以资本公积 200 万元转增资本。

(8) 经协商将应付甲公司户货款 12 万元转化为甲公司对企业的投资。

## 六、案例题

琴岛有限责任公司 2×22 年 3 月初负债总额 6 500 万元,所有者权益总额 8 000 万元。月发生下列经济业务:

(1) 购进一批材料,价值 100 万元,款项尚未支付。

(2) 向银行借入期限为 6 个月的短期借款 500 万元,存入银行。

(3) 用银行存款 3 万元偿还上月应付购货款。

(4) 以银行存款 60 万元,偿还银行短期借款。
(5) 将库存现金 10 万元存入银行。
(6) 以银行存款 400 万元购置一固定资产。
(7) 以资本公积 200 万元转增资本。
(8) 经协商将应付甲公司户货款 12 万元转化为甲公司对企业的投资。
要求:
(1) 逐项分析上述业务发生后对资产、负债和所有者权益三个要素增减变动的影响。
(2) 月末,计算资产、负债和所有者权益三个要素的总额并列出会计等式。

# 第 4 章　会计凭证与会计账簿



## 内容简介

本章主要讲述了会计资料中会计凭证和会计账簿的相关内容，包括会计凭证的含义、分类、填制方法和审核，会计凭证的传递与保管，以及会计账簿的含义、种类、内容、启用方式、记账规则、账簿格式、登记方法、对账、结账等内容。

## 学习目的和要求

通过本章的学习，让学生熟悉会计凭证的含义和种类，会计账簿的格式、启用方式、登记方法、结账和对账的相关内容。

## 知识框架

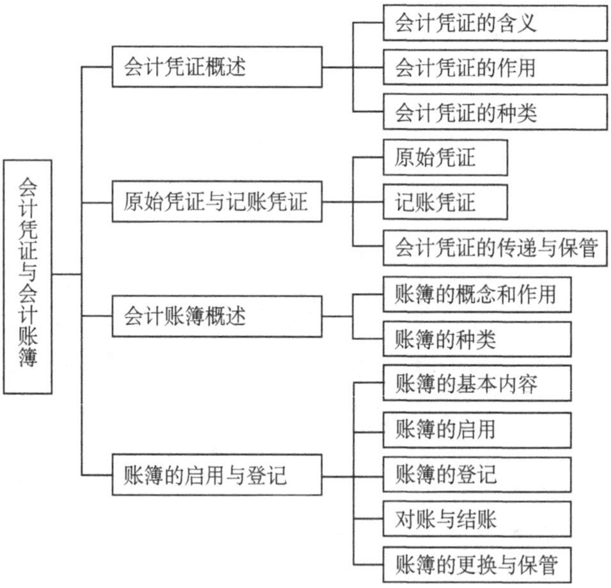


**思政育人**

**隐匿会计凭证，当事人被判刑**

2010 年 3 月，段某某在黎城县某有限责任公司工作，其丈夫王某龙（2010 年 1 月因车祸去世）生前担任该公司的会计，负责保管该公司的会计凭证。王某龙去世后，黎城县农机服务中心王某方和该公司经理孙某北让段某某保管会计凭证。2016年1月，在公安机关办理相关案件时，民警要求段某某提供该公司相关会计凭证，但段某某拒不交出。

2016年4月11日，黎城县公安局对段某某采取刑事拘留措施后，第三日段某某才交代出会计凭证的藏匿地点，当日被黎城县公安局查获。经鉴定，隐匿的会计凭证总金额为13 918 737.33元。

法院认为，段某某在保管黎城县某有限责任公司会计凭证资料期间，在公安机关查办其他案件要求段某某提供时，段某某故意隐匿会计凭证拒不交出，情节严重，其行为确已构成隐匿会计凭证罪。

依照法律规定，判决如下：段某某犯隐匿会计凭证罪，判处有期徒刑10个月，并处罚金2万元。

根据最高人民检察院、公安部《关于经济犯罪案件追诉标准的规定》，隐匿或者故意销毁依法应当保存的会计凭证、会计账簿、财务会计报告，涉嫌下列情形之一的，应予追诉：隐匿、销毁的会计资料涉及金额在50万元以上的；为逃避依法查处而隐匿、销毁或者拒不交出会计资料的。

那么何为隐匿会计资料，何为销毁会计资料呢？

（资料来源：https://www.sohu.com/a/129165281_395123）

## 4.1 会计凭证概述

### 4.1.1 会计凭证的含义

会计凭证，简称凭证，是记录经济业务、明确经济责任和据以登记账簿的书面证明。

会计主体办理任何一项经济业务，都必须办理凭证手续，由执行和完成该项经济业务的有关人员取得或填制会计凭证，记录经济业务的发生日期、具体内容以及数量和金额，并在凭证上签名或盖章，对经济业务的合法性、真实性和正确性负完全责任。所有会计凭证都要由会计部门审核无误后才能作为记账的依据。因此，填制和审核会计凭证，是会计信息处理的重要方法之一，同时也是整个会计核算工作的起点和基础。

4-1 扫一扫练一练

4-2 扫一扫练一练答案

### 4.1.2 会计凭证的作用

会计凭证具有以下几个方面的作用。

**1. 会计凭证是提供原始资料、传导经济信息的工具**

会计信息是经济信息的重要组成部分。它一般是通过数据，以凭证、账簿、报表等形式反映出来的。随着生产的发展，及时准确的会计信息在企业管理中的作用愈来愈重要。任何一项经济业务的发生，都要编制或取得会计凭证。会计凭证是记录经济活动最原始的资料，是经济信息的载体。会计凭证的加工、整理和传递，既协调了会计主体内部各部门、各单位之间的经济活动，保证生产经营各个环节的正常运转，又为会计分析和会计检查提供了基础资料。

**2. 会计凭证是登记账簿的依据**

任何单位每发生一项经济业务，如现金的收付、商品的进出，以及往来款项的结算等，都必须通过填制会计凭证，来如实记录经济业务的内容、数量和金额，并经过审核无误登记入账。如果没有合法的凭证作依据，任何经济业务都不能登记到账簿中去。因此，做好会计凭证的填制和审核工作，是保证会计账簿资料真实性、正确性的重要条件。

**3. 会计凭证是加强经济责任制的手段**

由于会计凭证记录了每项经济业务的内容，并要由有关部门和经办人员签章，这就要求有关部门和有关人员对经济活动的真实性、正确性、合法性负责。这样,无疑会增强有关部门和有关人员的责任感,促使他们严格按照有关政策、法令、制度、计划或预算办事。如有发生违法乱纪或经济纠纷事件,也可借助于会计凭证确定各经办部门和人员所负的经济责任,并据以进行正确的裁决和处理,从而加强经营管理的岗位责任制。

**4. 会计凭证是实行会计监督的条件**

对会计凭证进行审核,可以查明各项经济业务是否符合法规、制度的规定,企业有无贪污盗窃、铺张浪费和损公肥私行为,从而发挥会计的监督作用,保护各会计主体所拥有资产的安全完整,维护投资者、债权人和有关各方面的合法权益。

### 4.1.3 会计凭证的种类

4-3 视频:会计凭证的判断

会计凭证按其填制程序和用途的不同,可以分为原始凭证和记账凭证两大类。

**1. 原始凭证**

原始凭证又称单据,是在经济业务发生时取得或填制,载明经济业务具体内容和完成情况的书面证明。它是进行会计核算的原始资料和主要依据。

原始凭证的作用主要是记载经济业务的发生过程和具体内容。原始凭证记载的信息是整个企业会计信息系统运行的起点,原始凭证的质量将决定会计信息的质量。常用的原始凭证有现金收据、发货单、银行进账单、差旅报销单、入库单、领料单等。

**2. 记账凭证**

记账凭证是根据原始凭证进行归类、整理,编制会计分录的凭证,它是登记账簿的直接依据。原始凭证种类繁多、格式不一,不便于在原始凭证上编制会计分录,据以记账,所以有必要将各种原始凭证反映的经济内容加以归类整理,将其确认为某一会计要素后,编制记账凭证。从原始凭证到记账凭证是经济信息转换成会计信息的过程,是会计的初始确认阶段。

记账凭证介于原始凭证和会计账簿的中间环节。

记账凭证的主要作用是确定会计分录,进行账簿登记。记账凭证是登记总分类账户和明细分类账户的依据,能反映经济业务的发生和完成情况,监督企业经济活动,明确相关人员的责任。

**思政育人解析**

**隐匿会计凭证,当事人被判刑**

所谓隐匿,是指将会计凭证、会计账簿、财务会计报告予以转移、隐藏的行为。所谓销毁,是指将会计凭证、会计账簿、财务会计报告毁掉的行为。

## 4.2 原始凭证与记账凭证

### 4.2.1 原始凭证

**1. 原始凭证的种类**

原始凭证按其来源不同,可分为自制原始凭证和外来原始凭证。

(1) 自制原始凭证。

自制原始凭证是由本单位经办业务的部门和人员在执行或完成某项经济业务时所填制的凭证。自制原始凭证按其填制手续和内容不同,又可分为一次凭证、累计凭证和汇总原始凭证三种。

① 一次凭证。一次凭证亦称一次有效凭证,是指只记载一项经济业务或同时记载若干项同类经济业务,填制手续一次完成的凭证。例如,领料单(表 4-1)、发货单等都是一次凭证。一次凭证只能反映一笔业务的内容,使用方便灵活,但数量较多,核算较麻烦。

表 4-1　　　　领料单

领料部门:　　　　年　月　日　　　　发货仓库:

用　　途:　　　　　　　　编　　号:

| 编号 | 材料名称 | 规格 | 单位 | 请领数量 | 实发数量 | 单价 | 金额 | 备注 |
|---|---|---|---|---|---|---|---|---|
| | | | | | | | | |
| | | | | | | | | |
| | | | | | | | | |
| | | | | | | | | |

制单:　　　　审核:　　　　领料人:　　　　发料人:

② 累计凭证。累计凭证亦称多次有效凭证,是指连续记载一定时期内不断重复发生的同类经济业务,填制手续是在一张凭证中多次进行才能完成的凭证。例如,限额领料单(表 4-2)就是一种累计凭证。使用累计凭证随时登记发生的经济业务,并计算累计数,期末计算总数后将其作为记账的依据,能减少凭证数量,简化凭证填制手续。

表 4-2　　　　限额领料单

领料部门:　　　　年　月　日　　　　发货仓库:

用　　途:　　　　　　　　编　　号:

<table>
<tr><td rowspan="2">材料编号</td><td rowspan="2">材料名称</td><td rowspan="2">规格</td><td rowspan="2">计量单位</td><td rowspan="2">计划单价</td><td rowspan="2">领用限额</td><td colspan="2">全月实领</td></tr>
<tr><td>数量</td><td>单价</td></tr>
<tr><td></td><td></td><td></td><td></td><td></td><td></td><td></td><td></td></tr>
<tr><td>领用日期</td><td>请领数量</td><td colspan="2">实发数量</td><td>领料人签章</td><td>发料人签章</td><td colspan="2">限额结余数量</td></tr>
<tr><td></td><td></td><td></td><td></td><td></td><td></td><td></td><td></td></tr>
<tr><td></td><td></td><td></td><td></td><td></td><td></td><td></td><td></td></tr>
<tr><td></td><td></td><td></td><td></td><td></td><td></td><td></td><td></td></tr>
</table>

仓库负责人:　　　　生产计划部门负责人:

③ 汇总原始凭证。汇总原始凭证亦称原始凭证汇总表,是根据许多同类经济业务的原始凭证定期加以汇总而重新编制的凭证。例如,月末根据月份内所有领料单汇总编制的领料单汇总表(表 4-3)就是汇总原始凭证。汇总原始凭证可以简化编制记账凭证的手续,但它本身不具备法律效力。

表 4-3 领料单汇总表

年 月 日

| 材料 | 生产成本 | 制造费用 | 管理费用 | 销售费用 | 合计 |
|---|---|---|---|---|---|
| | | | | | |
| | | | | | |
| | | | | | |
| | | | | | |

4-4 扫一扫练一练

4-5 扫一扫练一练答案

(2) 外来原始凭证。

外来原始凭证是指在经济业务发生时,从其他单位或个人取得的凭证。例如,供货单位开来的增值税专用发票、运输部门开来的运费收据、银行开来的收款或支款通知等都属于外来原始凭证,外来原始凭证一般都是一次凭证。

**2. 原始凭证的填制**

自制原始凭证的填制有三种形式:一是根据实际发生或完成的经济业务,由经办人员直接填制,如入库单、领料单等;二是根据账簿记录对有关经济业务加以归类、整理填制,如月末编制的制造费用分配表、利润分配表等;三是根据若干张反映同类经济业务的原始凭证定期汇总填制,如各种汇总原始凭证等。

外来原始凭证,虽然是由其他单位或个人填制,但它同自制原始凭证一样,也必须具备为证明经济业务完成情况和明确经济责任所必需的内容。

尽管各种原始凭证的具体填制依据和方法不尽一致,但就原始凭证应反映经济业务、明确经济责任而言,其填制的一般要求有以下几个方面。

(1) 记录真实。凭证上记载的经济业务,必须与实际情况相符合,绝不允许有任何歪曲或弄虚作假。对于实物的数量、质量和金额,都要经过严格的审核,确保凭证内容真实可靠。从外单位取得的原始凭证如有丢失,应取得原签发单位盖有"财务专用章"的证明,并注明原凭证的号码、所载金额等内容,由经办单位负责人批准后,可代作原始凭证;对于确实无法取得证明的,如火车票、轮船票、飞机票等,可由当事人写出详细情况,由经办单位负责人批准后,也可代作原始凭证。

(2) 手续完备。原始凭证的填制手续,必须符合内部牵制原则的要求。凡是填有大写和小写金额的原始凭证,大写和小写金额必须相符;购买实物的原始凭证,必须有实物的验收证明;支付款项的原始凭证,必须有收款方的收款证明。一式几联的凭证,必须用双面复写纸套写,单页凭证必须用钢笔填写;销货退回时,除了填制退货发票,还必须取得对方的收款收据或开户行的汇款凭证,不得以退货发票代替收据;各种借出款项的收据,必须附在记账凭证上,收回借款时,应另开收据或退回收据副本,不得退回原借款收据。经有关部门批准办理的某些特殊业务,应将批准文件作为原始凭证的附件或在凭证上注明批准机关名称、日期和文件字号。

(3) 内容齐全。凭证中的基本内容和补充内容都要详尽地填写齐全,不得漏填或省略不填。如果项目填写不全,则不能作为经济业务的合法证明,也不能作为有效的会计凭证。为了明确经济责任,原始凭证必须由经办部门和人员签章。从外单位取得的原始凭证,必须有填制单位的公章或财务专用章;从个人取得的原始凭证,必须有填制人员的签名或盖章。

自制原始凭证必须有经办部门负责人或其指定人员的签名或盖章。对外开出的原始凭证,必须加盖本单位的公章或财务专用章。

(4) 书写规范。原始凭证上的文字,要按规定书写,字迹要工整、清晰,易于辨认,不得使用未经国务院颁布的简化字。合计的小写金额前要冠以人民币符号"¥",币值符号与阿拉伯数字之间不得留有空白;金额数字,一律填写到角分,无角分的写"00"或符号"—",有角无分,分位写"0",不得用符号"—"。汉字大写金额数字,一律用正楷字或行书字书写,如壹、贰、叁、肆、伍、陆、柒、捌、玖、拾、佰、仟、万、亿、元(圆)、角、分、零、整(正)。大写金额最后为"元"或"角"的应加写"整"(或"正")字断尾。

例如,小写金额¥1 580.00,应写成人民币壹仟伍佰捌拾元整;又如,¥107 000.53,应写成人民币壹拾万柒仟元零伍角叁分,或者写成人民币壹拾万零柒仟元伍角叁分;再如,¥16 409.02,应写成人民币壹万陆仟肆佰零玖元零贰分。

原始凭证记载的各项内容均不得涂改。原始凭证有错误的,应当由出具单位重开或者更正,更正处应当加盖出具单位印章。对于支票等重要的原始凭证若填写错误,一律不得在凭证上更正,应按规定的手续注销留存,另行重新填写。

(5) 填制及时。每笔经济业务发生或完成后,经办业务的有关部门和人员必须及时填制原始凭证,做到不拖延、不积压,并要按规定的程序将其送交会计部门。

**3. 原始凭证的审核**

为了保证原始凭证内容的真实性和合法性,防止不符合填制要求的原始凭证影响会计信息的质量,必须由会计部门对一切外来的和自制的原始凭证进行严格的审核。审核内容主要包括以下两个方面。

4-6 扫一扫练一练

(1) 书面审核。

书面审核的主要内容包括以下几点:

① 审核原始凭证的真实性。企业按照实际发生的业务取得和填制原始凭证。

② 审核原始凭证的完整性。审核原始凭证各项要素是否齐全、是否有漏项情况,日期是否完整,数字是否清晰,有关人员签章是否齐全,凭证联次是否齐全等。

4-7 扫一扫练一练答案

③ 审核原始凭证的准确性。审核原始凭证在计算方面是否存在失误;书写方面是否存在错误;金额的大小写是否相符等。

(2) 实质审核。

实质审核的主要内容包括以下几点:

① 审核原始凭证的合法性。审核所发生的经济业务是否符合国家法律、法规的要求,是否有贪污腐败等行为。

② 审核原始凭证的合理性。审核所发生的经济业务是否符合厉行节约、反对浪费、有利于提高经济效益的原则,有无违反该原则的现象。

4-8 扫一扫练一练

**4. 原始凭证的审核后的处理**

原始凭证的审核是一项十分细致而严肃的工作,必须坚持原则,依法办事。对于完全符合要求的原始凭证,应及时编制记账凭证入账;对于真实、合法、合理但内容不完整,填写错误的原始凭证,应退回给有关经办人员,由其负责将有关凭证补充完整、更正或重开;对于不真实、不合法的原始凭证,会计人员有权不予接受,并向单位负责人报告。

4-9 扫一扫练一练答案

### 案例讨论 4-1

**上市公司会计修改购货发票金额案**

某上市公司会计王某采用涂改手段，将金额为 10 000 元的购货发票改为 40 000 元。根据《会计法》有关规定，该行为属于伪造会计凭证还是变造会计凭证，王某将受到什么处罚？

## 4.2.2 记账凭证

4-10 视频：记账凭证的种类

### 1. 记账凭证的分类

记账凭证按其用途不同或按照其反映的经济内容的不同，可以分为专用记账凭证和通用记账凭证两类。

(1) 专用记账凭证。

专用记账凭证是指分类反映经济业务的记账凭证。这种记账凭证按其反映经济的内容的不同，又可以分为收款凭证、付款凭证和转账凭证。

① 收款凭证是指用来记录现金和银行存款收款业务的专用记账凭证。

② 付款凭证是指用来记录现金和银行存款付款业务的专用记账凭证。

③ 转账凭证是指用来记录不涉及现金和银行存款业务的专用记账凭证。

(2) 通用记账凭证。

通用记账凭证是指用来反映所有经济业务的记账凭证。在实际工作中，规模小、业务简单的单位一般使用该种凭证。

收款凭证、付款凭证、转账凭证、记账凭证的格式分别如表 4-4 至表 4-7 所示。

表 4-4 **收款凭证**

借方科目： 年 月 日 字第 号

| 摘要 | 贷方科目 | | 金额 | | | | | | | | | | 记账 |
|---|---|---|---|---|---|---|---|---|---|---|---|---|---|
| | 一级科目 | 二级或明细科目 | 千 | 百 | 十 | 万 | 千 | 百 | 十 | 元 | 角 | 分 | |
| | | | | | | | | | | | | | |
| | | | | | | | | | | | | | |
| 合计 | | | | | | | | | | | | | |

附件 张

财务主管： 记账： 审核： 制单：

表 4-5 **付款凭证**

贷方科目： 年 月 日 字第 号

| 摘要 | 借方科目 | | 金额 | | | | | | | | | | 记账 |
|---|---|---|---|---|---|---|---|---|---|---|---|---|---|
| | 一级科目 | 二级或明细科目 | 千 | 百 | 十 | 万 | 千 | 百 | 十 | 元 | 角 | 分 | |
| | | | | | | | | | | | | | |
| | | | | | | | | | | | | | |
| 合计 | | | | | | | | | | | | | |

附件 张

财务主管： 记账： 审核： 制单：

表 4-6 **转账凭证**

年 月 日 字第 号

| 摘要 | 一级科目 | 二级或明细科目 | 借方金额 | | | | | | | 贷方金额 | | | | | | | 记账 |
|---|---|---|---|---|---|---|---|---|---|---|---|---|---|---|---|---|---|
| | | | 万 | 千 | 百 | 十 | 元 | 角 | 分 | 万 | 千 | 百 | 十 | 元 | 角 | 分 | |
| | | | | | | | | | | | | | | | | | |
| | | | | | | | | | | | | | | | | | |
| | | | | | | | | | | | | | | | | | |
| 合计 | | | | | | | | | | | | | | | | | |

附件 张

财务主管： 记账： 审核： 制单：

表 4-7 **记账凭证**

年 月 日 字第 号

| 摘要 | 一级科目 | 二级或明细科目 | 借方金额 | | | | | | | 贷方金额 | | | | | | | 记账 |
|---|---|---|---|---|---|---|---|---|---|---|---|---|---|---|---|---|---|
| | | | 万 | 千 | 百 | 十 | 元 | 角 | 分 | 万 | 千 | 百 | 十 | 元 | 角 | 分 | |
| | | | | | | | | | | | | | | | | | |
| | | | | | | | | | | | | | | | | | |
| | | | | | | | | | | | | | | | | | |
| 合计 | | | | | | | | | | | | | | | | | |

附件 张

财务主管： 记账： 审核： 制单：

**2. 记账凭证填制的基本要求**

(1) 摘要简明。记账凭证的摘要应用简明扼要的语言，概括出经济业务的主要内容，既要防止简而不明，又要避免过于繁琐。为了满足登记明细分类账的需要，对不同性质的账户，其摘要填写应有所区别。

(2) 科目运用准确。必须按会计制度统一规定的会计科目填写，不得任意简化或改动，不得只写科目编号，不写科目名称；同时，二级和明细科目也要填列齐全。应借、应贷的记账方向和账户对应关系必须清楚；编制复合会计分录，应是一借多贷或一贷多借，一般不编多借多贷的会计分录。

(3) 编号连续。采用通用记账凭证，可按全部经济业务发生的先后顺序编号，每月从第1号编起；采用专用记账凭证，可按凭证类别分类编号，每月从收字第1号、付字第1号和转字第1号编起。若一笔经济业务需填制多张记账凭证的，可采用“分数编号法”，即按该项经济业务的记账凭证数量编列分号。例如，某笔经济业务需编制三张转账凭证，凭证的顺序号为3时，这三张凭证的编号应分别为转字第 $3\frac{1}{3}$、$3\frac{2}{3}$、$3\frac{3}{3}$ 号。每月末最后一张记账凭证的号旁边要加注“全”字，以免凭证散失。

(4) 附件齐全。记账凭证所附的原始凭证必须完整无缺，并在凭证上要注明所附原始凭证的张数，以便核对摘要及所编会计分录是否正确无误。

### 相关思考 4-1

**琴岛有限责任公司的下列经济业务应编制在哪种专用记账凭证上?**

(1) 琴岛有限责任公司向银行借入 400 000 元存入银行。
(2) 琴岛有限责任公司用银行存款购入 20 000 元原材料。
(3) 琴岛有限责任公司生产产品领用 30 000 元原材料。

4-11 扫一扫练一练

### 知识拓展 4-1

**对于库存现金和银行存款之间的相互存取业务,应填制哪种专用记账凭证?**

对于现金和银行存款之间的存取业务,为了避免重复,一律只编制付款凭证。例如,从银行提取现金,一般只填写银行存款付款凭证;将现金存到银行,一般只填写现金付款凭证。

4-12 扫一扫练一练答案

**3. 记账凭证的审核**

记账凭证是登记账簿的直接依据,为了保证账簿记录的正确性,以及整个会计信息的质量,记账前必须由专人对已编制的记账凭证进行认真、严格的审核。审核的内容主要有以下几个方面:

(1) 内容是否真实。审核记账凭证是否有原始凭证为依据,所附原始凭证的内容是否与记账凭证的内容一致,记账凭证汇总表的内容与其所依据的记账凭证的内容是否一致等。

(2) 项目是否齐全。审核记账凭证各项目的填写是否齐全,如日期、凭证编号、摘要、金额、所附原始凭证张数及有关人员签章等。

(3) 科目是否准确。审核记账凭证的应借、应贷科目是否正确,是否有明确的账户对应关系,所使用的会计科目是否符合国家统一的会计制度的规定等。

(4) 金额是否正确。审核记账凭证所记录的金额与原始凭证的有关金额是否一致、计算是否正确,记账凭证汇总表的金额与记账凭证的金额合计是否相符等。

(5) 书写是否规范。审核记账凭证中的记录是否文字工整、数字清晰,是否按规定进行更正等。

在审核过程中,如果发现不符合要求的地方,应要求有关人员采取正确的方法进行更正。只有经过审核无误的记账凭证,才能作为登记账簿的依据。

## 4.2.3 会计凭证的传递与保管

**1. 会计凭证的传递**

会计凭证的传递是指凭证从取得或填制时起,经过审核、记账、装订到归档保管时止,在单位内部各有关部门和人员之间按规定的时间、路线办理业务手续和进行处理的过程。各种会计凭证,它们所记载的经济业务不同,涉及的部门和人员不同,需要办理的业务手续也不同,因此,应当为各种会计凭证规定一个合理的传递程序,即一张会计凭证填制后应交到哪个部门、哪个岗位、由谁办理业务手续等,直到归档保管为止。

**2. 会计凭证的保管**

会计凭证是各项经济活动的历史记录，是重要的经济档案。为了便于随时查阅利用，各种会计凭证在办理好各项业务手续，并据以记账后，应由会计部门加以整理、归类，并送交档案部门妥善保管。

(1) 会计凭证的整理归类。

会计部门在记账以后，应定期(一般为每月)将会计凭证加以归类整理，即把记账凭证及其所附的原始凭证，按记账凭证的编号顺序进行整理，在确保记账凭证及其所附的原始凭证完整无缺后，将其折叠整齐，加上封面(表4-8)、封底，装订成册，并在装订线上加贴封签，以防散失和任意拆装。在封面上要注明单位名称、凭证种类、所属年月、起讫日期、起讫号码、凭证张数等，会计主管或指定装订人员要在装订线封签处签名或盖章，然后入档保管。

表4-8　　**会计凭证封面**

| 年　月 | （会计主体名称）<br>年　月份共　册　第　册<br>收款<br>付款　凭证第　号至　号共　张附原始凭证　张<br>转账<br>会计主管：　　保管： |
|---|---|
| 第　册 | |

对于那些数量过多或各种随时需要查阅的原始凭证，可以单独装订保管，在封面上注明记账凭证的日期、编号、种类，同时在记账凭证上注明“附件另订”。各种经济合同和重要的涉外文件等凭证，应另编目录，单独登记保管，并在有关记账凭证和原始凭证上注明。

(2) 会计凭证的造册归档。

每年的会计凭证都应由会计部门按照归档的要求，负责整理立卷或装订成册。当年的会计凭证，在会计年度终了后，可暂由会计部门保管1年，期满后，原则上应由会计部门编造清册移交本单位档案部门保管。档案部门接收的会计凭证，原则上要保持原卷册的封装，个别需要拆封重新整理的，应由会计部门和经办人员共同拆封整理，以明确责任。会计凭证必须做到妥善保管、存放有序、查找方便，并要严防毁损、丢失和泄密。

(3) 会计凭证的借阅。

会计凭证原则上不得借出，如有特殊需要，须报请批准，但不得拆散原卷册，并应限期归还。需要查阅已入档的会计凭证时，必须办理借阅手续。其他单位因特殊原因需要使用原始凭证时，经本单位负责人批准，可以复制。但向外单位提供的原始凭证复印件，应在专设的登记簿上登记，并由提供人员和收取人员共同签名或盖章。

(4) 会计凭证的销毁。

会计凭证的保管期限，一般为30年。保管期未满，任何人都不得随意销毁会计凭证。按规定销毁会计凭证时，必须开列清单，报经批准后，由档案部门和会计部门共同派员监销。在销毁会计凭证前，监督销毁人员应认真清点核对，销毁后，在销毁清册上签名或盖章，并将监销情况报本单位负责人。

# 4.3 会计账簿概述

## 4.3.1 账簿的概念和作用

### 1. 账簿的概念

在会计核算工作中，每项经济业务发生以后，先要取得或填制会计凭证，并加以审核确认，再在有关账户中进行登记。而账户则是按照规定的会计科目在账簿中分别设立的，根据会计凭证把经济业务记入有关的账户，即把经济业务记入设立在会计账簿中的账户。

会计账簿是指由一定格式账页组成的，以经过审核的会计凭证为依据，全面、系统、连续地记录各项经济业务的簿记。在形式上，会计账簿是由若干账页的组合；在实质上，会计账簿是会计信息形成的重要环节，是会计资料的主要载体之一，也是会计资料的重要组成部分。

**知识拓展 4-2**

**"账簿"的由来**

1. 秦汉时期，出现"簿书""籍书"的账册。在纸发明之前，中国古代书写记事材料主要有金、石、甲、骨、简牍和缣帛。国外则除了金石，还用莎草片、贝叶、树皮及羊皮等。

秦朝之前，会计和统计业务不分，人们把计量和记录的载体叫做"册"，或者叫"簿籍"。秦汉时期，记录会计业务的简册称为"簿书"，而把记录统计业务的简册称为"籍书"。以简册为载体，以"入"和"出"为记账符号的"簿书"就是中式账簿的雏形。

2. 南北朝时期出现"账"与"簿"。中国的造纸术始于汉初，东汉宦官蔡伦对其进行了改良，并予以推广。到南北朝时期，会计业务除了在竹简上记录，还开始在纸上记录并迅速得到推广。

会计记录记在竹简上的叫作"簿"，记在纸或帛上的就叫作"账"，账簿由此而来。

**知识拓展 4-3**

**"账户"与"账簿"的区别**

会计账簿是账户的表现形式，两者既有区别又有联系。账户是在账簿中以规定的会计科目开设户头，用以规定不同的账簿所记录的内容，账户存在于账簿之中，账簿中的每一账页就是账户的存在形式和信息载体。如果没有账户也就没有所谓的账簿；如果没有账簿，账户也成了一种抽象的东西，无法存在。但是账簿只是一种外在形式，账户才是它的真实内容。账簿序时分类地记载经济业务，是在个别账户中完成的，也可以说，账簿是由若干张账页组成的一个整体，而开设于账页上的账户则是这个整体上的个别部分。因此，账簿和账户的关系，是形式和内容的关系。

**2. 账簿的作用**

每个单位都应按照国家统一的会计制度和会计业务的需要设置和登记会计账簿。设置账簿是会计工作的一个重要环节，登记账簿则是会计核算的一种专门方法。科学的设置账簿和正确的登记账簿对于全面完成会计核算工作具有重要意义。

（1）记载和储存会计信息。

将会计凭证所记录的经济业务记入有关账簿，可以系统地归纳和积累会计核算的资料，全面反映会计主体在一定时期内所发生的各项资金运动，储存企业所需要的各项会计信息。

（2）分类和汇总会计信息。

通过账簿的序时核算和分类核算，全面、系统地反映企业生产经营情况，收入的构成和支出的情况，财物的购置、使用、保管情况，提供一定时期内经济活动的详细情况；同时，账簿可以通过发生额、余额的计算，提供各方面所需要的总括会计信息，反映财务状况、经营成果和现金流量的综合价值指标。

（3）检查和校正会计信息。

账簿记录是会计凭证信息的进一步整理，也是会计分析、会计检查的重要依据。设置和登记账簿，利用账簿的核算资料，为开展财务分析和会计检查提供依据；对账簿资料的检查、分析，可以了解企业贯彻有关方针、政策、制度的情况，可以考核各项计划的完成情况；另外，对资金使用是否合理，费用开支是否符合标准，经济效益有无提高，利润的形成与分配是否符合规定等作出分析、评价，从而找出差距，挖掘潜力，提出改进措施。

（4）编报和输出会计信息。

账簿的编制可以为计算财务成果编制财务报表提供依据。根据账簿记录的费用、成本和收入、成果资料，可以计算一定时期的财务成果，检查费用、成本、利润计划的完成情况。经核对无误的账簿资料，及其加工的数据为财务报表提供总括和具体的资料，是财务报表编制的主要依据，另外，需要使用企业会计信息的外部各方可以通过财务报表获得有用的会计信息。

### 4.3.2 账簿的种类

**1. 按用途分类**

会计账簿按其用途不同，可分为序时账簿、分类账簿和备查账簿。

4-13 视频：会计账簿的种类

（1）序时账簿。

序时账簿也称日记账，是按照经济业务完成时间的先后顺序进行逐日逐笔登记的账簿。日记账又可分为普通日记账和特种日记账。普通日记账是将企业每天发生的所有经济业务，不论其性质如何，按其先后顺序，编成会计分录记入账簿；特种日记账是按经济业务性质单独设置的账簿，它只把特定项目按经济业务顺序记入账簿，反映其详细情况，如库存现金日记账和银行存款日记账。

普通日记账不是分类记录经济业务，不便于日后的查阅，不利于对重要经济业务的严格管理，因此，目前已较少使用普通日记账。特种日记账是用来逐笔记录某一经济业务的序时账簿。我国的会计制度规定，发生频繁，要求严格管理和控制的业务，应设置特种日记账。企业一般都必须设置库存现金日记账和银行存款日记账。

（2）分类账簿。

分类账簿是按照会计要素的具体类别而设置登记的账簿。账簿按其反映经济业务的详略程度，可分为总分类账簿和明细分类账簿。总分类账簿简称总账，根据总账科目开设账户来分类登记全部经济业务，提供总括核算资料。明细分类账簿简称明细账，根据总账科目设置，按照其所属明细科目开设账户，用以分类登记某一类经济业务，提供明细核算资料，是对全部经济业务按照会计要素的具体类别而设置登记的账簿。分类账簿提供的核算信息是编制财务报表的主要依据。

（3）备查账簿。

备查账簿简称备查账，是对某些未能在序时账簿和分类账簿等主要账簿中进行登记或者登记不够详细的经济业务事项进行补充登记时使用的账簿，又称为辅助账簿。这些账簿可以对某些经济业务的内容提供必须的参考资料，但是它记录的信息无需编入财务报表中，所以也称表外记录。备查账簿没有固定格式，可由各单位根据管理的需要自行设置。例如，租入固定资产登记簿、应收票据备查簿、受托加工来料登记簿等。

**2. 按外形特征分类**

会计账簿按其外形特征不同，可以分为订本式账簿、活页式账簿和卡片式账簿。

（1）订本式账簿。

订本式账簿也称订本账，是指在账簿启用前就把具有账户基本结构并连续编号的若干张账页固定地装订成册的账簿。这种账簿的优点是：可以避免账页散失，防止账页被随意抽换，比较安全；其缺点是：由于账页固定，不能根据需要增加或减少，不便于按需要调整各账户的账页，也不便于分工记账。这种账簿一般适用于总分类账、现金日记账和银行存款日记账。

（2）活页式账簿。

活页式账簿也称活页账，是指年度内账页不固定装订成册，而是将其放置在活页账夹中的账簿。当账簿登记完毕之后（通常是一个会计年度结束之后），才能将账页予以装订，加具封面，并给各账页连续编号。这种账簿的优点是：随时取放，便于账页的增加和重新排列，便于分工记账和记账工作电算化；缺点是：账页容易散失和被随意抽换。活页账在年度终了时，应及时装订成册，妥善保管。各种明细分类账一般采用活页式账。

（3）卡片式账簿。

卡片式账簿又称卡片账，是指由许多具有一定格式的卡片组成，存放在一定卡片箱内的账簿。卡片账的卡片一般装在卡片箱内，不用装订成册，随时可存放，也可跨年度长期使用。这种账簿的优点是：便于随时查阅，也便于按不同要求归类整理，不易损坏；其缺点是：账页容易散失和随意抽换。因此，在使用时应对账页连续编号，并加盖有关人员图章，卡片箱应由专人保管，更换新账后也应封扎保管，以保证其安全。在我国，单位一般只对固定资产和低值易耗品等资产明细账采用卡片账形式。

4-14 扫一扫练一练

**3. 按账页格式分类**

会计账簿按其账页的格式不同，可以分为三栏式账簿、多栏式账簿、数量金额式账簿。

（1）三栏式账簿。

三栏式账簿是指其账页的格式主要分为借方、贷方和余额三栏或者收入、支出和余额三栏的账簿。它主要适用于各种日记账、总分类账以及资本、债权债务明细账等。

4-15 扫一扫练一练答案

（2）多栏式账簿。

多栏式账簿是指根据经济业务的内容和管理的需要，在账页的“借方”和“贷方”栏内再分别按照明细科目或某明细科目的各明细项目设置若干专栏的账簿。多栏式明细账一般适用于收入类、费用类、成本类、利润类等明细账。

(3) 数量金额式账簿。

数量金额式是指在账页中分设“借方”“贷方”和“余额”或者“收入”“发出”和“结存”三大栏，并在每一大栏内分设数量、单价和金额等三小栏的账簿，数量金额式账簿能够反映出财产物资的实物数量和价值量。原材料和库存商品等明细账一般采用数量金额式账簿。

## 4.4 账簿的启用与登记

### 4.4.1 账簿的基本内容

虽然各种账簿所记录的经济内容不同，账簿的格式又多种多样，不同账簿的格式所包括的具体内容也不尽一致，但各种主要账簿应具备以下几个基本内容：

(1) 封面。封面主要用于表明账簿的名称，如现金日记账、银行日记账、总分类账、应收账款明细账等。

(2) 扉页。扉页主要用于载明经管人员一览表，其应填列的内容主要有经管人员、移交人和移交日期，以及接管人和接管日期。

(3) 账页。账页是用来记录具体经济业务的载体，其格式因记录经济业务的内容的不同而有所不同，但每张账页上应载明的主要内容包括账户的名称（即会计科目），记账日期栏，记账凭证种类和号数栏，摘要栏（经济业务内容的简要说明），借方金额、贷方金额、余额方向以及金额栏，总页次和分页次等。

### 4.4.2 账簿的启用

为了考证会计账簿记录的合法性和会计资料的真实性、完善性，明确经济业务，会计账簿应由专人负责登记。启用会计账簿应遵守以下规则。

**1. 认真填写封面及账簿启用和经管人员一览表**

启用会计凭证时应在账簿封面上写明单位名称和账簿名称，并填写账簿扉页附账簿启用和经管人员一览表（简称“启用表”）。启用表内容主要包括账簿名称、启用日期、账簿页数、记账人员和会计机构负责人、会计主管人员姓名，并加盖名章和单位公章。账簿启用和经管人员一览表如表4-9所示。

表4-9　**账簿启用和经管人员一览表**

账簿名称：________　　单位名称：________

账簿编号：________　　账簿册数：________

账簿页数：________　　启用日期：________

会计主管：________　　记账人员：________

| 移交日期 | | | 移交人 | | 接管日期 | | | 接管人 | | 接管人 | |
|---|---|---|---|---|---|---|---|---|---|---|---|
| 年 | 月 | 日 | 签名 | 盖章 | 年 | 月 | 日 | 签名 | 盖章 | 姓名 | 主管 |
| | | | | | | | | | | | |

（续表）

| 移交日期 | | | 移交人 | | 接管日期 | | | 接管人 | | 接管人 | |
| --- | --- | --- | --- | --- | --- | --- | --- | --- | --- | --- | --- |
| | | | | | | | | | | | |
| | | | | | | | | | | | |

启用订本式账簿，应当从第一页到最后一页顺序登记，不得跳页、缺页。使用活页式账簿，应当按账户顺序编号，并要定期装订成册；装订后再按实际使用的账页顺序编定页码，另加目录，记明每个账户的名称和页次。卡片式账簿在使用前应当登记卡片登记簿。

**2. 严格交接手续**

记账人员或者会计机构负责人、会计主管人员调动工作时，必须办理账簿交接手续，在账簿启用和经管人员一览表中注明交接日期、交接人员和监交人员姓名，并由双方交接人员签名或者盖章，以明确有关人员的责任，增强有关人员的责任感，维护会计记录的严肃性。

**3. 及时结转旧账**

每年年初更换新账时，应将旧账的各账户余额过入新账的余额栏，并在摘要栏中注明“上年结转”字样。

**知识拓展 4-4**

**账簿登记规则**

(1) 根据审核无误的会计凭证登记账簿。

(2) 记账时要做到准确完整。记账人员记账时，应当将会计凭证的日期、编号、经济业务内容摘要、金额和其他有关资料记入账内。记账后，要在记账凭证上签章并注明所记账簿的页数，或划“√”表示已经登记入账，避免重记、漏记。

(3) 书写不能占满格。为了便于更正记账和方便查账，登记账簿时，不要写满格，一般应占格距的1/2，最多不能超过2/3。

(4) 顺序连续登记。会计账簿应当按照页次顺序连续登记，不得跳行、隔页。如果发生跳行、隔页的，应当将空行、空页用红色墨水对角划线注销，并注明“作废”字样，或者注明“此行空白”“此页空白”字样，并由经办人员盖章，以明确经济责任。

(5) 正确使用蓝黑墨水和红墨水。登记账簿要用蓝黑墨水或碳素墨水书写，不得使用圆珠笔或者铅笔书写。

(6) 结出余额。凡需要结出余额的账户，应按时结出余额。

(7) 过次承前。各账户在一张账页记满时，要在该账页的最末一行加计发生额合计数和结出余额，并在该行“摘要”栏注明“过次页”字样，再把这个发生额合计数和余额填列在下一页的第一行内，并在“摘要”栏内注明“承前页”，以保证账簿记录的连续性。

(8) 账簿记录错误应按规定的办法更正。账簿记录发生错误时，不得擦、挖、补，随意涂改或用褪色药水更改字迹，应按规定的方法进行更正。

4-16 扫一扫练一练

4-17 扫一扫练一练答案

## 案例讨论 4-2

**企业未按规定设置账簿案**

某市税务机关在开展集贸市场专项整顿中，发现一私营企业没有按有关规定设置会计账簿，主管税务机关责令其限期改正，并处以罚款。该业主认为记不记账是自己的事，与税务机关无关，他不应该受到处罚。你认为该业主的观点正确吗？

### 4.4.3 账簿的登记

4-18 视频：会计账簿的登记

**1. 库存现金日记账的格式与登记**

库存现金日记账是用来核算和监督库存现金日常收、付和结存情况的序时账簿。库存现金日记账的格式主要是三栏式，库存现金日记账必须使用订本账。

三栏式日记账设借方、贷方和余额三个基本的金额栏目，一般将其分别称为“收入”“支出”和“结余”三个基本栏目，库存现金日记账格式如表 4-10 所示。

表 4-10 **库存现金日记账** 第 页

| 2×21年 | | 凭证 | | 对方科目 | 摘要 | 收入 | 支出 | 结余 |
|---|---|---|---|---|---|---|---|---|
| 月 | 日 | 字 | 号 | | | | | |
| 3 | 1 | | | | 期初余额 | | | 5 000 |
| 3 | 1 | 银付 | 1 | 银行存款 | 从银行提现 | 700 | | 5 700 |
| 3 | 1 | 现付 | 1 | 其他应收款 | 预付差旅费 | | 500 | 5 200 |
| 3 | 1 | 现付 | 2 | 管理费用 | 购买办公用品 | | 300 | 4 900 |
| | | | | | 本日合计 | 700 | 800 | 4 900 |
| | | | | | … | … | … | … |
| | | | | | 本月合计 | 35 000 | 21 000 | 19 000 |

三栏式库存现金日记账由出纳人员根据审核无误的现金收款凭证、银行存款付款凭证和现金付款凭证，逐日逐笔地登记。其具体登记方法如下：

(1) 日期栏：记账凭证的日期，与库存现金实际收付日期一致。

(2) 凭证栏：登记入账的收付款凭证的种类和编号，如“库存现金收(付)款凭证”简写为“现收(付)”，“银行存款收(付)款凭证”简写为“银收(付)”。凭证栏还应登记凭证的编号数，以便于查账和核对。

(3) 摘要栏：摘要说明登记入账的经济业务内容。文字要简练，同时还要说明问题。

(4) 对方科目栏：主要指库存现金收入的来源科目或支出的用途科目，如银行提取现金，其对方科目为银行存款。其作用是了解经济业务的来龙去脉。

(5) 收入、支出栏(借方、贷方栏)：主要指库存现金实际收付的金额。每日终了，应分别计算库存现金收入和付出的合计数，结出余额，其计算公式为：

日余额=上日余额+本日收入额-本日支出额

同时,将余额与出纳人员的库存现金核对,做到日结日清,账实相符。如账实不符,应查明原因。月终同样要计算库存现金收、付和结存的合计数,通常称为“月结”。

**2. 银行存款日记账的格式与登记**

银行存款日记账的格式与现金日记账格式基本相同,一般为三栏式。三栏式银行存款日记账也设借方、贷方和余额三个基本的金额栏目,且必须使用订本账,其具体格式如表 4-11 所示。

表 4-11　　**银行存款日记账**　　第　页

| 2×21年 | | 凭证 | | 对方科目 | 摘要 | 收入 | 支出 | 结余 |
|---|---|---|---|---|---|---|---|---|
| 月 | 日 | 字 | 号 | | | | | |
| 5 | 1 | | | | 期初余额 | | | 45 000 |
| 5 | 2 | 现付 | 1 | 库存现金 | 存入销货款 | 7 000 | | 52 000 |
| 5 | 2 | 银付 | 1 | 在途物资 | 购买材料 | | 10 000 | 42 000 |
| 5 | 2 | 银付 | 1 | 应交税费 | 进项税额 | | 1 700 | 40 300 |
| | | | | | 本日合计 | 7 000 | 11 700 | 40 300 |
| 5 | 3 | 银付 | 2 | 预付账款 | 预付购货款 | | 5 000 | 35 300 |
| | | | | | … | … | … | … |
| | | | | | 本月合计 | 123 400 | 83 400 | 85 000 |

银行存款日记账是由出纳人员根据审核无误的银行存款收款凭证、银行存款付款凭证和现金付款凭证,按经济业务发生时间的先后顺序,逐日逐笔进行登记的序时账簿。银行存款日记账应按企业在银行开立的账户和币种分别设置,每个银行存款账户设置一本银行存款日记账。具体登记方法与现金日记账基本相同。其具体登记方法如下:

(1) 日期栏:记账凭证的日期。

(2) 凭证栏:登记入账的收付款凭证的种类和编号。

(3) 摘要栏:简要说明登记入账的经济业务内容。文字要简练,同时还要说明问题。

(4) 对方科目栏:主要指银行存款收入的来源科目或支出的用途科目。例如,开出支票一张支付购料款,其支出的对方科目为“在途物资”科目,其作用在于了解经济业务的来龙去脉。

(5) 收入、支出栏(借方、贷方栏):主要指银行存款实际收付的金额。每日终了,应分别计算银行存款收入和付出的合计数,结出余额,其计算公式为:

4-19 扫一扫练一练

日余额=上日余额+本日收入额-本日支出额

银行存款日记账和现金日记账一样,每日终了时要结出余额,做到日结,以便检查监督各项收支款项,避免出现透支现象,月终应计算出银行存款全月收入、支出的合计,做到月结,同时也便于同银行对账单进行核对。

4-20 扫一扫练一练答案

**3. 总分类账与明细分类账的格式与登记**

(1) 总分类账的格式与登记。

总分类账是按照总分类科目开设,用以提供总括会计信息的账簿。总账中的账页是按总账科目(一级科目)开设的总分类账户。为了全面、系统、综合地反映企业所有的经济活动情况和财务收支情况,并为编制财务报表提供所需的资料,每一个单位都要设置总分类账。

总分类账最常用的格式为三栏式,设置借方、贷方和余额三个基本金额栏目。总分类账必须采用订本式账簿。总分类账一般按照会计科目的编码顺序依次开设,且要求为各个账户预留一定账页,其具体格式如表 4-12 所示。

表 4-12　　原材料总分类账　　第　页

| 2×21年 | | 凭证 | | 摘要 | 借方金额 | 贷方金额 | 借或贷 | 余额 |
|---|---|---|---|---|---|---|---|---|
| 月 | 日 | 字 | 号 | | | | | |
| 1 | 1 | | | 期初余额 | | | 借 | 9 000 |
| 1 | 5 | 转 | 4 | 车间领用甲材料 | | 600 | 借 | 8 400 |
| 1 | 15 | 转 | 25 | 购入甲材料 | 700 | | 借 | 9 100 |
| | | | | … | … | … | | … |
| | | | | 本月合计 | 1 100 | 1 800 | 借 | 8 300 |

总分类账登记的依据和方法,主要取决于所采用的账务处理程序。它可以直接根据记账凭证逐笔登记,也可以通过一定的汇总方式,先把各种记账凭证汇总编制成科目汇总表或汇总记账凭证,再据以登记。月终,在全部经济业务登记入账后,结出各账户的本期发生额和期末余额。

(2) 明细分类账的格式与登记。

明细分类账是根据二级科目或明细科目开设,分类、连续地登记经济业务以提供明细核算资料的账簿。它所提供的有关经济活动的详细核算资料,是对总分类账所提供的总括核算资料的必要补充,同时也是编制财务报表的依据之一。因此,各个单位在设置总分类账的基础上,还应根据实际需要,按照总账科目设置必要的明细分类账。明细分类账一般采用活页式账簿,也有的采用卡片式账簿(如固定资产明细账)。根据管理的要求和各种明细分类账所反映的经济内容,明细分类账的格式主要有三栏式、多栏式、数量金额式等多种。

① 三栏式明细分类账。三栏式明细分类账设有借方、贷方和余额三个栏目,用以分类核算各项经济业务,提供详细核算资料的账簿,其格式与三栏式总账格式相同,这种格式适合于那些只需要进行金额核算,不需要进行数量核算的债权、债务结算科目,如“应收账款”“应付账款”等科目的明细分类核算。

② 多栏式明细分类账。多栏式明细分类账是将属于同一个总账科目的各个明细科目合并在一张账页上进行登记,适用于收入、费用、利润、成本类科目的明细核算,如“生产成本”“管理费用” “营业外收入”“利润分配”等科目的明细分类核算。具体格式如表 4-13 所示。

表 4-13　　生产成本明细账

产品名称:A 产品　　第　页

| 2×21年 | | 凭证 | | 摘要 | 借方 | | | |
|---|---|---|---|---|---|---|---|---|
| 月 | 日 | 字 | 号 | | 直接材料 | 直接人工 | 制造费用 | 合计 |
| 8 | 1 | | | 期初余额 | 3 500 | 3 000 | 1 600 | 8 100 |

（续表）

| 2×21年 | | 凭证 | | 摘要 | 借方 | | | |
|---|---|---|---|---|---|---|---|---|
| 月 | 日 | 字 | 号 | | 直接材料 | 直接人工 | 制造费用 | 合计 |
| 8 | 5 | 转 | 6 | 本月领用材料 | 15 000 | | | 15 000 |
| 8 | 15 | 转 | 18 | 生产工人工资 | | 8 000 | | 8 000 |
| 8 | 20 | 银付 | 20 | 支付本月电费 | 2 000 | | | 2 000 |
| 8 | 31 | 转 | 55 | 分配制造费用 | | | 4 200 | 4 200 |
| | | | | … | … | … | … | … |

③ 数量金额式明细分类账。数量金额式明细分类账其借方(收入)、贷方(发出)和余额(结存)都分别设有数量、单价和金额三个专栏，适用于既要进行金额核算又要进行数量核算的账户，如“原材料”“库存商品”等科目的明细分类核算。其具体格式如表4-14所示。

表4-14 **原材料明细账**

二级科目：甲材料 计量单位：元/千克

材料规格：

| 2×21年 | | 凭证 | | 摘要 | 收入 | | | 发出 | | | 结存 | | |
|---|---|---|---|---|---|---|---|---|---|---|---|---|---|
| 月 | 日 | 字 | 号 | | 数量 | 单价 | 金额 | 数量 | 单价 | 金额 | 数量 | 单价 | 金额 |
| 1 | 1 | 略 | | 期初余额 | | | | | | | 400 | 2 | 800 |
| 1 | 5 | | | 车间领用 | | | | 300 | 2 | 600 | 100 | 2 | 200 |
| 1 | 15 | | | 购入材料 | 350 | 2 | 700 | | | | 450 | 2 | 900 |
| 1 | 20 | | | 车间领用 | | | | 250 | 2 | 500 | 200 | 2 | 400 |
| | | | | | … | | … | … | | … | … | | … |

不同类型经济业务的明细分类账，可根据管理需要，依据记账凭证、原始凭证或汇总原始凭证逐日逐笔或定期汇总登记。固定资产、债权、债务等明细账应逐日逐笔登记；库存商品、原材料收发明细账以及收入、费用明细账可以逐笔登记，也可定期汇总登记。库存现金、银行存款账户由于已设置了日记账，不必再设明细账，日记账实质上也是一种明细账。

**4. 总分类账户与明细分类账户的平行登记**

(1) 总分类账户与明细分类账户的关系。

总分类账户是所属明细分类账户的统驭账户，对所属明细分类账户起着控制作用；明细分类账户则是总分类账户的从属账户，对其所隶属的总分类账户起辅助作用。总分类账户及其所属明细分类账户的核算对象是相同的，它们所提供的核算资料相互补充，只有把两者结合起来，才能既总括又详细地反映同一核算内容。因此总分类账户和明细分类账户必须平行登记。

(2) 平行登记的含义。

所谓平行登记是指对所发生的每项经济业务都要以会计凭证为依据，一方面记入有关总分类账户,另一方面记入所属明细分类账户的方法。

(3) 账户平行登记的原则。

总分类账和明细分类账平行登记的原则如下:

① 内容相同。凡在总分类账下设有明细分类账户的,对于每一项经济业务,一方面要记入有关总分类账户,另一方面要记入各总分类账户所属的明细分类账户。

② 方向相同。在总分类账户及其所属的明细分类账户中登记同一项经济业务时,方向通常相同。一般来说,在总分类账户中记入借方,在其所属的明细分类账中也应记入借方;在总分类账账户中记入贷方,在其所属的明细分类账中也应记入贷方。

③ 期间一致。发生的经济业务,记入总分类账户和所属明细分类账户的具体时间可以有先有后,但应在同一个会计期间记入总分类账户和所属的明细分类账户。

④ 金额相等。记入总分类账户的金额必须与记入其所属的一个或几个明细分类账户的金额合计数相等。

**【例4-1】** 平行登记法的应用。

琴岛有限责任公司2×21年12月初有关总分类账户和明细分类账户的资料如下:"原材料"总分类账户借方余额35 000元,"原材料——A材料"账户借方余额1 000千克,单价20元,计20 000元,"原材料——B材料"账户借方余额1 500千克,单价10元,计15 000元。

12月份该企业发生以下经济业务:

(1) 12月1日,公司购进A材料500千克,单价20元,B材料200千克,单价10元,货款用银行存款支付,材料验收入库。

(2) 12月8日,发出材料用于生产产品。其中A材料300千克,单价20元,B材料200千克,单价10元。

(3) 12月20日,向华丽厂购入A材料500千克,单价20元,向华美厂购入B材料300千克,单价10元,货款尚未支付。

要求:编制上述3笔经济业务的会计分录(不考虑增值税),并根据平行登记的要点登记"原材料""应付账款"总分类账及其所属的明细分类账户。

编制上述3笔经济业务的会计分录

(1) 借:原材料——A材料 10 000
　　　　　　——B材料 2 000
　　贷:银行存款 12 000

(2) 借:生产成本 8 000
　　贷:原材料——A材料 6 000
　　　　　　——B材料 2 000

(3) 借:原材料——A材料 10 000
　　　　　　——B材料 3 000
　　贷:应付账款——华丽厂 10 000
　　　　　　——华美厂 3 000

根据平行登记的要点登记"原材料"总分类账及其所属的明细分类账户,见表4-15至表4-17。

表 4-15 **原材料总分类账** 第 页

| 2×21 年 | | 凭证 | | 摘要 | 借方金额 | 贷方金额 | 借或贷 | 余额 |
|---|---|---|---|---|---|---|---|---|
| 月 | 日 | 字 | 号 | | | | | |
| 12 | 1 | 略 | | 期初余额 | | | 借 | 35 000 |
| | 1 | | | 购进 | 12 000 | | 借 | 47 000 |
| | 8 | | | 领用 | | 8 000 | 借 | 39 000 |
| | 20 | | | 购进 | 13 000 | | 借 | 52 000 |

表 4-16 **原材料明细账**

二级科目:A 材料 计量单位:千克

材料规格:

| 2×21 年 | | 凭证 | | 摘要 | 收 入 | | | 发 出 | | | 结 存 | | |
|---|---|---|---|---|---|---|---|---|---|---|---|---|---|
| 月 | 日 | 字 | 号 | | 数量 | 单价 | 金额 | 数量 | 单价 | 金额 | 数量 | 单价 | 金额 |
| 12 | 1 | 略 | | 期初余额 | | | | | | | 1 000 | 20 | 20 000 |
| | 1 | | | 购进 | 500 | 20 | 10 000 | | | | 1 500 | 20 | 30 000 |
| | 8 | | | 领用 | | | | 300 | 20 | 6 000 | 1 200 | 20 | 24 000 |
| | 20 | | | 购进 | 500 | 20 | 10 000 | | | | 1 700 | 20 | 34 000 |

表 4-17 **原材料明细账**

二级科目:B 材料 计量单位:千克

材料规格:

| 2×21 年 | | 凭证 | | 摘要 | 收 入 | | | 发 出 | | | 结 存 | | |
|---|---|---|---|---|---|---|---|---|---|---|---|---|---|
| 月 | 日 | 字 | 号 | | 数量 | 单价 | 金额 | 数量 | 单价 | 金额 | 数量 | 单价 | 金额 |
| 12 | 1 | 略 | | 期初余额 | | | | | | | 1 500 | 10 | 15 000 |
| | 1 | | | 购进 | 200 | 10 | 2 000 | | | | 1 700 | 10 | 17 000 |
| | 8 | | | 领用 | | | | 200 | 10 | 2 000 | 1 500 | 10 | 15 000 |
| | 20 | | | 购进 | 300 | 10 | 3 000 | | | | 1 800 | 10 | 18 000 |

### 4.4.4 对账与结账

**1. 对账的含义及内容**

对账就是核对账目。一般是在会计期间(月份、季度、年度)终了时,检查和核对账证、账账、账实是否相符,以确保账簿记录的正确性。

会计人员在填制凭证、登记账簿等一系列工作中出现的差错,管理不善而带来的财产管理中的各种问题以及其他一些因素,都可能给账簿记录的真实性、正确性带来影响。为了保证账簿记录的真实、正确、可靠,必须对账簿所记录的有关数据加以检查和核对。

对账的内容一般包括以下几个方面。

(1) 账证核对。

账证核对是指将各种账簿记录与会计凭证进行核对，这种核对主要是在日常编制凭证和记账过程中进行；核对的重点是凭证所记载的业务内容、余额和分录是否与账簿中的记录一致，若发现差错，应重新对账簿记录和会计凭证进行复核，直到查出错误的原因为止，以保证账证相符。

(2) 账账核对。

账账核对是指将各种会计账簿之间相对应的记录进行核对。会计账簿之间相对应的记录存在着内在联系，因此，通过账账核对，可以检查、验证会计账簿记录的正确性，以便及时发现错账，予以更正，保证账账相符。账账核对的主要内容包括以下四个方面：

① 总分类账各账户的借方期末余额合计数与贷方期末余额合计数核对相符。

② 明细分类账各账户的余额合计数与有关的总分类账的余额核对相符。

③ 日记账的余额与总分类账各账户的余额核对相符。

④ 会计部门各种财产物资明细分类账的期末余额与保管或使用部门的财产物资明细分类账的期末余额核对相符。

(3) 账实核对。

账实核对是在账账核对的基础上，将各种财产物资的账面余额与实存数额进行核对。实物的增减变化、款项的收付都要在有关账簿中如实反映，因此，通过会计账簿记录与实物、款项的实有数进行核对，可以检查会计账簿记录的正确性，以便于及时发现财产物资和货币资金管理中存在的问题，查明原因，分清责任，改善管理，保证账实相符。账实核对的主要内容包括以下四个方面：

① 库存现金日记账账面余额与库存现金实有数相互核对。

② 银行存款日记账账面余额与银行各账户的银行对账单相互核对。

③ 各种材料物资明细账账面余额与材料物资实存数额相互核对。

④ 各种应收、应付款项明细账账面余额与有关的债权、债务单位相互核对。

通过上述的对账工作，做到账证相符、账账相符、账实相符，使会计核算资料真实、正确、可靠。

**2. 结账的含义及方法**

结账就是把一定时期内所发生的经济业务，在全部登记入账的基础上，结算出每个账户的本期发生额和期末余额，并将期末余额转入下期或下年新账(期末余额结转到下期即为下期期初余额)。根据会计分期的不同，结账工作相应的可以在月末、季末、年末进行，但不能为减少本期的工作量而提前结账，也不能将本期的会计业务推迟到下期或编制报表之后再进行结账。对资产、负债和所有者权益等实账户可以在会计期末直接结账，而对那些收入、费用等虚账户，需在结账前按权责发生制要求先进行调整。所以应在调整之后再结账。

(1) 月结时，应在该月最后一笔经济业务下面划一条通栏单红线，在红线下“摘要”栏内注明“本月合计”或“本月发生额及余额”字样，在“借方”栏、“贷方”栏和“余额”栏分别填入本月合计数和月末余额，同时在“借或贷”栏内注明借贷方向。然后，在这一行下面再划一条通栏红线，以便与下月发生额划清。

（2）季结时，通常在每季度的最后一个月、月结的下一行，在“摘要”栏内注明“本季合计”或“本季度发生额及余额”，同时结出借、贷方发生总额及季末余额。然后，在这一行下面划一条通栏单红线，表示季结的结束。

（3）年结时，在第四季度季结的下一行，在“摘要”栏注明“本年合计”或“本年发生额及余额”，同时结出借、贷方发生额及期末余额。然后，在这一行下面划上通栏双红线，以示封账。

### 4.4.5 账簿的更换与保管

4-21 账簿中出现错误记录应当如何处理？

**1. 账簿的更换**

年度结账后，总账和日记账应当更换新账，明细账一般也应更换。但有些明细账，如固定资产明细账等可以连续使用，不必每年更换。年终时，要把各账户的余额结转到下一会计年度，只在摘要栏注明“结转下年”字样或加盖戳记，结转金额不再抄写。如果账页的“结转下年”行以下还有空行，应当自余额栏的右上角至日期栏的左下角用红笔划对角斜线注销。在下一会计年度新建有关会计账簿的第一行余额栏内填写上年结转的余额，并在摘要栏注明“上年结转”字样。

**2. 账簿的保管**

会计账簿是会计工作的重要历史资料，也是重要的经济档案。在经营管理中具有重要作用。因此，每一个企业、单位都应按照国家有关规定，加强对会计账簿的管理，做好账簿的管理工作。

账簿的保管应该明确责任，保证账簿的安全和会计资料的完整，防止交接手续不清和可能发生的舞弊行为。在账簿交接保管时，应将该账簿的页数、记账人员姓名、启用日期、交接日期等列表附在账簿的扉页上，并由有关方面签字盖章。账簿要定期（一般为年终）收集，审查核对，整理立卷，装订成册，专人保管，严防丢失和损坏。

年度终了，各种账户在结转下年、建立新账后，一般应将旧账集中统一管理。会计账簿暂由本单位财务会计部门保管1年，期满后，由本单位财务会计部门编造清册移交本单位的档案部门保管。

账簿应按照规定期限保管。各账簿的保管期限分别为：现金日记账和银行存款日记账为30年；固定资产卡片在固定资产报废清理后应继续保存5年；其他总分类账、明细分类账和辅助账簿应保存30年。保管期满后，要按照会计档案管理办法的规定，由财会部门和档案部门共同鉴定，报经批准后进行处理。

合并、撤销单位的会计账簿，要根据不同情况，分别移交给并入单位、上级主管部门或主管部门指定的其他单位接受保管，并由交接双方在移交清册上签名盖章。

账簿日常应由各自分管的记账人员专门保管，未经领导和会计负责人或有关人员批准，不得由其他非经管人员翻阅、查看、摘抄和复制。会计账簿除非特殊需要或司法介入要求，一般不允许携带外出。

4-22 思政课堂：会计资料与法律

新会计年度对更换下来的旧账簿应进行整理、分类，对于缺少手续的账簿，应及时补办必要的手续，装订成册并编制目录，然后办理移交手续，按期归档保管。

对会计账簿的保管既是会计人员应尽的职责，又是会计工作的重要组成部分。

### 知识拓展 4-1

**会计档案保管年限新规**

新《会计档案管理办法》自2016年1月1日起施行，原始凭证、记账凭证的保存期限由15年变为30年，总账、明细账的保存期限由15年变为30年。

## 本章小结

本章主要讲解了会计凭证的含义、种类，原始凭证的含义、种类、填制要求，记账凭证的含义、种类、填制要求，会计账簿的含义、种类，账簿的启用与登记方法以及对账结账等内容。

## 本章重要概念

会计凭证　原始凭证　记账凭证　会计账簿　日记账　分类账　备查账　对账结账

## 本章练习

4-23 扫一扫看课件

### 一、单选题

1. 仓库保管人员填制的收料单，属于企业的(　　)。

A. 外来原始凭证　　B. 自制原始凭证

C. 汇总原始凭证　　D. 累计原始凭证

2. 下列业务中，应该填制现金收款凭证的是(　　)。

A. 出售产品一批，款未收　　B. 从银行提取现金

C. 出售产品一批，收到一张转账支票　　D. 出售多余材料，收到现金

3. 会计机构和会计人员对真实、合法、合理但内容不准确、不完整的原始凭证，应当(　　)。

A. 不予受理　　B. 予以受理

C. 予以纠正　　D. 予以退回，要求更正、补充

4. 将记账凭证分为收款凭证、付款凭证和转账凭证的依据是(　　)。

A. 凭证用途的不同　　B. 凭证填制手续的不同

C. 记载经济业务内容的不同　　D. 所包括的会计科目是否单一

5. 按照记账凭证的审核要求，下列不属于记账凭证审核内容的是(　　)。

A. 会计科目使用是否正确

B. 凭证所列事项是否符合有关的计划和预算

C. 凭证的金额与所附原始凭证的金额是否一致

D. 凭证项目是否填写齐全

6. (　　)就是核对账目，是指对账簿，账户记录所进行的核对工作。

A. 对账　　B. 结账　　C. 错账更正　　D. 试算平衡

7. 下列做法中，不符合会计账簿记账规则的是(　　)。

A. 账簿中书写的文字和数字一般应占格距的1/2

B. 圆珠笔登账

C. 登记后在记账凭证上注明已经登账的符号

D. 根据审核无误的会计凭证登记

8. 原材料明细账应使用(　　)账页格式。

A. 三栏式　　B. 多栏式　　C. 数量金额式　　D. 两栏式

9. 由具有一定格式账页组成，以审核无误的会计凭证为依据，全面、系统、连续地记录各项经济业务的簿籍称为(　　)。

A. 会计账簿　　B. 会计账户　　C. 序时账簿　　D. 分类账簿

10. 企业临时租入的固定资产应在(　　)中登记。

A. 总分类账簿　　B. 明细分类账簿

C. 备查账簿　　D. 无需在账簿中作任何登记

## 二、多选题

1. 下列凭证中，属于外来原始凭证的有(　　)。

A. 付款收据　　B. 购货发货票

C. 银行对账单　　D. 出差人员车票

2. 下列凭证中，属于汇总原始凭证的有(　　)。

A. 收料凭证汇总表　　B. 工资汇总表

C. 限额领料单　　D. 汇总付款凭证

3. 下列各项中，(　　)属于账实核对主要内容。

A. 现金日记账的账面余额与现金实存数核对

B. 银行存款日记账的账面余额与银行对账单核对

C. 各项应收应付款明细分类账的账面余额与有关单位和个人核对

D. 各种财产物资明细分类账的账面余额与实存数核对

4. 下列关于账簿形式的表述中，正确的有(　　)。

A. 企业一般只对库存现金明细账的核算采用卡片形式

B. 现金日记账、银行存款日记账应使用订本账形式

C. 各种明细分类账一般采用活页账形式

D. 总分类账一般使用活页账形式

5. 对账的内容包括(　　)。

A. 账证核对　　B. 账账核对　　C. 账实核对　　D. 账钱核对

## 三、判断题

1. 现金存入银行时，为避免重复记账只编制银行存款收款凭证，不编制现金付款凭证。(　　)

2. 发料凭证汇总表是一种汇总记账凭证。(　　)

3. 原始凭证的审核，就是审核其合法性。 ( )

4. 库存现金总账由出纳负责登记。 ( )

5. 会计部门财产物资明细分类账的期末余额与财产物资保管部门有关明细账的期末余额核对，属于账实核对。 ( )

## 四、简答题

1. 何为会计凭证，会计凭证的作用有哪些？会计凭证的种类有哪些？

2. 何为会计账簿，会计账簿的种类有哪些？

## 五、案例题

1. 王先生是琴岛有限责任公司财务方面的主要负责人，一次在复核时发现，会计员刘某不小心丢了三张记账凭证，王先生批评刘某工作太马虎，同时让他重新编制三张记账凭证。王先生在另一次复核时发现，出纳顾某编制的银行存款付款凭证所附20万元的现金支票存根丢失，同时发现还有几张现金付款凭证所附原始凭证与凭证所注张数不符，王先生马上让顾某停止工作，并且与他一起追查这张支票的去向。顾某对此非常不满，认为王先生小题大做，故意整他，偏向刘某。你如何看待这件事？

2. 张先生刚刚进入一家公司当会计，他发现这家公司有几个与其他公司不一样的地方：一是公司的所有账簿都使用活页账，理由是这样便于改错；二是公司的往来账簿都是采用抽单核对的方法，直接用往来会计凭证控制，不再记账；三是在记账时发生了错误允许使用涂改液，但是强调必须由责任人签字；四是经理要求张先生在登记现金总账的同时也要负责出纳工作。请问：这家公司的做法是否符合规范？

# 第 5 章　账务处理程序



## 内容简介

本章主要讲解了账务处理程序的含义、种类，记账凭证账务处理程序、汇总记账凭证账务处理程序、科目汇总表账务处理程序的含义、核算步骤、特点、优缺点及适用范围。

## 学习目的和要求

通过本章学习，学生应掌握汇总记账凭证和科目汇总表的编制方法，了解账务处理程序的意义和种类，以及在不同的账务处理程序下的核算步骤、适用范围。

## 知识框架

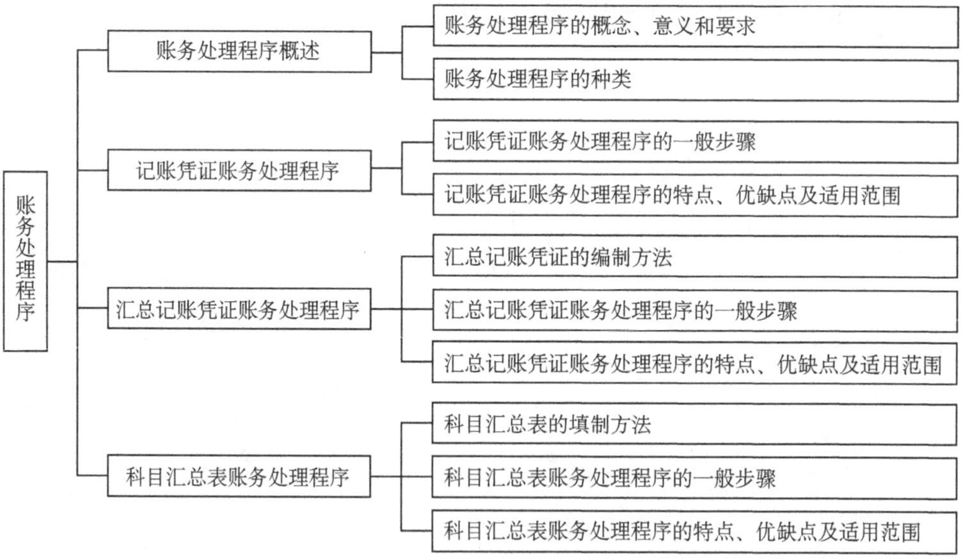


## 思政育人

### 王平的做法对吗？

某公司因业务发展需要，从人才市场招聘了具有中专学历的王平担任会计。一开始，公司领导和同事都对她的工作很满意。但受到同事在股票上赚钱的影响，王平也开始涉足股市，甚至在上班时间都想着自己的股票，根本无心工作。到月末编制财务报表时，由于时间紧迫，直接以会计凭证为依据编制财务报表，根本不做账。

本案例中王平所用的账务处理程序正确吗？正确的编制财务报表依据是什么？

## 5.1 账务处理程序概述

### 5.1.1 账务处理程序的概念、意义和要求

**1. 账务处理程序的概念**

账务处理程序，也称会计核算组织程序，是指对会计数据进行记录、归类、汇总、呈报的步骤和方法，即从原始凭证的整理、汇总，记账凭证的填制、汇总，日记账、明细分类账、总分类账的登记，到编制财务报表的步骤和方法。

**2. 账务处理程序的意义**

科学、合理地组织账务处理程序，对提高会计核算质量和会计工作效率，充分发挥会计的核算和监督职能具有重要意义。良好的账务处理程序有利于规范会计工作，保证会计信息加工过程的严密性，提高会计信息质量；有利于保证会计记录的完整性和正确性，增强会计信息的可靠性；有利于减少不必要的会计核算环节，提高会计工作效率，保证会计信息的及时性。因此，设立合理的账务处理程序对于科学组织会计核算工作，充分发挥会计在经济管理中的作用，具有重要意义。

**3. 账务处理程序的要求**

科学、合理的账务处理程序应符合下列基本要求：

(1) 要结合本单位实际，适应本单位生产经营活动的特点和规模的大小，满足本单位组织会计核算的要求。

(2) 要有利于全面、及时、正确地反映本单位经济活动情况，提供高质量的会计核算信息，满足投资者和债权人等外部和单位内部会计信息使用者的需要。

(3) 要有利于简化会计核算手续，提高会计工作效率，节约会计核算工作的人力、物力和财力。

### 5.1.2 账务处理程序的种类

我国常用的主要账务处理程序如下：

(1) 记账凭证账务处理程序。

(2) 汇总记账凭证账务处理程序。

(3) 科目汇总表账务处理程序。

这三种账务处理程序既有共同点，又有各自的特点。其中，记账凭证账务处理程序是最基本的一种，其他账务处理程序都是由此发展、演变而来的。它们之间具有许多相同点，根本区别在于登记总分类账的依据和方法不同。

5-1 视频：账务处理程序概述

## 5.2 记账凭证账务处理程序

记账凭证账务处理程序是指对所发生的交易或事项，先根据原始凭证或汇总原始凭证填制记账凭证，再直接根据记账凭证逐笔登记总分类账的一种账务处理程序。记账凭证账务处理程序是最基本的账务处理程序，它既是理解账务处理程序的基础，也是掌握账务处理程序的基础。

在记账凭证账务处理程序下，应当设置现金日记账、银行存款日记账、明细分类账和总分类账。日记账和总账可采用三栏式；明细分类账可根据需要采用三栏式、数量金额式和多栏式；记账凭证一般使用收款凭证、付款凭证和转账凭证三种格式，也可采用通用记账凭证。

5-2 扫一扫练一练

5-3 扫一扫练一练答案

### 5.2.1 记账凭证账务处理程序的一般步骤

(1) 根据原始凭证填制汇总原始凭证。

(2) 根据原始凭证或汇总原始凭证填制收款凭证、付款凭证和转账凭证。如果业务较少，也可填制通用记账凭证。

(3) 根据收款凭证和付款凭证逐笔登记库存现金日记账和银行存款日记账。

(4) 根据原始凭证、汇总原始凭证和记账凭证登记各种明细分类账。

(5) 根据记账凭证逐笔登记总分类账。

(6) 期末，将库存现金日记账、银行存款日记账的余额，以及各种明细分类账的余额合计数，分别与总分类账中相关账户的余额核对相符。

(7) 期末，根据核对无误的总分类账和明细分类账编制财务报表。

记账凭证账务处理程序的一般步骤如图 5-1 所示。

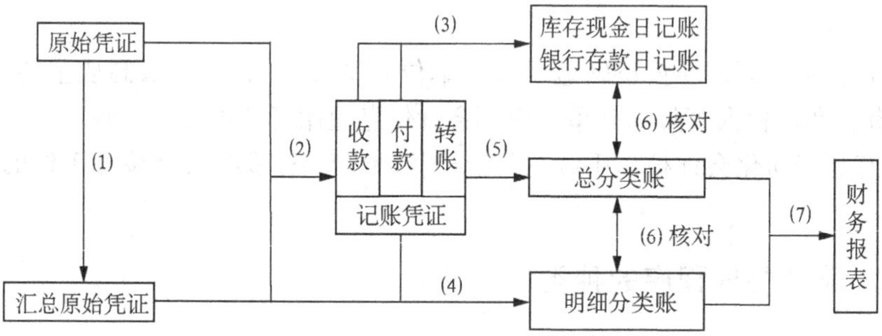


**图 5-1 记账凭证账务处理程序**

**思政育人解析**

**账务处理程序的运用**

本案例的账务处理程序不正确，编制财务报表的依据是会计账簿，而会计账簿应以经过审核的会计凭证为依据，不是直接以会计凭证为依据编制，这种“捷径”是不允许的。

5-4 视频：记账凭证账务处理程序

### 5.2.2 记账凭证账务处理程序的特点、优缺点及适用范围

**1. 记账凭证账务处理程序的特点**

记账凭证账务处理程序的特点是直接根据记账凭证对总分类账进行逐笔登记。

**2. 记账凭证账务处理程序的优缺点**

1）记账凭证账务处理程序的优点

（1）在记账凭证上能够清晰地反映账户之间的对应关系，记账凭证账务处理程序所采用的是专用记账凭证或通用记账凭证，当一笔经济业务发生以后，利用一张记账凭证就可以编制出该笔经济业务的完整会计分录，涉及几个会计科目（账户的名称）就填写几个会计科目。因而，在记账凭证上，账户之间的对应关系一目了然。

（2）总分类账上能够比较详细地反映经济业务的发生情况。在记账凭证账务处理程序下，不仅对各种日记账和明细分类账采取逐笔登记的方法，对于总分类账的登记方法也是如此。因而，在总分类账上能够详细登记所发生的经济业务情况。

（3）总分类账登记方法简单，易于掌握。根据记账凭证直接登记账户是最为简单的一种登记方法，这种方法比较容易掌握。

2）记账凭证账务处理程序的缺点

（1）总分类账登记工作量过大。对发生的每一笔经济业务都要根据记账凭证逐笔在总分类账中进行登记，实际上与登记日记账和明细分类账的做法一样，是一种简单的重复登记，势必要增大登记总分类账的工作量，特别是在经济业务量比较多的情况下更是如此。

（2）账页耗用多，预留账页多少难以把握。由于总分类账对发生的所有经济业务要重复登记一遍，势必会耗用更多的账页，造成一定的账页浪费。如果是在一个账簿上设置多个账户，由于登记业务的多少很难预先确定，对于每一个账户应预留多少账页很难把握，预留过多会形成浪费，预留过少又会影响账户登记上的连续性。

**3. 记账凭证账务处理程序的适用范围**

记账凭证账务处理程序一般只适用于规模较小、经济业务量比较少、会计凭证不多的单位。

## 5.3 汇总记账凭证账务处理程序

汇总记账凭证账务处理程序是指先根据原始凭证或汇总原始凭证填制记账凭证，定期根据记账凭证分类编制汇总收款凭证、汇总付款凭证和汇总转账凭证（也可采用通用记账凭证），再根据汇总记账凭证登记总分类账的一种账务处理程序。

采用汇总记账凭证账务处理程序时，其账簿设置、各种账簿的格式以及记账凭证的种类和格式基本上与记账凭证账务处理程序相同。但应增设汇总收款凭证、汇总付款凭证和汇总转账凭证，以作为登记总分类账的依据。另外，总分类账的账页格式必须增设“对应账户”栏。

### 5.3.1 汇总记账凭证的编制方法

汇总记账凭证是指对一段时期内同类记账凭证进行定期汇总而编制的记账凭证。汇总

记账凭证不同于科目汇总表，它是按每个科目设置，并按科目借方或贷方的对应科目进行汇总。汇总记账凭证分为汇总收款凭证、汇总付款凭证和汇总转账凭证三种格式。现分别说明其编制方法以及根据汇总记账凭证登记总分类账的方法。

**1. 汇总收款凭证的编制**

汇总收款凭证应根据“库存现金”“银行存款”的借方进行编制，是在对各账户对应的贷方分类之后，进行汇总编制。月末，结算出汇总收款凭证的合计数，分别记入库存现金、银行存款总分类账的借方以及其各对应账户总分类账的贷方，它汇总了一定时期内所有库存现金和银行存款的收款业务。汇总收款凭证的格式如表 5-1 所示。

表 5-1　　**汇总收款凭证**

借方科目：库存现金或银行存款　　汇收字第×号

| 贷方科目 | 金额 | | | | 总账账页 | |
|---|---|---|---|---|---|---|
| | 1～10 日收款凭证 | 11～20 日收款凭证 | 21～30 日收款凭证 | 合计 | 借方 | 贷方 |
| | | | | | | |
| | | | | | | |
| | | | | | | |
| | | | | | | |
| | | | | | | |
| 合计 | | | | | | |

**特别提示 5-1**

**编制汇总收款凭证的注意事项**

为了便于编制汇总收款凭证，在日常编制收款凭证时，会计分录的形式最好是一借一贷、一借多贷，不宜多借一贷或多借多贷，这是由于汇总收款凭证是按借方科目设置的，多借一贷或多借多贷的会计分录会给编制汇总收款凭证带来一定的不便；或者会造成收款凭证在汇总过程中由于被多次重复使用而产生汇总错误；或者造成会计账户之间的对应关系变得模糊难辨。

**2. 汇总付款凭证的编制**

汇总付款凭证的编制方法是按日常核算工作中所填制的专用记账凭证中的付款凭证上会计分录中的贷方科目（“库存现金”或“银行存款”科目等）设置汇总付款凭证，按它们相应的借方科目定期（如每 5 天或 10 天等）进行汇总，每月编制 1 张。汇总时计算出每一个借方科目发生额合计数，填入汇总付款凭证的相应栏次，它汇总了一定时期内所有库存现金和银行存款的付款业务。汇总付款凭证的格式如表 5-2 所示。

表5-2

**汇总付款凭证**

贷方科目:库存现金或银行存款 汇付字第×号

| 借方科目 | 金额 | | | | 总账账页 | |
|---|---|---|---|---|---|---|
| | 1～10日付款凭证 | 11～20日付款凭证 | 21～30日付款凭证 | 合计 | 借方 | 贷方 |
| | | | | | | |
| | | | | | | |
| | | | | | | |
| | | | | | | |
| | | | | | | |
| 合计 | | | | | | |

**3. 汇总转账凭证的编制**

汇总转账凭证的编制方法是按日常核算工作中所填制的专用记账凭证中的转账凭证上会计分录的贷方科目(如“原材料”“固定资产”科目等)设置汇总转账凭证,按它们相应的借方科目定期(如每5天或10天等)进行汇总,每月编制1张。计算出每一个借方科目发生额合计数,填入汇总转账凭证的相应栏次。它汇总了一定时期内所有转账业务。汇总转账凭证的格式如表5-3所示。

表5-3

**汇总转账凭证**

贷方科目: 汇转字第×号

| 借方科目 | 金额 | | | | 总账账页 | |
|---|---|---|---|---|---|---|
| | 1～10日转账凭证 | 11～20日转账凭证 | 21～30日转账凭证 | 合计 | 借方 | 贷方 |
| | | | | | | |
| | | | | | | |
| | | | | | | |
| | | | | | | |
| | | | | | | |
| 合计 | | | | | | |

**特别提示5-2**

**编制汇总转账凭证的注意事项**

为便于进行汇总转账凭证的编制,在日常编制转账凭证时,会计分录的形式最好是一借一贷、一贷多借,不宜一借多贷或多借多贷。这是由于汇总转账凭证是按贷方科目设置的,一借多贷或多借多贷的会计分录都会给编制汇总转账凭证带来一定的不便。

## 5.3.2 汇总记账凭证账务处理程序的一般步骤

(1) 根据原始凭证填制汇总原始凭证。

(2) 根据原始凭证或汇总原始凭证填制记账凭证。

(3) 根据收款凭证和付款凭证逐笔登记库存现金日记账和银行存款日记账。

(4) 根据原始凭证、汇总原始凭证和记账凭证登记各种明细分类账。

(5) 根据各种记账凭证编制有关汇总记账凭证。

(6) 根据各种汇总记账凭证登记总分类账。

(7) 期末,将库存现金日记账、银行存款日记账的余额,以及各种明细分类账的余额合计数,分别与总分类账中相关账户的余额核对相符。

(8) 期末,根据核对无误的总分类账和明细分类账的相关资料,编制财务报表。

汇总记账凭证账务处理程序的步骤如下,如图 5-2 所示。

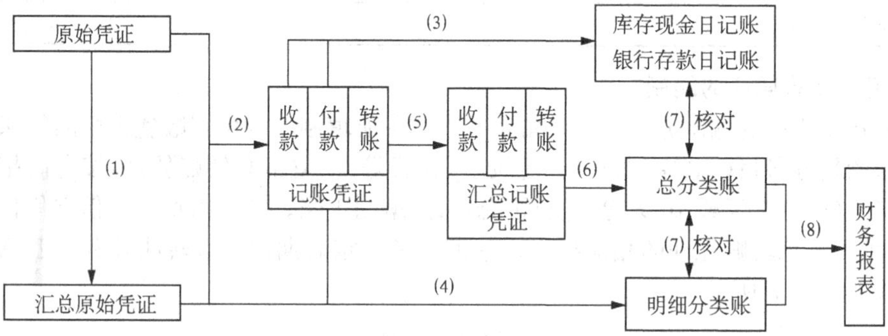


**图 5-2 汇总记账凭证账务处理程序**

## 5.3.3 汇总记账凭证账务处理程序的特点、优缺点及适用范围

**1. 汇总记账凭证账务处理程序的特点**

汇总记账凭证账务处理程序的特点是定期将全部记账凭证分别编制汇总收款凭证、汇总付款凭证和汇总转账凭证,根据各种汇总记账凭证上的汇总数字登记总分类账。

**2. 汇总记账凭证账务处理程序的优缺点**

1) 汇总记账凭证账务处理程序的优点

(1) 在汇总记账凭证上能够清晰地反映账户之间的对应关系。汇总记账凭证账务处理程序采用的是专用记账凭证和汇总记账凭证。汇总记账凭证是采用按会计科目对应关系进行分类汇总的办法,能够清晰地反映出有关会计账户之间的对应关系。

(2) 可以大大减少登记总分类账的工作量。汇总记账凭证账务处理程序可以根据汇总记账凭证上有关账户的汇总发生额,在月份当中定期或月末一次性登记总分类账,可以使登记总分类账的工作量大为减少。

2) 汇总记账凭证账务处理程序的缺点

(1) 定期编制汇总记账凭证的工作量比较大。对发生的经济业务首先要填制专用记账凭证,即收款凭证、付款凭证和转账凭证,在此基础上,还需要定期分类的对这些专用记账凭证进行汇总,编制作为登记总分类账依据的汇总记账凭证,增加了编制汇总记账凭证的工作量。

(2) 对汇总过程中可能存在的错误难以发现。编制汇总记账凭证是一项比较复杂的工作，容易产生汇总错误，而且汇总记账凭证本身又不能体现出有关数字之间的平衡关系，即使存在汇总错误也很难发现。

**3. 汇总记账凭证账务处理程序的适用范围**

由于汇总记账凭证账务处理程序具有能够清晰地反映账户之间的对应关系和能够减轻登记总分类账的工作量等优点，它一般只适用于规模较大、经济业务量比较多、专用记账凭证也比较多的会计主体。

## 5.4 科目汇总表账务处理程序

科目汇总表账务处理程序，又称记账凭证汇总表账务处理程序，是指根据记账凭证定期编制科目汇总表，再根据科目汇总表登记总分类账的一种账务处理程序。

采用科目汇总表账务处理程序时，其账簿设置、各种账簿的格式以及记账凭证的种类和格式基本上与记账凭证账务处理程序相同。但应增设科目汇总表，以作为登记总分类账的依据。

### 5.4.1 科目汇总表的填制方法

科目汇总表也是根据专用记账凭证汇总编制而成的。基本的编制方法是：根据一定时期内的全部记账凭证，按照相同会计科目进行归类，定期（每10天或15天，或每月一次）分别汇总每一个账户的借、贷双方的发生额，并将其填列在科目汇总表的相应栏内，借以反映全部账户的借、贷方发生额。根据科目汇总表登记总分类账时，只需要将该表中汇总起来的各科目的本期借、贷方发生额的合计数，分次或月末一次记入相应总分类账的借方或贷方即可。

所有会计科目的本期借方发生额合计＝所有会计科目的本期贷方发生额合计

科目汇总表的一般格式如表5-4和表5-5所示。

表5-4 **科目汇总表**

年 月 第 号

| 会计科目 | 记账凭证起讫号码 | 本期发生额 | | 总账页数 |
|---|---|---|---|---|
| | | 借方 | 贷方 | |
| | | | | |
| | | | | |
| | | | | |
| 合计 | | | | |

表5-5 **科目汇总表**

年 月 第 号

| 会计科目 | 1～10日 | | 11～21日 | | 21～30日 | | 本月合计 | 总账页数 |
|---|---|---|---|---|---|---|---|---|
| | 借方 | 贷方 | 借方 | 贷方 | 借方 | 贷方 | | |
| | | | | | | | | |
| | | | | | | | | |

（续表）

| 会计科目 | 1～10 日 | | 11～21 日 | | 21～30 日 | | 本月合计 | 总账页数 |
|---|---|---|---|---|---|---|---|---|
| | 借方 | 贷方 | 借方 | 贷方 | 借方 | 贷方 | | |
| | | | | | | | | |
| | | | | | | | | |

5-5 扫一扫练一练

5-6 扫一扫练一练答案

### 5.4.2 科目汇总表账务处理程序的一般步骤

(1) 根据原始凭证填制汇总原始凭证。

(2) 根据原始凭证或汇总原始凭证填制记账凭证。

(3) 根据收款凭证和付款凭证逐笔登记库存现金日记账和银行存款日记账。

(4) 根据原始凭证、汇总原始凭证和记账凭证登记各种明细分类账。

(5) 根据各种记账凭证编制科目汇总表。

(6) 根据科目汇总表登记总分类账。

(7) 期末，将库存现金日记账、银行存款日记账的余额，以及各种明细分类账的余额合计数，分别与总分类账中相关账户的余额核对相符。

(8) 期末，根据核对无误的总分类账和明细分类账的相关资料，编制财务报表。

科目汇总表账务处理程序的步骤如图 5-3 所示。

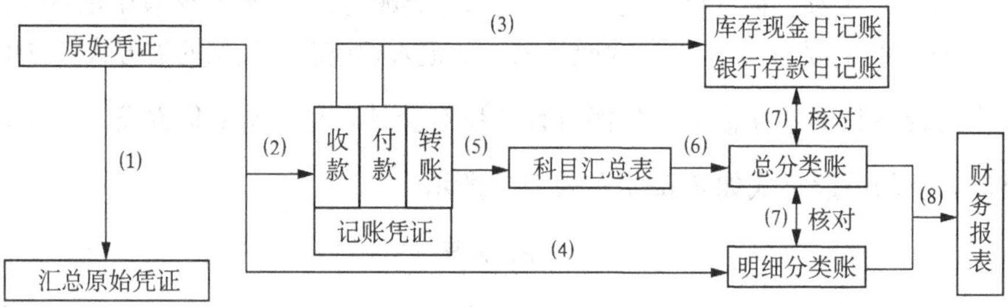


**图 5-3　科目汇总表账务处理程序**

5-7 视频：科目汇总表账务处理程序

### 5.4.3 科目汇总表账务处理程序的特点、优缺点及适用范围

**1. 科目汇总表账务处理程序的特点**

科目汇总表账务处理程序的特点是定期根据所有记账凭证汇总编制科目汇总表，根据科目汇总表上的汇总数字登记总分类账。

**2. 科目汇总表账务处理程序的优缺点**

1) 科目汇总表账务处理程序的优点

(1) 可以利用科目汇总表的汇总结果进行账户发生额的试算平衡。科目汇总表上的汇总结果体现了一定会计期间内所有账户的借方发生额和贷方发生额之间的相等关系，利用这种发生额的相等关系，可以进行全部账户记录的试算平衡。

(2) 在试算平衡的基础上记账能保证总分类账登记的正确性。在科目汇总表账务处理程序下，总分类账是根据科目汇总表上的汇总数字登记的。由于在登记总分类账之前，能够通过科目汇总表的汇总结果检验所填制的记账凭证是否正确，就等于在记账前进行了一次试算平衡，也容易发现汇总过程中可能存在的错误。在所有账户借、贷发生额相等的基础上再记账，在一定程度上能够保证总分类账登记的正确性。

(3) 可以大大减轻登记总账的工作量。科目汇总表账务处理程序可根据科目汇总表上有关账户的汇总发生额，在月中定期或月末一次性登记总分类账，可以使登记总分类账的工作量大为减轻。

(4) 适用性比较强。与记账凭证账务处理程序和汇总记账凭证账务处理程序相比较，科目汇总表账务处理程序优点较多，任何规模的会计主体都可以采用。

2) 科目汇总表账务处理程序的缺点

(1) 编制科目汇总表的工作量比较大。如同汇总记账凭证账务处理程序一样，在科目汇总表账务处理程序下，对发生的经济业务也首先要填制各种专用记账凭证，在此基础上，还需要定期对这些专用记账凭证进行汇总，编制作为登记总分类账依据的科目汇总表，增加了编制科目汇总表的工作量。

(2) 科目汇总表上不能够清晰地反映账户之间的对应关系。科目汇总表是按各个会计科目归类汇总其发生额的，在该表中不能清楚地显示出各个账户之间的对应关系，不能够清晰地反映经济业务的来龙去脉。在这一点上，科目汇总表不及专用记账凭证和汇总记账凭证。

3) 科目汇总表账务处理程序的适用范围

由于科目汇总表账务处理程序清楚，又具有能够进行账户发生额的试算平衡、减轻总分类账登记的工作量等优点，因而主要适用于经济业务较多的单位，但是实际工作中任何规模大小的会计主体都可以采用。

**知识拓展 5-1**

**日记总账账务处理程序**

日记总账账务处理程序是指设置日记总账，根据经济业务发生以后所填制的各种记账凭证直接逐笔登记日记总账，并定期编制财务报表的账务处理程序。

在日记总账账务处理程序下采用的记账凭证主要是各种专用记账凭证，即收款凭证、付款凭证和转账凭证，也可采用通用记账凭证。采用的日记账和明细分类账与其他会计账务处理程序基本相同，不同的是，在这种核算组织程序下需要专门设置日记总账。

在日记总账账务处理程序下，对经济业务进行账务处理程序大体要经过以下六个步骤：

(1) 经济业务发生以后，根据有关的原始凭证或原始凭证汇总表填制各种专用记账凭证。

(2) 根据收款凭证和付款凭证逐笔登记库存现金日记账和银行存款日记账。

(3) 根据记账凭证并参考原始凭证或原始凭证汇总表，逐笔登记各种明细分类账。

(4) 根据各种记账凭证逐笔登记日记总账。

(5) 月末，将日记账、明细分类账的余额与日记总账中相应账户的余额进行核对。

(6) 月末，根据日记总账和明细分类账的记录编制财务报表。

## 本章小结

本章主要讲解了账务处理程序概述、记账凭证账务处理程序、汇总记账凭证账务处理程序、科目汇总表账务处理程序的一般步骤、特点、优缺点及适用范围。要求学生掌握记账凭证账务处理程序、科目汇总表账务处理程序的核算步骤，在实际工作中会具体应用。

## 本章重要概念

账务处理程序　记账凭证账务处理程序　汇总记账凭证账务处理程序　科目汇总表账务处理程序　科目汇总表

5-8 扫一扫看课件

## 本章练习

### 一、单选题

1. 下列各项中，属于各种账务处理程序之间主要区别的是(　　)。

A. 填制记账凭证的直接依据不同　　B. 登记总分类账的依据和方法不同

C. 编制财务报表的直接依据不同　　D. 登记明细分类账的依据和方法不同

2. 下列各项中，属于记账凭证账务处理程序特点的是(　　)。

A. 直接根据原始凭证对总分类账进行登记

B. 直接根据记账凭证对总分类账进行逐笔登记

C. 先根据记账凭证编制汇总记账凭证，在根据汇总记账凭证登记总分类账

D. 先将所有记账凭证编制成科目汇总表，然后以科目汇总表为依据登记总分类账

3. 下列各项中，属于汇总记账凭证账务处理程序的使用范围的是(　　)。

A. 规模大、经济业务较少的单位　　B. 规模小、经济业务较多的单位

C. 规模大、经济业务较多的单位　　D. 规模小、经济业务较少的单位

4. 下列各项中，属于编制科目汇总表的根据是(　　)。

A. 记账凭证　　B. 原始凭证

C. 各种总账　　D. 原始凭证汇总表

5. 下列各项中，属于科目汇总表账务处理程序和汇总记账凭证账务处理程序的主要相同点是(　　)。

A. 登记总账的依据相同　　B. 登记总账的方法相同

C. 记账凭证汇总的方法相同　　D. 记账凭证都需要汇总并且记账步骤相同

6. 科目汇总表账务处理程序的缺点是(　　)。

A. 科目汇总表的编制和使用较为简便，易学易做

B. 不能清晰地反映各账户之间的对应关系

C. 可以大大减少登记总分类账的工作量

D. 科目汇总表可以起到试算平衡的作用，保证总账登记的正确性

7. 规模较大、经济业务量较多的单位适用的账务处理程序是(　　)。

A. 记账凭证账务处理程序　　B. 汇总记账凭证账务处理程序

C. 多栏式日记账账务处理程序　　D. 科目汇总表账务处理程序

8. 财务报表是根据(　　)资料编制的。

A. 日记账、总账和明细账　　B. 日记账和明细分类账

C. 明细账和总分类账　　D. 日记账和总分类账

9. 以下项目中,属于科目汇总表账务处理程序缺点的是(　　)。

A. 增加了会计核算的账务处理程序　　B. 增加了登记总分类账的工作量

C. 不便于检查核对账目　　D. 不便于进行试算平衡

10. 企业的会计凭证和账簿组织与账务处理过程相结合的方式称为(　　)。

A. 账务处理程序　　B. 账簿组织

C. 记账工作步骤　　D. 会计处理方法

## 二、多选题

1. 下列各项中,属于企业常用的账务处理程序的有(　　)。

A. 记账凭证账务处理程序　　B. 科目汇总表账务处理程序

C. 汇总记账凭证账务处理程序　　D. 多栏式日记账账务处理程序

2. 下列各项中,属于账务处理程序主要内容的有(　　)。

A. 会计资料立卷归档的程序和方法

B. 会计凭证与账簿之间的联系方法

C. 会计凭证、会计账簿的种类及格式

D. 由原始凭证到填制记账凭证、登记总账和明细账、编制财务报表的程序和方法

3. 下列各项中,可能是登记明细分类账依据的有(　　)。

A. 汇总记账凭证　　B. 记账凭证

C. 原始凭证　　D. 汇总原始凭证

4. 下列各项中,属于记账凭证账务处理程序优点的有(　　)。

A. 简单明了,易于理解　　B. 登记总分类的工作量小

C. 登记总分类时耗用的账页少　　D. 可以较详细地反映经济业务的发生情况

5. 下列各项中,属于科目汇总表账务处理程序优点的有(　　)。

A. 可做到试算平衡　　B. 易于理解,方便学习

C. 能反映各账户之间的对应关系　　D. 减轻了登记总分类账的工作量

## 三、判断题

1. 账务处理程序就是指记账程序。　　(　　)

2. 各种账务处理程序的共同点之一是编制财务报表的方法相同。　　(　　)

3. 记账凭证账务处理程序适用于规模较小、经济业务较少的单位。　　(　　)

4. 汇总记账凭证账务处理程序的优点是减轻了登记总分类账的工作量。　　(　　)

5. 科目汇总表账务处理程序适用于经济业务较少的单位。　　(　　)

## 四、简答题

1. 简述账务处理程序的含义。常用的账务处理程序有哪些?
2. 简述记账凭证账务处理程序的步骤、特点、优缺点及适用范围。
3. 简述汇总记账凭证账务处理程序的步骤、特点、优缺点及适用范围。
4. 简述科目汇总表账务处理程序的步骤、特点、优缺点及适用范围。

## 五、案例题

学过"账务处理程序"一章的内容以后,王华基本掌握了记账凭证账务处理程序、汇总记账凭证账务处理程序和科目汇总表账务处理程序的内容,但将几种账务处理程序进行对比后,王华觉得最容易操作的还是第一种程序,这种程序是依据填制好的记账凭证直接登记有关账户。而另外两种程序都需要先对填制好的记账凭证进行汇总,之后才能根据汇总的数字登记有关总账账户,而编制汇总记账凭证和科目汇总表又比较繁琐,处理起来会增加不少工作量。于是,王华产生了这样的想法:第一种账务处理程序既简便又适用,如果我毕业后从事会计工作的话,一定要选用这种账务处理程序。

请你利用所学的会计知识分析:王华的想法有道理吗?你认为一个企业应当怎样选择恰当的账务处理程序?

# 第 6 章　制造业企业主要经济业务的核算



## 内容简介

本章主要以制造业企业主要经济业务核算为例，依次从资金筹集、供应、生产、销售以及财务成果形成和分配这五个环节，分别介绍每个环节涉及的主要经济业务的核算。本章的重点是运用我们已经学习并掌握的账户和借贷记账法的知识，对制造业企业发生的主要经济业务进行核算。

## 学习目的和要求

通过本章学习，学生应理解和掌握制造业企业资金筹集业务、供应过程业务、产品生产过程业务、产品销售过程业务以及财务成果业务的具体核算内容，从而提高运用设置账户、复式记账方法处理企业各种经济业务的熟练程度。

## 知识框架

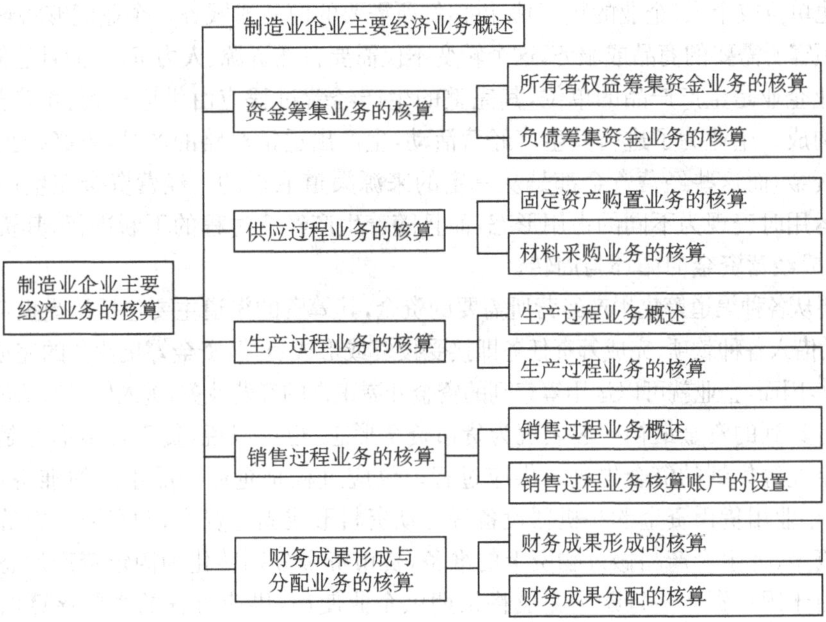

## 思政育人

### 广东光大·助力战疫显担当

广东光大集团有限公司始创于1983年,总部位于粤港澳大湾区重点城市——东莞,历经30多年的积极探索与实践,逐步形成泛地产板块、科技板块两大核心业务协同互动发展的企业集团。其业务覆盖至北京、深圳、广州、杭州、绵阳、惠州、肇庆、云浮、清远、南宁、钦州、梧州、贺州、桂林等城市,旗下拥有多家全资及控股子公司,员工逾万人。

2020年新冠疫情暴发以来,广东光大集团及旗下子公司参加广东扶贫济困日、社区慰问、五保户慰问等活动捐款捐物;向中山大学、河源上莞中学捐赠助学基金、学习用品等;向东莞市慈善会、东莞市东城街道疫情防控指挥部,广西钦州、梧州,广东惠州、河源等多地捐赠抗疫物资及善款;为钦州捐建城区口袋公园。另外,广东光大集团旗下企业民飞机电生产的抗疫产品陆续发往美国、意大利、丹麦、土耳其、印度等国家,用于新冠战"疫"前线。在国内新冠疫情暴发期间,民飞机电免费捐赠200台双水平呼吸机风机用于国内抗疫。

据不完全统计,2020年2月2日起,广东光大集团及子公司响应国家号召,积极捐资捐物、减租惠企,总金额超270万元。

广东光大集团一直以来秉承"润泽社会,兴邦惠民"的企业使命,以"值得市场尊重的永续企业"为愿景,积极投身社会公益事业,在扶贫赈灾、助学圆梦、基金捐赠、公共基建等方面奉献爱心,赢得社会广泛赞誉。2020年,凭借在经济领域取得的卓越成效和对疫情防控作出的贡献,荣获"疫情防控工作突出贡献企业""2020年度民营企业服务业突出贡献奖"两项奖项。

(资料来源:https://idg.timedg.com/p/21171501.shtml)

## 6.1 制造业企业主要经济业务概述

企业是一种具有不同规模的组织,这个组织的存在主要是通过对各种资源的组合和处理进而向其他单位或个人(企业的顾客)提供他们所需要的商品或服务。企业能够将最原始的投入转变为顾客所需要的商品或服务,这个转变不仅需要自然资源、人力资源,而且还需要资本。

制造业企业是生产产品的单位,其完整的生产经营过程应由供应过程、生产过程、和销售过程所构成。企业为了进行其生产经营活动,生产出适销对路的产品,就必须拥有一定数量的经营资金,而这些经营资金都是从一定的来源渠道取得的。经营资金在生产经营过程中被具体运用时表现为不同的占用形态,而且随着生产经营过程的不断进行,其资金形态不断转化,形成经营资金的循环与周转。

企业要从各种渠道筹集生产经营所需要的资金,其筹资的渠道主要包括接受投资人的投资和向债权人借入各种款项,完成筹资任务即接受投资或形成负债,资金筹集业务的完成意味着资金投入企业,因而,企业就可以运用筹集到的资金开展正常的经营业务,进入供、产、销过程。

企业筹集到的资金最初一般表现为货币资金形态,也可以说,货币资金形态是资金运动的起点。企业筹集到的资金先进入供应过程。供应过程是企业产品生产的准备过程,在这个过程中,企业用货币资金购买机器设备等劳动资料形成固定资产,购买原材料等劳动对象形成储备资金,为生产产品做好物资上的准备,货币资金分别转化为固定资产形态和储备资金形态。由于固定资产一旦购买完成将长期供企业使用,供应过程的主要核算内容是用货币资金(或形成结算债务)购买原材料的业务,包括支付材料价款和税款、发生采购费用、计算采购成本、材料验收入库结转成本等，完成了供应过程的核算内容，为生产产品做好了各项准备，进入生产过程。

生产过程是制造业企业经营过程的中心环节。在生产过程中，劳动者借助劳动资料对劳动对象进行加工，生产出各种各样适销对路的产品，以满足社会的需要。生产过程既是产品的制造过程，又是物化劳动和活劳动的耗费过程，即费用、成本的发生过程。从消耗或加工对象的实物形态及其变化过程看，原材料等劳动对象通过加工形成在产品，随着生产过程的不断进行，在产品终究要转化为产成品；从价值形态来看，生产过程中发生的各种耗费，形成企业的生产费用，具体而言，为生产产品要耗费材料形成材料费用，耗费活劳动形成工资及福利等费用，使用厂房、机器设备等劳动资料形成折旧费用等，生产过程中发生的这些生产费用总和构成产品的生产成本（或称制造成本）。其资金形态从固定资产、储备资金和一部分货币资金形态转化为生产资金形态，随着生产过程的不断进行，产成品生产出来并验收入库之后，其资金形态又转化为成品资金形态。生产费用的发生、归集和分配，以及完工产品生产成本的计算等就构成了生产过程核算的基本内容。

销售过程是产品价值的实现过程。在销售过程中，企业通过销售产品，并按照销售价格与购买单位办理各种款项的结算，收回货款，从而使得成品资金形态转化为货币资金形态，回到了资金运动的起点状态，完成了一次资金的循环。另外，销售过程中还要发生各种诸如包装、广告等销售费用，计算并及时缴纳各种销售税金，结转销售成本，这些都属于销售过程的核算内容。

对于制造业企业而言，生产并销售产品是其主要的经营业务（即主营业务），但还不是其全部业务，除了主营业务，制造业企业还要发生一些其他诸如销售材料、出租固定资产等业务，在对外投资活动过程中还会产生投资损益，在非营业活动中产生营业外的收支净额等，这些业务内容综合在一起，形成制造业企业的全部会计核算内容。企业在生产经营过程中所获得的各项收入遵循配比原则抵偿了各项成本、费用之后的差额，形成企业的所得（即利润），企业实现的利润，一部分要以所得税的形式上缴国家，形成国家的财政收入；另一部分利润（即税后利润），要按照规定的程序在各有关方面进行合理的分配。如果是发生了亏损，还要按照规定的程序进行弥补。通过利润分配，一部分资金要退出企业，一部分资金要以公积金等的形式继续参加企业的资金周转。

综合上述内容，企业在经营过程中发生的主要经济业务内容包括：资金筹集业务、供应过程业务、生产过程业务、产品销售过程业务、财务成果形成与分配业务。制造业企业资金周转循环如图6-1所示。

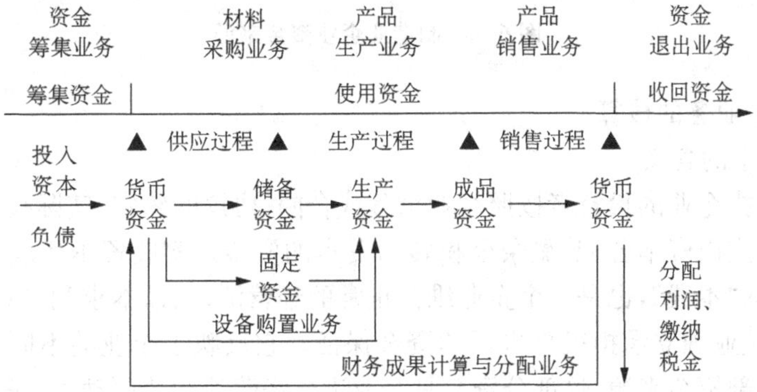


**图6-1 制造业企业资金周转循环**

# 6.2 资金筹集业务的核算

一个企业的生存和发展，离不开资产要素的存在，资产是企业进行生产经营活动的物质基础。对于任何一个企业而言，其资产形成的资金来源主要有两条渠道：一是投资人的投资及其增值，形成投资人的权益，该部分业务可以称为所有者权益筹集资金业务；二是债权人借入的资金，形成债权人的权益，该部分业务可以称为负债筹集资金业务。

投资者将资金投入企业进而对企业资产的要求权形成企业的所有者权益，债权人将资金借给企业进而对企业资产的要求权形成企业的负债。所谓所有者权益是指企业的所有者在企业资产中所享有的经济利益，其金额为资产减去负债后的差额。在会计上，我们一般将债权人的要求权和投资人的要求权统称为权益。但是，这两种权益又存在着一定的区别：两者性质不同、是否需要偿还和偿还期限不同、享受的权利不同、对象不同，所以两种权益在会计处理上也存在显著的差异。

## 6.2.1 所有者权益筹集资金业务的核算

企业从投资人处筹集到的资金形成企业所有者权益的重要组成部分，企业的所有者权益包括实收资本、资本公积、盈余公积和未分配利润四部分。其中，实收资本和资本公积是所有者直接投入企业的资本和资本溢价，一般也将实收资本和资本公积称为投入资本；盈余公积和未分配利润则是企业在经营过程中所实现的利润留存于企业的部分，也称为留存收益。在本部分内容的学习中，我们将着重介绍所有者权益中的实收资本和资本公积业务的核算，至于盈余公积和未分配利润（即留存收益）的内容将在本章第六节中进行阐述。制造业企业资金来源如图 6-2 所示。

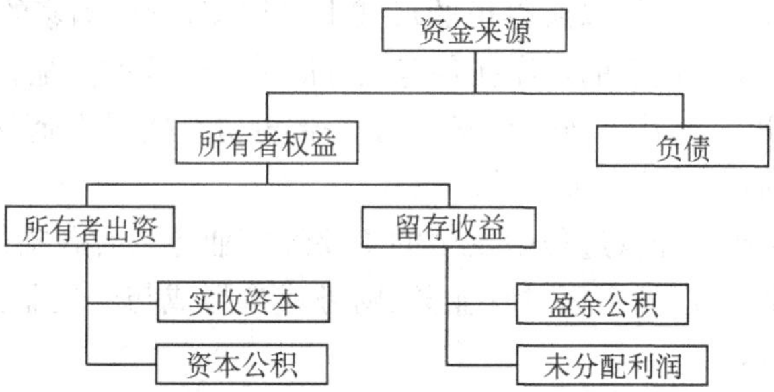


**图 6-2 制造业企业资金来源**

### 1. 实收资本业务的核算

(1) 实收资本的含义。

实收资本是指企业的投资者按照企业章程或合同、协议的约定，实际投入企业的资本金以及按照有关规定由资本公积、盈余公积转为资本的资金。实收资本代表着一个企业的实力，是创办企业的“本钱”，也是一个企业维持正常的经营活动、以本求利、以本负亏的最基本条件和保障，是企业独立承担民事责任的资金保证。它反映了企业的不同所有者通过投资而投入企业的外部资金来源，这部分资金是企业进行经营活动的原动力，正是有了这部分资金的投入，才有了企业的存在和发展。

需要注意的是，注册资本和实收资本是两个不同的概念。注册资本是公司的法定资本；实收资本是指公司已收缴入账的股本，只有足额缴入后，实收资本才能等于注册资本。

(2) 实收资本的分类。

所有者向企业投入资本，即形成企业的资本金。企业的资本金按照投资主体的不同可以分为：国家资本——企业接受国家投资而形成的资本金；法人资本——企业接受其他企业单位的投资而形成的资本金；个人资本——企业接受个人包括企业内部职工的投资而形成的资本金；外商资本——企业接受外国及我国香港、澳门、台湾地区的投资而形成的资本金。

6-1 视频：实收资本与注册资本

企业的资本金按照投资者投入资本不同又可以分为货币资金和非货币资金等。

实收资本分类如图 6-3 所示。

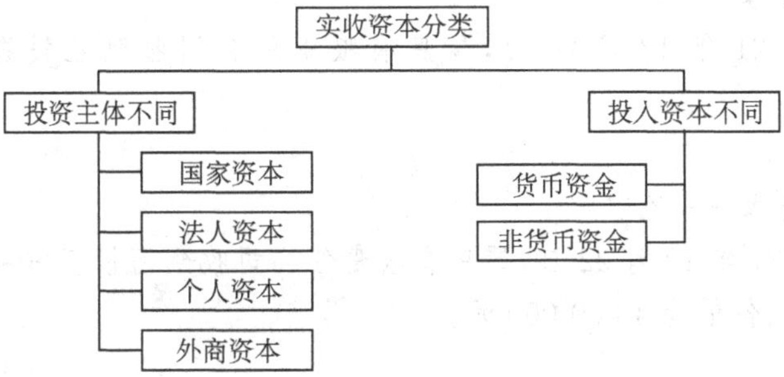


**图 6-3　实收资本分类**

(3) 实收资本核算账户的设置。

为了反映实收资本的形成及其以后的变化情况，在会计核算中应设置“实收资本”账户。“实收资本”账户的性质是所有者权益类，用来核算所有者投入企业的本金变化过程及结果，其贷方登记所有者投入企业资本金的增加，其借方登记所有者投入企业资本金的减少，期末余额在贷方，表示所有者投入企业资本金的结余，其账户设置如图 6-4 所示。企业按照投资者的不同设置明细账，进行明细核算。需要说明的是，股份有限公司要设置“股本”账户，来核算投资者投入的资本。

**实 收 资 本**

| | |
|---|---|
| 所有者投入企业资本金的减少 | 所有者投入企业资本金的增加 |
| | 期末余额：所有者投入企业资本金的结余 |

**图 6-4　“实收资本”账户设置示意**

(4) 实收资本入账价值的确定。

投入资本应当按照实际收到的投资额入账。对于收到的货币资金投资，应以实际收到的货币金额入账；对于收到的实物等其他形式投资，应以投资各方确认的价值入账。

### 知识拓展 6-1

**会 计 准 则**

《企业会计准则第 4 号——固定资产》第十一条规定，投资者投入固定资产的成本，应当按照投资合同或协商约定的价值确定，但合同或协议不公允的除外。

6-2 扫一扫练一练

6-3 扫一扫练一练答案

下面举例说明实收资本的核算。

**【例 6-1】** 2×21 年 12 月 16 日，琴岛有限责任公司收到甲投资方投入的设备一台，价值 800 000 元，但投资合同约定价值为 500 000 元。

借：固定资产　　500 000

　　贷：实收资本——甲　　500 000

**【例 6-2】** 2×21 年 12 月 20 日，琴岛有限责任公司收到乙投资方投入银行存款 600 000 元。

借：银行存款　　600 000

　　贷：实收资本——乙　　600 000

**【例 6-3】** 2×21 年 12 月 22 日，琴岛有限责任公司收到丙投资方一块土地作为投资，经投资双方协商确认价值为 4 000 000 元。

借：无形资产　　4 000 000

　　贷：实收资本——丙　　4 000 000

**2. 资本公积业务的核算**

(1) 资本公积的含义。

资本公积是投资者或者他人投入企业、所有权归属投资者并且金额上超过法定资本部分的资本(即资本投入过程中形成的溢价)，是企业所有者权益的重要组成部分。资本公积的主要用途就在于转增资本，即在办理增资手续后用资本公积转增股本，按股东原有股份比例发给新股或增加每股面值。

(2) "资本公积"账户的设置。

为了反映和监督资本公积金的增减变动及其结余情况，会计上应设置"资本公积"账户，"资本公积"账户属于所有者权益类，其贷方登记取得的资本公积即资本公积的增加数，借方登记用资本公积转增资本即资本公积的减少数，期末余额在贷方，表示资本公积的期末结余数，其账户设置如图 6-5 所示。

**资 本 公 积**

| | |
|---|---|
| 资本公积的减少 | 资本公积的增加 |
| | 期末余额：资本公积的结余 |

**图 6-5 "资本公积"账户设置示意**

**知识拓展 6-2**

**资本公积和实收资本**

资本公积从本质上讲属于投入资本的范畴，其形成的主要原因是我国采用注册资本制度，限于法律的规定而无法将资本公积直接以实收资本(或股本)的名义出现。所以，资本公积从其实质上看是一种准资本，它是资本的一种储备形式。但是，资本公积与实收资本又有一定的区别，实收资本是所有者为谋求价值增值而对公司的一种原始投入。从法律上讲，实收资本属于公司的法定资本，而资本公积可以来源于投资者的额外投入，也可以来源于投资者之外的直接计入资本公积的利得和损失等。可以说，实收资本无论是在来源上，还是在金额上，都有着比较严格的限制，而不同来源形成的资本公积却归所有投资者共同享有。

下面举例说明“资本公积”账户的核算。

**【例6-4】** 2×21年12月16日，琴岛有限责任公司接受A公司投资1 500 000元存入银行，该公司按出资比例享有琴岛有限责任公司注册资本为1 000 000元。

| | | |
|---|---|---|
| 借：银行存款 | 1 500 000 | |
| 贷：实收资本——A公司 | | 1 000 000 |
| 资本公积 | | 500 000 |

**【例6-5】** 2×21年12月20日，琴岛有限责任公司将500 000元资本公积转增为资本。

| | | |
|---|---|---|
| 借：资本公积 | 500 000 | |
| 贷：实收资本 | | 500 000 |

所有者权益资金筹集业务核算示意如图6-6所示，其说明：①企业接受所有者投入的货币资金投资；②企业接受所有者投入的固定资产等实物投资；③企业接受所有者投入的无形资产投资；④企业将资本公积转增资本。

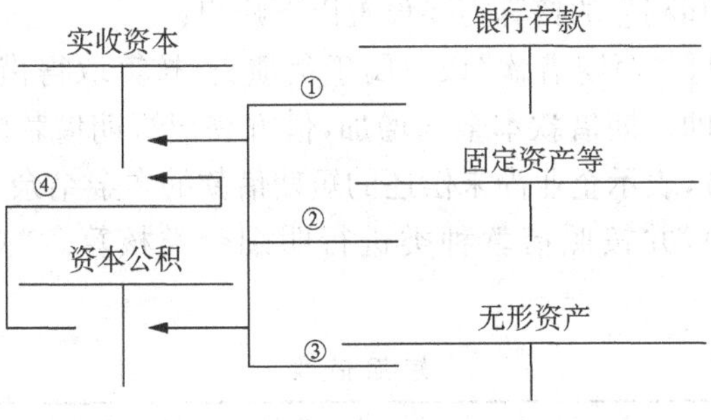


**图6-6 所有者权益筹集资金业务核算示意图**

### 6.2.2 负债筹集资金业务的核算

企业从债权人那里筹集到的资金形成企业的负债，企业的债权人对企业资产的要求权就是债权人权益。当企业为了取得生产经营需要的资金、商品或劳务等，向银行借款或其他单位赊购材料、商品或服务时，就形成了企业同其他单位主体之间的债务关系。

负债按照其偿还期限可以分为流动负债和非流动负债。我们这里仅以流动负债中的短期借款和非流动负债中的长期借款为例介绍负债筹集资金的核算。

**1. 短期借款业务的核算**

(1) 短期借款的含义。

短期借款是指企业为了满足其生产经营对资金的临时需要而向银行或其他金融机构等借入的偿还期限在 1 年以内(含 1 年)的各种借款。一般情况下企业取得短期借款是为了维持正常的生产经营所需的资金或者为了抵偿某项债务而借入的。

(2) 短期借款利息的确认和计量。

短期借款必须按期归还本金并按时支付利息。短期借款的利息支出属于企业在经营活动过程中为筹集资金而发生的一项耗费，在会计核算中，企业应将其作为期间费用(财务费用)加以确认。短期借款利息的计算公式为：

短期借款利息＝借款本金×利率×时间

**知识拓展 6-3**

**短期借款利息时间的确定**

短期借款利息＝借款本金×利率×时间。按照权责发生制原则的要求，应于每月末确认当月的利息费用，因而这里的“时间”是 1 个月，利率往往都是年利率，所以应将其转化为月利率，方可计算出 1 个月的利息额，年利率除以 12 即为月利率。如果在月内的某一天取得的借款，该日作为计息的起点时间，对于借款当月和还款月则应按实际经历天数计算(不足整月)，计算实际天数时要求算头不算尾，算尾不算头。在将月利率转化为日利率时，为简化起见，1 个月一般按 30 天计算，1 年按 360 天计算。

6-4 扫一扫练一练

6-5 扫一扫练一练答案

(3) “短期借款”账户的设置。

对于短期借款本金和利息的核算需要设置以下账户：

① “短期借款”账户。“短期借款”账户属于负债类，核算取得借款的本金，该账户的贷方登记取得的短期借款即短期借款本金的增加，借方登记短期借款的偿还即短期借款本金的减少，期末余额在贷方，表示企业尚未偿还的短期借款的本金结余。短期借款应按照债权人的不同设置明细账户，并按照借款种类进行明细分类核算。“短期借款”账户设置如图 6-7 所示。

**短 期 借 款**

| | |
|---|---|
| 短期借款本金的减少 | 短期借款本金的增加 |
| | 期末余额：尚未偿还的短期借款本金 |

**图 6-7 “短期借款”账户设置示意图**

② “财务费用”账户。“财务费用”账户属于损益类账户，核算发生的借款费用，该账户

的借方登记发生的财务费用，贷方登记发生的应冲减财务费用的利息收入以及期末转入“本年利润”账户的财务费用净额，经过结转之后，该账户期末没有余额。“财务费用”账户应按照费用项目设置明细账户，进行明细分类核算。“财务费用”账户设置如图 6-8 所示。

| 财务费用 | |
|---|---|
| 财务费用的增加额 | 财务费用的减少额<br>或转入“本年利润”账户金额 |
| 结转后，期末无余额 | |

图 6-8 “财务费用”账户设置示意图

③ “应付利息”账户。“应付利息”账户属于负债类账户，核算企业已经发生但尚未实际支付的借款利息，该账户的贷方登记预先按照一定的标准提取的应由本期负担而尚未支付的利息债务，借方登记实际支付的利息债务。期末余额在贷方，表示已经预提但尚未支付的利息债务。“应付利息”账户设置如图 6-9 所示。

| 应付利息 | |
|---|---|
| 本期偿还的短期借款利息 | 本期增加的未付利息 |
| | 期末余额：尚未偿还的短期借款利息 |

图 6-9 “应付利息”账户设置示意图

下面举例说明短期借款的借入、计息和归还的核算。

6-6 视频：短期借款的账务处理

**【例 6-6】** 2×21 年 4 月 15 日，琴岛有限责任公司因生产经营临时性需要，向银行申请取得期限为 6 个月的借款 1 000 000 元，存入银行。

借：银行存款　　1 000 000
　　贷：短期借款　　1 000 000

**【例 6-7】** 承[例 6-6]，假如琴岛有限责任公司取得借款利息年利率 6%，利息按季度结算，经计算其 4 月份应付担的利息为 2 500 元。

4 月短期借款利息＝1 000 000×15×6%÷360＝2 500(元)

借：财务费用　　2 500
　　贷：应付利息　　2 500

**【例 6-8】** 承[例 6-7]，计算琴岛有限责任公司 5 月末应负担的短期借款利息。

5 月短期借款利息＝1 000 000×30×6%÷360＝5 000(元)

借：财务费用　　5 000
　　贷：应付利息　　5 000

6 月短期借款利息计算和处理方法与 5 月相同。

**【例 6-9】** 承[例 6-8]，琴岛有限责任公司于 6 月末用银行存款 12 500 元支付本季度短期借款利息。

借：应付利息　　12 500
　　贷：银行存款　　12 500

**【例 6-10】** 琴岛有限责任公司在 10 月 16 日用银行存款 1 000 000 元偿还到期的临时借款本金及当月利息。

10 月短期借款利息＝1 000 000×15×6%÷360＝2 500(元)

借：短期借款　　1 000 000

　　贷：银行存款　　1 000 000

借：财务费用　　2 500

　　贷：银行存款　　2 500

注：同一天结算，可一个分录完成。

**2. 长期借款业务的核算**

(1) 长期借款的含义。

长期借款是指企业向银行及其他金融机构借入的偿还期限在 1 年以上(不含 1 年)的各种借款。一般来说，企业举借长期借款，主要是为了增添大型固定资产、购置地产、增添或补充厂房等，也就是为了扩充经营规模而增加各种长期耐用的固定资产的需要。

(2)“长期借款”账户的设置。

为了核算长期借款本金及利息的取得和偿还情况，需要设置“长期借款”账户。该账户的性质属于负债类，用来核算企业从银行或其他金融机构取得的长期借款的增减变动及其结余情况的账户。其贷方登记长期借款的增加数，借方登记长期借款的减少数。期末余额在贷方，表示尚未偿还的长期借款结余。该账户应按贷款单位设置明细账户，并按贷款种类进行明细分类核算。“长期借款”账户设置如图 6-10 所示。

**长期借款**

| | |
|---|---|
| 长期借款本金的减少 | 长期借款本金的增加 |
| | 期末余额：尚未偿还的长期借款 |

**图 6-10 “长期借款”账户设置示意图**

下面举例说明长期借款取得和偿还的核算。

**【例 6-11】** 琴岛有限责任公司为了建造一座新的厂房，于 2×21 年 1 月 1 日向银行取得期限为 3 年的借款 3 000 000 元存入银行。

借：长期借款　　3 000 000

　　贷：银行存款　　3 000 000

**【例 6-12】** 承[例 6-11]，琴岛有限责任公司于 2×21 年 12 月 31 日向银行全部偿还该笔借款。

借：银行存款　　3 000 000

　　贷：长期借款　　3 000 000

负债筹集资金业务核算示意图如图 6-11 所示，其说明：①企业取得借款；②企业按期计算或计提借款的利息；③企业偿还应付而未付的利息；④企业偿还借款本金。

6-7 扫一扫练一练

6-8 扫一扫练一练答案

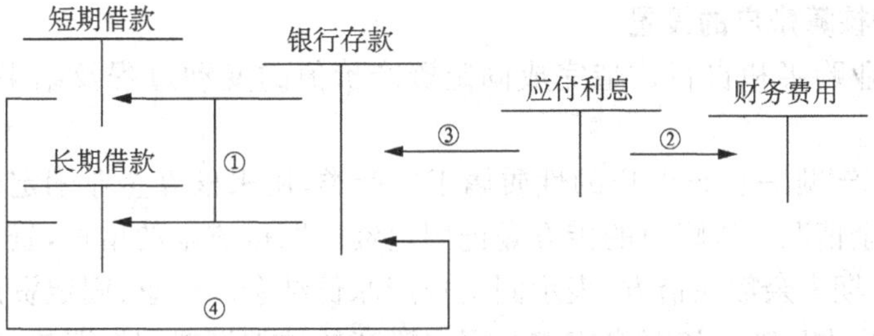


图6-11 负债筹集资金业务核算示意图

## 6.3 供应过程业务的核算

供应过程是生产产品做准备的过程，为了生产产品，就需要做好多方面的物资准备工作，其中最为重要的是构建固定资产和购买原材料。

### 6.3.1 固定资产购置业务的核算

**1. 固定资产的含义**

固定资产是指企业为生产商品、提供劳务、出租或经营管理而持有的，使用的期限超过一个会计年度的房屋、建筑物、机器设备、运输工具以及其他与生产、经营有关的设备、工具、器具等。

**案例讨论6-1**

**判断下列各项是否属于企业的固定资产？**

(1) 琴岛有限责任公司正在生产产品的机床。

(2) 琴岛有限责任公司生产的机床。

**2. 固定资产入账价值的确定**

固定资产入账价值是指计入固定资产账户的成本金额。固定资产按照来源的不同可以分为外来的和自建的两种。固定资产应当按照取得时的实际成本入账，固定资产取得时的实际成本是指企业单位购建固定资产达到预定可使用状态前所发生的一切合理、必要的支出。一般来说，构成固定资产取得时的实际成本具体包括买价、运输费、保险费、包装费、装卸费、相关税费、安装成本等，但不包括采购人员的工资薪酬、增值税。

**案例讨论6-2**

**固定资产的入账价值是多少？**

琴岛有限责任公司购入一台设备合同价款100 000元，同时现金支付保险费3 000元，运输费2 500元，采购人员工资3 000元，则该设备的入账价值是多少？

### 3. 固定资产核算账户的设置

为了核算企业购买和自行建造完成固定资产价值的变动过程及结果，需要设置以下账户。

(1)“固定资产”账户。该账户的性质属于资产类，用来核算企业固定资产取得成本的增减变动及其结余情况。该账户的借方登记固定资产取得成本的增加，贷方登记固定资产取得成本的减少，期末余额在借方，表示固定资产原价结余。注意：固定资产使用发生的磨损价值不在本账户中反映。该账户应按照固定资产的种类设置明细账户，进行明细分类核算。在使用该账户时，必须注意只有固定资产达到预定可使用状态，其取得成本已经形成，才可以记入“固定资产”账户。“固定资产”账户设置如图 6-12 所示。

固 定 资 产

| | |
|---|---|
| 固定资产取得成本的增加 | 固定资产取得成本的减少 |
| 期末余额：固定资产原价结余 | |

**图 6-12 “固定资产”账户设置示意图**

(2)“在建工程”账户。该账户的性质属于资产类，用来核算企业单位为进行固定资产基建、安装、技术改造以及大修理等工程而发生的全部支出(包括安装设备的价值)，并据以计算确定各该工程成本的账户。该账户的借方登记工程支出的增加，贷方登记结转完工工程的成本。期末余额在借方，表示未完工工程的成本。在构建过程中发生的全部支出，都应归集在“在建工程”账户，待工程达到预定可使用状态形成固定资产之后，方可将该工程成本从“在建工程”账户转入“固定资产”账户。注意：该账户当工程完工结转后余额为零。“在建工程”账户应按工程内容来设置明细账户，进行明细核算。“在建工程”账户设置如图 6-13 所示。

在 建 工 程

| | |
|---|---|
| 工程支出的增加<br>(包括安装设备的价值) | 结转完工工程的成本 |
| 期末余额：未完工工程的成本 | |

**图 6-13 “在建工程”账户设置示意图**

企业购买的固定资产，有的购买完成之后当即可以投入使用，也就是当即达到预定可使用状态，因而可以当即形成固定资产；而有的固定资产，在购买之后，还需要经过安装过程，安装后方可投入使用，这两种情况在核算上是有区别的，所以在对固定资产进行核算时，一般将其区分为不需要安装固定资产和需要安装固定资产分别进行处理。

以下分别举例说明企业购买不需要安装和需要安装固定资产的核算。

6-9 视频：固定资产的账务处理

**【例 6-13】** 琴岛有限责任公司于 2×21 年 12 月 11 日购入一台不需要安装的设备，该设备买价 125 000 元，增值税额 16 250 元，包装运杂费 2 000 元，全部款项通过银行付讫，设备当即投入使用。

借：固定资产【买价＋相关费用】　127 000

　应交税费——应交增值税(进项税额)【买价×13%】　16 250

　贷：银行存款【价税合计】　143 250

**【例 6-14】** 承[例 6-13]上述设备若需要安装，同日琴岛有限责任公司另以银行存款 3 000 元支付安装费。

(1) 设备交付安装时：

借：在建工程【买价＋相关费用】　127 000

　应交税费——应交增值税(进项税额)【买价×13%】　16 250

　贷：银行存款【价税合计】　143 250

(2) 支付安装费时：

借：在建工程　3 000

　贷：银行存款　3 000

**【例 6-15】** 承[例 6-13]、[例 6-14]，2×21 年 12 月 20 日，上述设备安装完工，达到预定可使用状态，同日交付使用，结转完工设备的成本。

借：固定资产　130 000

　贷：在建工程　130 000

### 6.3.2 材料采购业务的核算

企业要进行正常的产品生产经营活动，就必须购买和储备一定品种和数量的原材料，原材料是产品制造企业生产产品不可缺少的物质要素。

**1. 外购材料入账价值的确定**

关于取得原材料成本的确定，不同方式取得的原材料，其成本的确定方法不同，成本构成内容也不同。其中，购入的原材料，其实际采购成本由买价和采购费用构成：

(1) 买价是指购货发票所注明的货款金额。

(2) 采购费用是指采购过程中发生的运输费、包装费、装卸费、保险费、仓储费、入库之前发生的整理挑选费用及按规定应计入材料采购成本中的各种税金。需要注意的是，市内零星运杂费、采购人员的差旅费及采购机构的经费、增值税等不构成材料的采购成本。

**案例讨论 6-3**

**外购的材料采购成本是多少？**

(1) 琴岛有限责任公司从外地购买回 A 材料 1 000 千克，单价为每千克 1 元。共发生运杂费 800 元，问该批材料的采购成本是多少？

(2) 琴岛有限责任公司从外地购买回 A 材料 1 000 千克，单价为每千克 1 元；B 材料 1 000 千克，单价为每千克 3 元，共发生运杂费 800 元，问该批 A 材料和 B 材料的采购成本各是多少？

**2. 外购材料采购费用的分配**

采购费用是为采购一种材料所发生的支出，则直接计入该材料的采购成本，如果采购费用是为采购几种材料共同发生的，则必须按一定的标准和方法在有关材料之间进行分配。

分配时，首先根据材料的特点确定分配的标准，一般来说可以选择的分配标准有材料的重量、体积、买价等；其次计算材料采购费用分配率；最后计算各种材料的采购费用负担额，即：

材料采购费用分配率＝共同性采购费用额÷分配标准的合计

某材料应负担的采购费用额＝采购费用分配率×该材料的分配标准

下面举例说明采购成本的计算。

**【例 6-16】** 琴岛有限责任公司在一次采购中购入 A、B、C 三种材料，其中 A 材料 100 吨，单价 500 元，B 材料 200 吨，单价 100 元，C 材料 300 吨，单价 100 元，共支付运费 5 000 元，装卸费 500 元，保险费 500 元，采购费用由三种材料共同承担并按重量分配，计算 A、B、C 的采购成本。

共同性采购费用＝5 000＋500＋500＝6 000(元)

材料总重＝100＋200＋300＝600(吨)

采购费用分配率＝6 000÷600＝10(元/吨)

A 材料分配的采购费用＝100×10＝1 000(元)

B 材料分配的采购费用＝200×10＝2 000(元)

C 材料分配的采购费用＝300×10＝3 000(元)

A 材料的采购成本＝5 000＋1 000＝51 000(元)

B 材料的采购成本＝2 000＋2 000＝22 000(元)

C 材料的采购成本＝3 000＋3 000＝33 000(元)

**3. 材料采购核算账户的设置**

原材料在按照实际成本核算时，应设置以下几个账户：

(1)“在途物资”账户。该账户性质属于资产类，用来核算企业外购的尚未验收入库的各类材料的实际采购成本。其借方登记购入材料的买价和采购费用，贷方登记结转完成，验收入库材料的实际采购成本。期末余额在借方，表示尚未运达企业或已到达企业但尚未验收入库的在途材料的成本。注意：该账户当材料验收入库结转后余额为零。“在途物资”账户按照购入材料的品种或种类设置明细账户。“在途物资”账户设置如图 6-14 所示。

**在 途 物 资**

| | |
|---|---|
| 购入材料的买价和采购费用 | 验收入库材料的实际采购成本 |
| 期末余额：尚未运达企业或<br>尚未验收入库的材料的成本 | |

**图 6-14 “在途物资”账户设置示意图**

(2)“原材料”账户。该账户的性质属于资产类，是用来核算企业库存材料实际成本的增减变动及其结存情况的账户。其借方登记已验收入库材料实际成本的增加，贷方登记发出材料的实际成本(即库存材料成本的减少)，期末余额在借方，表示库存材料实际成本的期末结余额。“原材料”账户应按照材料的保管地点、材料的种类或类别设置明细账户，进行明细分类核算。“原材料”账户设置如图 6-15 所示。

原 材 料

| | |
|---|---|
| 已验收入库材料实际成本的增加 | 发出材料的实际成本 |
| 期末余额：库存材料实际成本结余 | |

图 6-15 “原材料”账户设置示意图

(3)“应付账款”账户。该账户的性质属于负债类，用来核算企业单位因购买材料物资、接受劳务供应而与供应单位发生的结算债务的增减变动及其结余情况的账户。其贷方登记应付供应单位款项(买价、税金和代垫运杂费等)的增加，借方登记应付供应单位款项的减少(即偿还)。期末余额一般在贷方，表示尚未偿还的应付款的结余额。该账户应按照供应单位的名称设置明细账户，进行明细分类核算。“应付账款”账户设置如图 6-16 所示。

应 付 账 款

| | |
|---|---|
| 应付供应单位款项的减少 | 应付供应单位款项的增加 |
| | 期末余额：尚未偿还的应付款的结余 |

图 6-16 “应付账款”账户设置示意图

(4)“预付账款”账户。该账户的性质属于资产类，用来核算企业按照合同规定向供应单位预付购料款而与供应单位发生的结算债权的增减变动及其结余情况的账户。其借方登记结算债权的增加即预付账款的增加，贷方登记收到供应单位提供的材料物资而应冲销的预付账款债权(即预付账款的减少)。期末余额一般在借方，表示尚未结算的预付账款的结余额。该账户应按照供应单位的名称设置明细账户，进行明细分类核算。“预付账款”账户设置如图 6-17 所示。

预 付 账 款

| | |
|---|---|
| 预付供应单位款项的增加 | 冲销预付供应单位款项 |
| 期末余额：尚未结算的预付账款的结余 | |

图 6-17 “预付账款”账户设置示意图

(5)“应交税费”账户。该账户的性质属于负债类，用来核算企业按税法规定应交纳的各种税款(印花税等不需要预计税额的税种除外)的计算与实际缴纳情况的账户。其贷方登记计算出的各种应交而未交税费的增加，包括计算出的增值税、消费税、城建税、所得税、资源税等，借方登记实际缴纳的各种税费，包括支付的增值税进项税额。期末余额方向不固定，如果在贷方，表示未交税费的结余；如果在借方，表示多交的税费，“应交税费”账户应按照税种设置明细账户，进行明细分类核算。“应交税费”账户设置如图 6-18 所示。

**应交税费**

| 实际缴纳的各种税费<br>包括支付的增值税进项税额 | 计算出的各种应交而未交税费<br>包括计算出的增值税 |
| --- | --- |
| 期末余额：多交的税费 | 期末余额：未交的税费 |

**图 6-18 “应交税费”账户设置示意图**

下面举例说明原材料的核算。

**【例 6-17】** 2×21 年 12 月 1 日，琴岛有限责任公司从友谊工厂购进材料一批，材料尚未验收入库，全部款项已用银行存款支付。其中，甲材料 12 吨，单价 150 元，货款总计 1 800 元，增值税 234 元；乙材料 400 吨，单价 20 元，货款总计 8 000 元，增值税 1 040 元。

借：在途物资——甲材料　1 800
　　　　　　——乙材料　8 000
　　应交税费——应交增值税（进项税额）　1 274
　贷：银行存款　11 074

**【例 6-18】** 承[例 6-17]，2×21 年 12 月 4 日，琴岛有限责任公司用银行存款支付上述购入甲、乙材料的运杂费 4 120 元，按材料重量比例分配。

采购费用分配率＝4 120÷412＝10(元/吨)

甲材料分配的采购费用＝12×10＝120(元)

乙材料分配的采购费用＝400×10＝4 000(元)

借：在途物资——甲材料　120
　　　　　　——乙材料　4 000
　贷：银行存款　4 120

**【例 6-19】** 承[例 6-17]、[例 6-18]，2×21 年 12 月 10 日，琴岛有限责任公司购入的甲、乙材料运抵仓库，结转入库材料成本。

借：原材料——甲材料　1 920
　　　　　——乙材料　12 000
　贷：在途物资——甲材料　1 920
　　　　　　　——乙材料　12 000

**【例 6-20】** 2×21 年 12 月 14 日，琴岛有限责任公司从胜利公司购入丙材料一批，价税合计数为 3 390 元，材料已验收入库，货款尚未支付。

借：在途物资——丙材料　3 000
　　应交税费——应交增值税（进项税额）　390
　贷：应付账款——胜利公司　3 390

**【例 6-21】** 2×21 年 12 月 17 日，琴岛有限责任公司向利和公司预付购货款 56 500 元。

借：预付账款——利和公司　56 500
　贷：银行存款　56 500

**案例讨论 6-4**

**利和公司发货时琴岛有限责任公司应该如何做账务处理？**

2×21 年 12 月 17 日，琴岛有限责任公司向利和公司预付购货款 56 500 元。

(1) 21 日，利和公司发来了 50 000 元的货物。

(2) 21 日，利和公司发来了 60 000 元的货物。

(3) 21 日，利和公司发来了 40 000 元的货物。

供应过程业务核算示意图如图 6-19 所示，其说明：①企业购入原材料和设备（当即付款和赊购）；②结转入库材料的成本；③结转安装完工设备的成本。

6-10 扫一扫练一练

6-11 扫一扫练一练答案

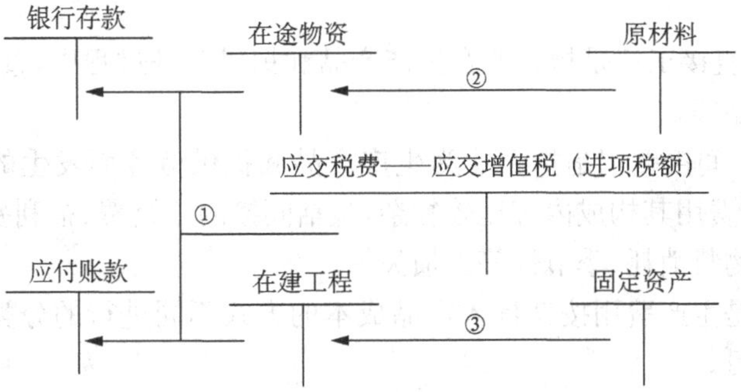


**图 6-19 供应过程业务核算示意图**

## 6.4 生产过程业务的核算

制造业企业的主要经济活动是生产符合社会需要的产品，产品的生产过程同时也是生产的耗费过程。企业在生产经营过程中发生的各项耗费，是企业为获得收入而预先垫支并需要得到补偿的资金耗费，因而也是收入形成、实现的必要条件。

**案例讨论 6-5**

**判断下列各项商品成本应该由哪些要素构成？**

(1) 某商场销售的海尔牌冰箱的成本。

(2) 海尔公司生产的海尔牌冰箱的成本。

### 6.4.1 生产过程业务概述

企业要生产产品就要发生各种生产耗费，包括生产资料中的劳动手段（如机器设备）和劳动对象（如原材料）的耗费，以及劳动力等方面的耗费。

**1. 生产费用的含义**

6-12视频：生产费用的构成

生产费用是指制造业企业在生产过程中发生的、用货币表现的生产耗费。这些费用最终都要归集、分配到一定种类的产品上去，从而形成各种产品的成本。也就是说，企业为生产一定种类、一定数量产品所支出的各种生产费用的总和对象化于产品就形成了这些产品的成本。

**2. 生产费用的构成**

生产费用按其计入产品成本的方式的不同，可以分为直接费用和间接费用。

（1）直接费用。直接费用是指企业生产产品过程中实际消耗的，它包括直接材料和直接工资。

① 直接材料。直接材料是指企业在生产产品和提供劳务的过程中所消耗的、直接用于产品生产，构成产品实体的各种原材料及主要材料、外购半成品以及有助于产品形成的辅助材料等。

② 直接工资。直接工资是指企业在生产产品和提供劳务过程中，直接从事产品生产的工人工资、津贴、补贴等。

（2）间接费用。间接费用是指企业为生产产品和提供劳务而发生的各项间接支出，也称为制造费用，制造费用其构成内容比较复杂，包括间接的工资费、福利费、折旧费、修理费、办公费、水电费、机物料消耗、季节性停工损失等。

上述各个项目是生产费用按其计入产品成本的方式不同进行的分类，在会计上我们一般将其称为成本项目。

## 6.4.2 生产过程业务的核算

**1. 生产过程核算账户的设置**

为了归集产品生产过程中所发生的各项费用，正确计算产品成本，应设置以下账户：

（1）"生产成本"账户。该账户的性质属于成本类，用来归集和分配产品生产过程中所发生的各项生产费用，正确地计算产品生产成本的账户。其借方登记应计入产品生产成本的各项费用，包括直接计入产品生产成本的直接材料、直接人工以及期末按照一定的方法分配计入产品生产成本的制造费用；贷方登记结转完工入库产成品的生产成本。期末如有余额在借方，表示尚未完工产品（在产品）的成本即生产资金的占用额。该账户应按产品种类或类别设置明细账户，进行明细分类核算。"生产成本"账户设置如图 6-20 所示。

**生 产 成 本**

| | |
|---|---|
| 发生的生产费用：<br>① 直接材料<br>② 直接人工<br>③ 分配的制造费用 | 结转完工入库产成品的生产成本 |
| 期末余额：尚未完工产品（在产品）的成本 | |

**图 6-20 "生产成本"账户设置示意图**

(2)“制造费用”账户。该账户的性质属于成本类，用来归集和分配企业生产车间为组织和管理产品的生产活动而发生的各项间接生产费用的账户，包括车间范围内发生的间接工资(车间管理人员的工资)及福利费、折旧费、修理费、办公费、水电费、机物料消耗等。其借方登记实际发生的各项制造费用；贷方登记期末经分配转入“生产成本”账户借方，应计入产品生产成本的制造费用。期末在费用结转后该账户一般没有余额。该账户应按不同车间设置明细账户，按照费用项目设置专栏进行明细分类核算。“制造费用”账户设置如图6-21所示。

**制 造 费 用**

| | |
|---|---|
| 归集车间内发生的各项间接费用 | 期末分配转入“生产成本”账户的制造费用 |
| 结转后，期末无余额 | |

**图6-21 “制造费用”账户设置示意图**

(3)“应付职工薪酬”账户。该账户的性质属于负债类，用来核算企业应付给职工各种薪酬总额与实际发放情况，并反映和监督企业与职工薪酬的结算情况。该账户的贷方登记本月计算的应付职工薪酬总额，包括各种工资、奖金、津贴和福利费等；借方登记本月实际支付的职工薪酬数额。月末余额在贷方，表示本月应付职工薪酬大于实付职工薪酬的数额，即应付而未付的职工薪酬。“应付职工薪酬”账户可以按照“工资”“职工福利”“社会保险”“住房公积金”等进行明细核算，其账户设置如图6-22所示。

**应 付 职 工 薪 酬**

| | |
|---|---|
| 实际支付的职工薪酬数额 | 本月计算的应付职工薪酬总额 |
| | 期末余额：应付而未付的职工薪酬 |

**图6-22 “应付职工薪酬”账户设置示意图**

(4)“管理费用”账户。该账户的性质属于损益类，用来核算企业为组织和管理生产经营活动所发生的各项费用，包括企业在筹建期间内发生的开办费、董事会费和行政管理部门在企业的经营管理中发生的应由企业统一负担的公司经费、工会经费、董事会费、聘请中介机构费、咨询费、诉讼费、业务招待费、技术转让费、研究费、排污费等。其借方登记发生的各项管理费用，贷方登记期末转入“本年利润”账户的管理费用，经过结转之后，本账户期末没有余额。“管理费用”账户应按照费用项目设置明细账中的专栏，进行明细分类核算，其账户设置如图6-23所示。

**管 理 费 用**

| | |
|---|---|
| 发生的各项管理费用 | 管理费用的减少<br>转入“本年利润”账户金额 |
| 结转后，期末无余额 | |

**图6-23 “管理费用”账户设置示意图**

(5)“累计折旧”账户。该账户的性质是资产类,用来核算企业固定资产因磨损而减少的价值。由于管理的需要,“固定资产”账户要始终反映企业现有固定资产的原值,其因磨损而减少的金额应通过“累计折旧”账户来核算。“累计折旧”账户是“固定资产”账户的抵减账户,累计折旧的发生是固定资产价值的减少,所以其贷方登记按月提取的折旧额为累计折旧的增加,借方登记因减少固定资产而减少的累计折旧。期末余额在贷方,表示已提折旧的累计额。该账户只进行总分类核算,不进行明细分类核算。如果要查明某项固定资产已提折旧的具体情况,可以通过固定资产卡片(台账)来了解。“累计折旧”账户设置如图 6-24 所示。

累计折旧

| 累计折旧的减少 | 累计折旧的增加 |
|---|---|
| | 期末余额:现有固定资产累计折旧 |

图 6-24 “累计折旧”账户设置示意图

(6)“库存商品”账户。该账户的性质是资产类账户,用来核算企业库存的外购商品、自制产品(产成品)、自制半成品等的实际成本(或计划成本)的增减变动及其结余情况的账户。其借方登记验收入库商品成本的增加,包括外购、自产、委外加工等;贷方登记库存商品成本的减少(发出),期末余额在借方,表示库存商品成本的期末结余额。“库存商品”账户应按照商品的种类、名称以及存放地点等设置明细账,进行明细分类核算,其账户设置如图 6-25 所示。

库存商品

| 验收入库商品成本的增加 | 库存商品成本的减少 |
|---|---|
| 期末余额:结存的库存商品成本 | |

图 6-25 “库存商品”账户设置示意图

**2. 生产过程的具体核算**

(1)材料费用的归集和分配。

企业在生产活动中耗用的材料费用,是由会计部门在月末,根据领退料等各种原始凭证,按照材料的用途进行归集,编制发出材料汇总表。根据编制好的发出材料汇总表,采用适当的分配方法,将消耗的各项材料费用分配计入各有关产品成本计算单中的“直接材料”成本项目。然后根据编制的发出材料汇总表编制相应的会计分录。

下面举例说明材料费用归集和分配的核算。

**【例 6-22】** 2×21 年 12 月 31 日,琴岛有限责任公司的发出材料汇总表见表 6-1。

表 6-1 **发出材料汇总表** 金额单位:元

| 领料部门和用途 | A 材料 | | B 材料 | | |
|---|---|---|---|---|---|
| | 数量(千克) | 金额 | 数量(千克) | 金额 | 金额合计 |
| 生产产品耗用: | | | | | |
| 甲产品耗用 | 10 000 | 80 000 | 20 000 | 40 000 | 120 000 |

（续表）

| 领料部门和用途 | A材料 | | B材料 | | |
|---|---|---|---|---|---|
| | 数量(千克) | 金额 | 数量(千克) | 金额 | 金额合计 |
| 乙产品耗用 | 6 000 | 48 000 | 4 000 | 8 000 | 56 000 |
| 车间一般耗用 | 200 | 1 600 | | | 1 600 |
| 管理部门耗用 | | | 800 | 1 600 | 1 600 |
| 合计 | 16 200 | 129 600 | 24 800 | 49 600 | 179 200 |

借：生产成本——甲产品　　120 000
　　　　　——乙产品　　56 000
　　制造费用　　1 600
　　管理费用　　1 600
　　贷：原材料　　179 200

(2) 人工费用的归集和分配。

企业人工费用的归集和分配主要通过编制“工资结算汇总表”和“工资费用分配表”来完成。在月末，会计部门根据各种原始凭证，按照工资的用途进行归集，在“工资结算汇总表”中登记各岗位职工工资薪酬的具体金额。根据编制好的“工资结算汇总表”，采用适当的分配方法，将计算的工资费用分配计入各有关产品成本计算单中的“直接人工”成本项目。通过归集和分配之后，根据分配的结果编制“工资费用分配表”。然后根据编制的“工资结算汇总表”和“工资费用分配表”编制会计分录。

下面举例说明人工费用的归集和分配的核算。

**【例6-23】** 2×21年12月31日，琴岛有限责任公司的工薪结算汇总表见表6-2，工资费用分配表见表6-3。

表6-2　**工资结算汇总表**　单位：元

| 部门名称 | 基本工资 | 岗位工资 | 应发金额 |
|---|---|---|---|
| 生产工人 | 100 000 | 64 000 | 160 000 |
| 车间管理人员 | 30 000 | 16 000 | 45 000 |
| 管理部门 | 120 000 | 90 000 | 204 000 |
| 合计 | 250 000 | 170 000 | 409 000 |

表6-3　**工资费用分配表**　单位：元

| 分配对象 | | | 工资 | | | 工资费用 |
|---|---|---|---|---|---|---|
| 会计科目 | | 成本费用项目 | 生产工时 | 分配率 | 分配金额 | 合计 |
| 生产成本 | 甲产品 | 直接工资 | 10 000 | | 100 000 | 100 000 |
| | 乙产品 | 直接工资 | 6 000 | | 60 000 | 60 000 |
| | 小计 | | 16 000 | 10 | 160 000 | 160 000 |
| 制造费用 | | 工资 | | | 45 000 | 45 000 |
| 管理费用 | | 工资 | | | 204 000 | 204 000 |
| 合计 | | | | | 160 000 | 409 000 |

注：生产甲乙产品工人工资分配率＝160 000÷16 000＝10。

借：生产成本——甲产品　　100 000
　　　　　　——乙产品　　60 000
　　制造费用　　45 000
　　管理费用　　204 000
　　贷：应付职工薪酬　　409 000

**【例 6-24】** 2×21 年 12 月 31 日，琴岛有限责任公司开出现金支票，从银行提取现金 409 000 元，以备发放工资。

借：库存现金　　409 000
　　贷：银行存款　　409 000

**【例 6-25】** 2×21 年 12 月 31 日，琴岛有限责任公司用现金 409 000 元，发放工资。

借：应付职工薪酬　　409 000
　　贷：库存现金　　409 000

(3) 制造费用的归集和分配。

制造费用是指企业为生产产品和提供劳务而发生的各项间接费用，包括生产车间发生的机物料消耗、管理人员的工资、福利费等职工薪酬、折旧费、办公费、水电费、季节性的停工损失等。制造费用属于应计入产品成本但不专设成本项目的各项成本。

① 制造费用的归集。制造费用归集应当通过"制造费用"账户进行。该账户应按不同车间设置明细账户，按照费用项目设置专栏进行明细分类核算。应当根据有关付款凭证、转账凭证和前述各种成本分配表借记"制造费用"账户，贷记"原材料""应付职工薪酬""累计折旧""银行存款"等账户。

下面举例说明制造费用归集的核算。

**【例 6-26】** 2×21 年 12 月 31 日，琴岛有限责任公司按照固定资产原价规定的折旧率，计算本月应计提的固定资产折旧额为 4 100 元，其中，车间 3 400 元，管理部门 700 元。

借：制造费用　　3 400
　　管理费用　　700
　　贷：累计折旧　　4 100

**【例 6-27】** 2×21 年 12 月 31 日，琴岛有限责任公司以银行存款支付本月的水电费 5 000 元，其中，车间 4 000 元，管理部门 1 000 元。

借：制造费用　　4 000
　　管理费用　　1 000
　　贷：银行存款　　5 000

② 制造费用的分配。生产过程中发生的制造费用在平时发生时归集到"制造费用"账户，月末通过适当的分配方法，根据编制的制造费用分配表，将归集的制造费用分配计入生产产品的成本中，即转入"生产成本"账户，然后根据编制的制造费用分配表编制会计分录。

企业发生的制造费用属于间接费用，所以需要采用一定的标准在各种产品之间进行合理分配，常用的分配标准有生产工人工时比例、生产工人工资比例、机器工时比例、耗用原材料的数量比例等。

$$\text{制造费用的分配率}=\frac{\text{制造费用的总和}}{\text{分配标准之和}}$$

某产品应分配的制造费用＝某产品标准×分配率

下面举例说明制造费用分配的核算。

**【例 6-28】** 2×21 年 12 月 31 日，琴岛有限责任公司本月制造费用共计 13 500 元，编制的制造费用分配表如表 6-4 所示，据该表将制造费用分配计入相关产品成本。

表 6-4 **制造费用分配表** 单位：元

| 项目 | 定额工时 | 制造费用 | |
|---|---|---|---|
| | | 分配率 | 分配金额 |
| 甲产品 | 600 | 10 | 6 000 |
| 乙产品 | 750 | 10 | 7 500 |
| 合计 | 1 350 | | 13 500 |

借：生产成本——甲产品 6 000

——乙产品 7 500

贷：制造费用 13 500

③ 完工产品生产成本的计算。在将制造费用分配由各种产品成本负担之后，生产成本账户的借方归集了各种产品所发生的直接材料、直接工资、其他直接支出和制造费用的全部内容。在此基础上就可以进行产品成本的计算了。产品生产成本的计算应在生产成本明细账中进行。

如果月末不存在未完工产品的情况，各种产品生产成本明细账所归集的费用总额，就是该种完工产品的总成本，用完工产品总成本除以该种产品的完工总产量即可计算出该种产品的单位成本。

如果月末存在未完工产品的情况，各种产品生产成本明细账所归集的费用总额需要采取适当的分配方法在完工产品和在产品之间进行分配，然后根据完工产品的总成本来计算单位成本。

完工产品成本＝期初在产品成本＋本期发生的生产费用－期末在产品成本

④ 完工产品生产成本的结转。在计算出当期完工产品成本后，对验收入库的产成品，应结转成本。根据计算的完工产品成本，应编制产品成本计算单，将完工产品的生产成本从“生产成本”账户的贷方，转入“库存商品”账户的借方。

下面举例说明完工产品成本结转的核算。

**【例 6-29】** 2×21 年 12 月 31 日，琴岛有限责任公司完工产品的产品成本计算单如表 6-5 所示。

表 6-5 **完工产品成本计算单** 单位：元

| 成本项目 | 甲产品 | 乙产品 |
|---|---|---|
| 直接材料 | 60 000 | 2 800 |
| 直接人工 | 50 000 | 30 000 |
| 制造费用 | 3 000 | 3 750 |
| 合计 | 113 000 | 36 550 |
| 产量 | 1 000 | 500 |
| 单位成本 | 113 | 73.1 |

借：库存商品——甲产品　　113 000
　　　　　　——乙产品　　36 550
　贷：生产成本——甲产品　　13 000
　　　　　　　——乙产品　　36 550

6-13 扫一扫练一练

6-14 扫一扫练一练答案

生产过程业务核算示意图如图 6-26 所示，其说明：①企业生产产品领用材料；②企业计算生产产品工人的工资；③归集制造费用（车间一般耗用原材料、车间管理人员工资、车间固定资产折旧）；④分配制造费；⑤结转完工产品成本。

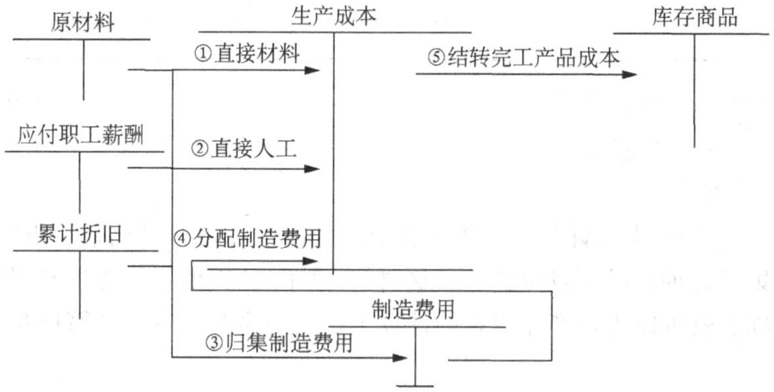


图 6-26　生产过程业务核算示意图

## 6.5 销售过程业务的核算

企业经过了产品生产过程，生产出符合要求、可供对外销售的产品，形成了存货，接下来就要进入销售过程。通过销售过程，企业将生产出来的产品销售出去，实现它们的价值。销售过程是企业经营过程的最后一个阶段。

### 6.5.1 销售过程业务概述

产品制造企业在销售过程中，通过销售产品，按照销售价格收取产品价款，形成商品销售收入。在销售过程中结转的商品销售成本以及发生的运输、包装、广告等销售费用，按照税法的规定计算缴纳的各种销售税金等都应该从销售收入中得到补偿，补偿之后的差额即为企业销售商品的业务成果，即利润或亏损。

企业在销售过程中除了发生销售商品、自制半成品以及提供工业性劳务等业务，还可能发生一些其他业务，如销售材料、出租包装物、出租固定资产等。所以，这一节中主要介绍企业主营业务收支和其他业务收支的核算内容。

### 6.5.2 销售过程业务核算账户的设置

(1)“主营业务收入”账户。该账户的性质是损益类，用来核算企业销售商品和提供工业性劳务所实现的收入的账户。其贷方登记企业实现的主营业务收入即主营业务收入的增加，借方登记发生销售退回和销售折让时应冲减本期的主营业务收入和期末转入“本年利润”账户的主营业务收入(按净额结转),结转后该账户月末应没有余额。“主营业务收入”账户应按照主营业务的种类设置明细账,进行明细分类核算,其账户设置如图 6-27 所示。

**主营业务收入**

| | |
|---|---|
| 主营业务收入的减少或<br>转入“本年利润”账户的净收入 | 主营业务收入的增加 |
| 结转后,期末无余额 | |

图 6-27 “主营业务收入”账户设置示意图

(2)“主营业务成本”账户。该账户的性质是损益类,是用来核算企业主营业务而发生的实际成本及其结转情况的账户。其借方登记主营业务发生的实际成本,贷方登记期末转入“本年利润”账户的主营业务成本。经过结转之后,该账户期末没有余额。“主营业务成本”账户应按照主营业务的种类设置明细账户,进行明细分类核算,其账户设置如图 6-28 所示。

**主营业务成本**

| | |
|---|---|
| 主营业务发生的实际成本 | 转入“本年利润”账户的主营业务成本 |
| 结转后,期末无余额 | |

图 6-28 “主营业务成本”账户设置示意图

(3)“税金及附加”账户。该账户的性质是损益类,用来核算企业经营主要业务(包括销售商品、提供劳务等)而应由主营业务负担的各种税金及附加的计算及其结转情况的账户。其借方登记按照有关的计税依据计算出的各种税金及附加额,贷方登记期末转入“本年利润”账户的税金及附加。经过结转之后,该账户期末没有余额,其账户设置如图 6-29 所示。

**税 金 及 附 加**

| | |
|---|---|
| 计算出的各种税金及附加 | 转入“本年利润”账户的税金及附加 |
| 结转后,期末无余额 | |

图 6-29 “税金及附加”账户设置示意图

(4)“销售费用”账户。该账户的性质是损益类,用来核算企业在销售商品过程中发生的各项销售费用及其结转情况的账户。其借方登记发生的各项销售费用,贷方登记期末转入“本年利润”账户的销售费用,经结转后,该账户期末没有余额。“销售费用”账户应按照费用项目设置明细账户,进行明细分类核算,其账户设置如图 6-30 所示。

销售费用

| | |
|---|---|
| 发生的各项销售费用 | 销售费用的减少<br>或转入“本年利润”账户金额 |
| 结转后，期末无余额 | |

图 6-30 “销售费用”账户设置示意图

(5)“其他业务收入”账户。该账户的性质是损益类，用来核算企业除主营业务的其他业务收入的实现及其结转情况的账户。其贷方登记其他业务收入的实现即增加，借方登记期末转入“本年利润”账户的其他业务收入，经过结转之后，期末没有余额。本账户应按照其他业务的种类设置明细账户，进行明细分类核算，其账户设置如图 6-31 所示。

其他业务收入

| | |
|---|---|
| 其他业务收入的减少或<br>转入“本年利润”账户的净收入 | 其他业务收入的增加 |
| 结转后，期末无余额 | |

图 6-31 “其他业务收入”账户设置示意图

(6)“其他业务成本”账户。该账户的性质是损益类，用来核算企业除主营业务的其他业务支出的发生及其转销情况的账户。其借方登记其他业务支出，包括材料销售成本、提供劳务的成本费用(即其他业务支出的增加)，贷方登记期末转入“本年利润”账户的其他业务成本，经过结转后，期末没有余额。本账户应按照其他业务的种类设置明细账户，进行明细分类核算，其账户设置如图 6-32 所示。

其他业务成本

| | |
|---|---|
| 其他业务发生的实际成本 | 转入“本年利润”账户的其他业务成本 |
| 结转后，期末无余额 | |

图 6-32 “其他业务成本”账户设置示意图

(7)“应收账款”账户。该账户的性质是资产类，用来核算因销售商品和提供劳务等而应向购货单位或接受劳务单位收取货款的结算情况(结算债权)的账户，代购买单位垫付的各种款项也在该账户中核算。其借方登记由于销售商品以及提供劳务等而发生的应收账款(即应收账款的增加)，包括应收取的价款、税款和代垫款等；贷方登记已经收回的应收账款(即应收账款的减少)。期末余额如在借方，表示尚未收回的应收账款。该账户应按不同的购货单位或接受劳务单位设置明细账户，进行明细分类核算，其账户设置如图 6-33 所示。

应收账款

| | |
|---|---|
| 应收账款的增加 | 应收账款的减少 |
| 期末余额：尚未收回的应收账款 | |

图 6-33 "应收账款"账户设置示意图

(8)"预收款项"账户。该账户的性质是负债类，用来核算企业按照合同的规定预收购买单位订货款的增减变动及其结余情况。其贷方登记预收购买单位订货款的增加，借方登记销售实现时冲减的预收货款。期末余额如在贷方，表示企业预收款项的结余额。本账户应按照购货单位设置明细账户，进行明细分类核算，其账户设置如图 6-34 所示。

预收款项

| | |
|---|---|
| 冲销预收的购买单位的款项 | 预收购买单位款项的增加 |
| | 期末余额：尚未结算的预收款项的结余 |

图 6-34 "预收款项"账户设置示意图

下面举例说明主营业务收支和其他业务收支以及其他相关款项结算的核算。

6-15 视频：主营业务收入的账务处理

**【例 6-30】** 2×21 年 12 月 5 日，琴岛有限责任公司向东明公司销售甲产品 80 台，每件售价 600 元，价款共计 48 000 元，增值税 6 240 元，产品已发出，货款收到，存入银行。

借：银行存款【价税合计】 54 240
　　贷：主营业务收入——甲产品【卖价】 48 000
　　　　应交税费——应交增值税(销项税额)【卖价×13%】 6 240

**【例 6-31】** 2×21 年 12 月 8 日，琴岛有限责任公司销售给大明商场甲产品 500 台，单价 600 元，发票注明货款 300 000 元，增值税 39 000 元，合计 339 000 元，货已发出，货款尚未收到。

借：应收账款——大明商城 339 000
　　贷：主营业务收入——甲产品 300 000
　　　　应交税费——应交增值税(销项税额) 39 000

**【例 6-32】** 2×21 年 12 月 14 日，琴岛有限责任公司收到大明商场归还的款项 339 000 元。

借：银行存款 339 000
　　贷：应收账款——大明商城 339 000

**【例 6-33】** 2×21 年 12 月 16 日，琴岛有限责任公司向东方工厂销售乙产品，价税合计 16 950 元，款项尚未收到。

借：应收账款——大明商城 16 950
　　贷：主营业务收入——乙产品 15 000
　　　　应交税费——应交增值税(销项税额) 1 950

**【例 6-34】** 2×21 年 12 月 20 日，琴岛有限责任公司收到正大公司预付的购货款 16 950 元，存入银行。

借：银行存款　　16 950
　　贷：预收账款　　16 950

**案例讨论 6-6**

**琴岛有限责任公司日后发货时，应该如何做账务处理？**

2×21 年 12 月 20 日，琴岛有限责任公司收到正大公司预付的购货款 16 950 元，存入银行。

(1) 23 日，琴岛有限责任公司发出了 15 000 元的货物。

(2) 23 日，琴岛有限责任公司发出了 10 000 元的货物。

(3) 23 日，琴岛有限责任公司发出了 16 000 元的货物。

**【例 6-35】** 2×21 年 12 月 20 日，琴岛有限责任公司用银行存款支付销售产品的广告费 20 000 元。

借：销售费用——广告费　　2 000
　　贷：银行存款　　2 000

**【例 6-36】** 2×21 年 12 月 30 日，琴岛有限责任公司结转本月已销售的甲、乙产品的销售成本。其中，甲产品 20 000 元，乙产品 8 000 元。

借：主营业务成本——甲产品　　20 000
　　　　　　　　——乙产品　　8 000
　　贷：库存商品——甲产品　　20 000
　　　　　　　　——乙产品　　8 000

**【例 6-37】** 2×21 年 12 月 30 日，琴岛有限责任公司根据规定计算本月应缴纳的城市维护建设税 2 884 元，教育费附加 1 236 元。

借：税金及附加　　4 120
　　贷：应交税费——应交城市维护建设税　　2 884
　　　　　　　　——应交教育费附加　　1 236

**【例 6-38】** 2×21 年 12 月 30 日，琴岛有限责任公司出售多余 A 材料一批，售价 20 000 元，增值税税率 13%，材料已发出，款项已存入银行。

借：银行存款　　22 600
　　贷：其他业务收入——A 材料　　20 000
　　　　应交税费——应交增值税(销项税额)　　2 600

**【例 6-39】** 2×21 年 12 月 30 日，琴岛有限责任公司出售多余 A 材料成本为 12 000 元，结转材料的销售成本。

借：其他业务成本——A 材料　　12 000
　　贷：原材料——A 材料　　12 000

销售过程业务核算示意图如图 6-35 所示，其说明：①销售商品及原材料(当即收款和赊销)；②结转销售商品的成本；③结转销售原材料的成本。

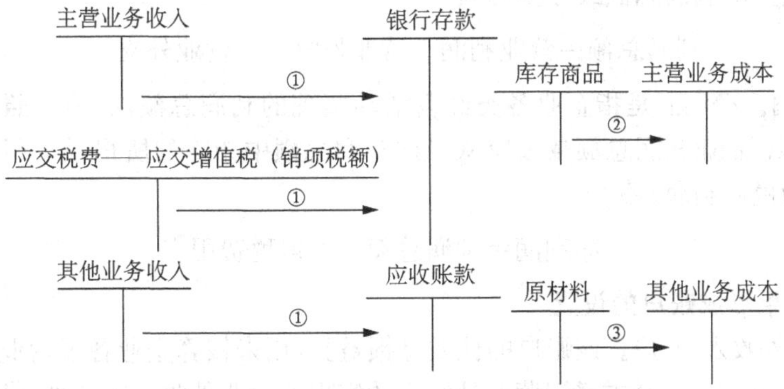


**图6-35　销售过程业务核算示意图**

## 6.6　财务成果形成和分配业务的核算

财务成果是指企业在一定会计期间所实现的最终经营成果，也就是企业所实现的利润或亏损总额。利润是按照配比原则的要求，将一定时期内的收入与费用进行因果配比和期间配比而产生的结果，收入大于费用支出的差额部分为利润，反之则为亏损。利润是综合反映企业在一定时期生产经营成果的重要指标，因此获取利润就成为企业生产经营的主要目的之一。一个企业的获利与否，不仅关系到企业的稳定发展和职工生活水平的提高，而且也会影响到社会的积累与发展。

### 6.6.1　财务成果形成的核算

利润是一个综合指标，它综合了企业在经营过程中的所费与所得。对于利润的确认与计量，是以企业生产经营活动过程中所实现的收入和发生的费用的确认与计量为基础，同时还要包括通过投资活动而获得的投资收益，以及与生产经营活动没有直接关系的营业外收支等。由此可见，反映企业财务成果的利润，就其构成内容来看，既有通过生产经营活动而获得的，也有通过投资活动而获得的，还有那些与生产经营活动没有直接关系的各项收入和支出等。

**1. 利润的构成**

(1) 营业利润。营业利润是指企业日常经营活动所产生的利润，是企业利润总额和净利润的主要来源。

营业利润＝营业收入－营业成本－税金及附加－销售费用－管理费用－研发费用－财务费用＋其他收益＋投资收益(－投资损失)＋净敞口套期收益(－净敞口套期损失)＋公允价值变动收益(－公允价值变动损失)－信用减值损失－资产减值损失＋资产处置收益(－资产处置损失)

其中：

营业收入＝主营业务收入＋其他业务收入

营业成本＝主营业务成本＋其他业务成本

(2) 利润总额。利润总额是指企业通过日常的经营活动实现的营业利润，再加减营业外收支，即为企业的利润总额或亏损总额。

利润总额＝营业利润＋营业外收入－营业外支出

（3）净利润。净利润是指企业各类经营活动实现的利润总额，必须按照税法的规定缴纳所得税。所以，企业利润总额减去应从当期利润总额中扣除的所得税费用后的余额即为净利润，也成为税后利润。

净利润＝利润总额－所得税费用

**2. 财务成果形成账户的设置**

（1）“营业外收入”账户。该账户的性质是损益类，用来核算企业各项营业外收入的实现及其结转情况的账户。其贷方登记营业外收入的实现即营业外收入的增加，借方登记会计期末转入“本年利润”账户的营业外收入，经过结转之后，该账户期末没有余额。“营业外收入”账户应按照收入的具体项目设置明细账户，进行明细分类核算，其账户设置如图 6-36 所示。

**营 业 外 收 入**

| | |
|---|---|
| 转入“本年利润”账户的金额 | 营业外收入的增加 |
| 结转后，期末无余额 | |

**图 6-36 “营业外收入”账户设置示意图**

（2）“营业外支出”账户。该账户的性质是损益类，用来核算企业各项营业外支出的发生及其转销情况的账户。其借方登记营业外支出的发生即营业外支出的增加，贷方登记期末转入“本年利润”账户的营业外支出，经过结转之后，期末没有余额。“营业外支出”账户应按照支出的具体项目设置明细账户，进行明细分类核算，其账户设置如图 6-37 所示。

**营 业 外 支 出**

| | |
|---|---|
| 营业外支出的增加 | 转入“本年利润”账户的金额 |
| 结转后，期末无余额 | |

**图 6-37 “营业外支出”账户设置示意图**

6-16 营业外收入和营业外支出

（3）“所得税费用”账户。该账户的性质是损益类，用来核算企业按照有关规定应在当期损益中扣除的所得税费用的计算及其结转情况的账户。其借方登记按照应纳税所得额计算出的所得税费用额，贷方登记期末转入“本年利润”账户的所得税费用额，经过结转之后，该账户期末没有余额。

**所 得 税 费 用**

| | |
|---|---|
| 计算出的所得税费用 | 转入“本年利润”账户的金额 |
| 结转后，期末无余额 | |

**图 6-38 “所得税费用”账户设置示意图**

## 知识拓展 6-4

### 所 得 税

所得税是企业按照税法的有关规定，对企业某一经营年度实现的经营所得和其他所得，按照规定的所得税税率计算缴纳的一种税款。所得税是企业使用政府所提供的各种服务而向政府应尽的义务。

企业的所得税通常是按年计算，分期预交，年末汇算清缴的，其计算公式为：

所得税额＝应纳税所得额×所得税税率

应纳税所得额＝利润总额＋所得税前利润中予以调整的项目

公式中的所得税前利润中予以调整的项目包括纳税调整增加项目和纳税凋整减少项目两部分。纳税调整增加项目主要包括税法规定允许扣除项目，即企业已计入当期费用但超过税法规定扣除标准的金额，如超过税法规定标准的工资支出、业务招待费支出、税收罚款滞纳金、捐赠支出等；纳税调整减少项目主要包括按税法规定允许弥补的亏损和准予免税的项目，如5年内未弥补完的亏损、国债的利息收入等。

由于纳税调整项目的内容比较复杂，在本课程中，为了简化核算，我们一般假设纳税调整项目为零，就可以以会计上的利润总额为基础计算所得税额。企业的所得税税率通常为25%。所得税额的计算公式为：

所得税额＝利润总额×所得税税率

(4)“本年利润”账户。该账户的性质是所有者权益类，用来核算企业一定时期内净利润的形成或亏损的发生情况的账户。其贷方登记会计期末转入的各项收入，包括主营业务收入、其他业务收入、投资净收益、公允价值变动收益、资产处置收益和营业外收入等，借方登记会计期末转入的各项支出，包括主营业务成本、其他业务成本、税金及附加、管理费用、财务费用、销售费用、投资净损失、公允价值变动损失、资产减值损失、资产处置损失、营业外支出和所得税费用等。该账户年内期末余额如果在贷方，表示实现的累计净利润，如果在借方，表示累计发生的亏损。年末应将该账户的余额转入“利润分配”账户，经过结转之后，该账户年末没有余额。

本 年 利 润

| | |
|---|---|
| 期末转入的各项支出 | 期末转入的各项收入 |
| 累计发生的亏损<br>结转后，期末无余额 | 累计净利润 |

图6-39 “本年利润”账户设置示意图

下面举例说明期间费用的核算。

**【例6-40】** 2×21年12月20日，琴岛有限责任公司管理部门员工张某出差，预借差旅费3 000元，现金支票给付。

借：其他应收款——张某　　3 000
　　贷：银行存款　　3 000

**【例6-41】** 2×21年12月23日，该员工出差归来报销2 600元，退回现金400元。

借：管理费用　　2 600
　　库存现金　　400
　　贷：其他应收款——张某　　3 000

下面举例说明营业外收支的核算。

**【例6-42】** 2×21年12月25日，琴岛有限责任公司收到利和公司合同违约罚款30 000元，存入银行。

借：银行存款　　30 000
　　贷：营业外收入　　30 000

**【例6-43】** 2×21年12月25日，琴岛有限责任公司通过银行存款转账50 000元捐赠希望小学。

借：营业外支出　　50 000
　　贷：银行存款　　50 000

下面举例说明利润总额形成的核算。

6-17视频：结转损益的账务处理

**【例6-44】** 2×21年12月31日，琴岛有限责任公司有关损益类账户发生额分别为：主营业务收入2 274 000元、其他业务收入134 000元、营业外收入164 080元、主营业务成本1 526 400元、其他业务成本25 680元、管理费用395 690元、财务费用2 500元、销售费用46 810元、营业外支出20 000元。编制期末结转的会计分录。

结转收入类账户：

借：主营业务收入　　2 274 000
　　其他业务收入　　134 000
　　营业外收入　　164 080
　　贷：本年利润　　2 572 080

结转费用类账户：

借：本年利润　　2 017 080
　　贷：主营业务成本　　1 526 400
　　　　其他业务成本　　25 680
　　　　管理费用　　395 690
　　　　财务费用　　2 500
　　　　销售费用　　46 810
　　　　营业外支出　　20 000

利润总额＝2 572 080－2 017 080＝555 000(元)

下面举例说明所得税费用的核算。

**【例6-45】** 2×21年12月31日，琴岛有限责任公司适用的所得税税率为25%，计算当期应缴纳的所得税费用。

应交所得税＝555 000×25%＝138 750(元)

借：所得税费用　　138 750

　贷：应交税费——应交所得税　　138 750

【例 6-46】 2×21 年 12 月 31 日，琴岛有限责任公司开出支票，交纳当期所得税。

借：应交税费——应交所得税　　138 750

　贷：银行存款　　138 750

下面举例说明净利润形成的核算。

【例 6-47】 结转当期的所得税费用。

借：本年利润　　138 750

　贷：所得税费用　　138 750

结转后，所得税账户余额为零，净利润(税后利润)＝555 000－138 750＝416 250(元)

财务成果形成核算示意图如图 6-40 所示，其说明：①期末结转收入类账户；②期末结转费用类账户。

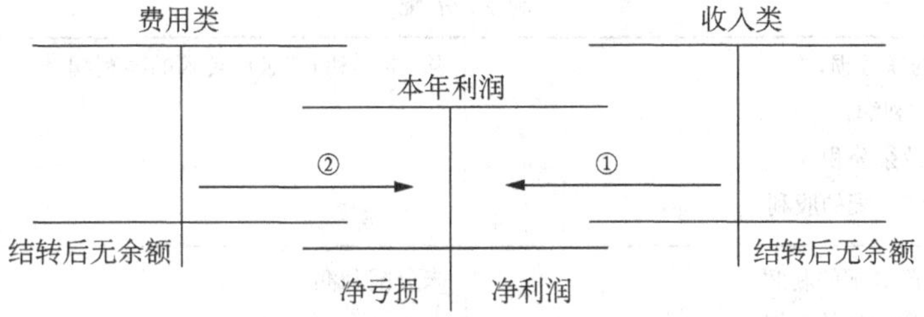


**图 6-40 财务成果形成核算示意图**

## 6.6.2 财务成果分配的核算

财务成果的分配即利润的分配，就是企业根据法律、董事会或类似权力机构提请股东大会或类似批准机构批准的、对企业可供分配利润指定其特定用途和分配给投资者的行为。

**1. 利润分配的顺序**

企业实现的净利润，应按照国家的规定和投资者的决议进行合理的分配。企业净利润的分配涉及各个方面的利益关系，包括投资人、企业以及企业内部职工的经济利益，所以必须遵循兼顾投资人利益、企业利益以及企业职工利益的原则对净利润进行分配。根据《公司法》等有关法律、法规的规定，企业当年实现的净利润，先应弥补以前年度尚未弥补的亏损，对于剩余部分，应按照下列顺序进行分配：

(1) 提取法定盈余公积。法定盈余公积应按照本年实现净利润的一定比例提取，公司制企业按净利润的 10%提取；其他企业可以根据需要确定提取比例，但不得低于 10%。企业提取的法定盈余公积累计额超过注册资本 50%以上的，可以不再提取。

(2) 提取任意盈余公积。公司从税后利润中提取法定盈余公积后，经股东会或者股东大会决议，还可以从税后利润中提取任意盈余公积。非公司制企业经类似权力机构批准，也可提取任意盈余公积。

(3) 向投资者分配利润或股利。企业实现的净利润在扣除上述项目后，再加上年初未分配利润和其他转入数(公积金弥补的亏损等)，形成可供投资者分配的利润。

利润经过上述分配之后，剩余的部分为企业的未分配利润(或未弥补亏损)，未分配利润是企业留待以后年度进行分配的利润或等待分配的利润，它是所有者权益的一个重要组成部分。相对于所有者权益的其他部分来说，企业对于未分配利润的使用分配有较大的自主权。

6-18 思政课堂：未分配利润的税务风险

**2. 财务成果分配账户的设置**

为了核算企业利润分配的具体过程及结果，全面贯彻企业利润分配政策，以便于更好地进行利润分配业务的核算，企业需要设置以下几个账户。

(1)“利润分配”账户。该账户的性质是所有者权益类，用来核算企业一定时期内净利润的分配或亏损的弥补以及历年结存的未分配利润（或未弥补亏损）情况的账户。其借方登记实际分配的利润，包括提取的盈余公积金和分配给投资人的利润以及年末从“本年利润”账户转入的全年累计亏损；贷方登记年末从“本年利润”账户转入的全年实现的净利润。年内期末余额如果在借方，表示已分配的利润，年末余额如果在借方，表示未弥补的亏损；期末余额如果在贷方，表示未分配利润。“利润分配”账户设置如图 6-41 所示。

**利润分配**

| | |
|---|---|
| 年末转入的净亏损；<br>实际分配的利润：<br>① 提取的盈余公积<br>② 向投资者分配的股利 | 从“本年利润”账户转入的净利润 |
| 年内余额：已分配的利润<br>年末余额：为弥补的亏损 | 未分配利润 |

**图 6-41 “利润分配”账户设置示意图**

(2)“盈余公积”账户。该账户的性质是所有者权益类，用来核算企业从税后利润中提取的盈余公积包括法定盈余公积、任意盈余公积的增减变动及其结余情况的账户。其贷方登记提取的盈余公积（即盈余公积的增加），借方登记实际使用的盈余公积（即盈余公积的减少）。期末余额在贷方，表示结余的盈余公积。“盈余公积”账户应设置“法定盈余公积”“任意盈余公积”科目，其账户设置如图 6-42 所示。

**盈余公积**

| | |
|---|---|
| 盈余公积的减少 | 盈余公积的增加 |
| | 期末余额：结余的盈余公积 |

**图 6-42 “盈余公积”账户设置示意图**

(3)“应付股利”账户。该账户的性质是负债类，用来核算企业按照董事会或股东大会决议分配给投资人股利（现金股利）或利润的增减变动及其结余情况的账户。其贷方登记应付给投资人股利（现金股利）或利润的增加，借方登记实际支付给投资人的股利（现金股利）或利润即应付股利的减少。期末余额在贷方，表示尚未支付的股利（现金股利）或利润。这里需要注意的是企业分配给投资人的股票股利不在本账户核算。“应付股利”账户设置如图 6-43 所示。

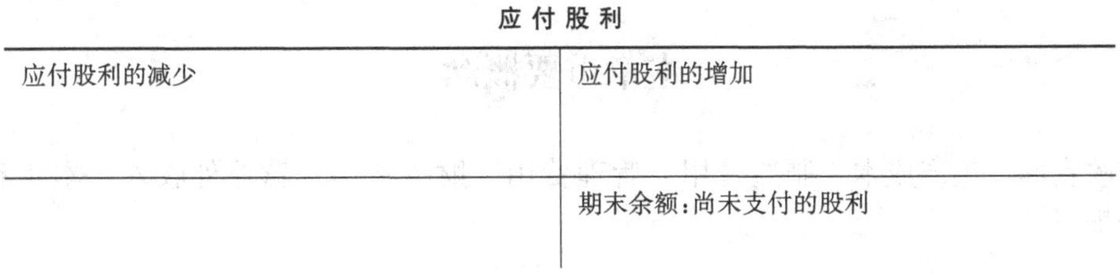


图 6-43 “应付股利”账户设置示意图

下面举例说明利润分配业务的核算。

【例 6-48】 2×21 年 12 月 31 日，经计算琴岛有限责任公司本年实现的净利润为 416 250 元，结转本期实现的净利润。

借：本年利润　　416 250

　贷：利润分配　　416 250

【例 6-49】 2×21 年 12 月 31 日，琴岛有限责任公司按净利润的 10%提取法定盈余公积。

借：利润分配　　41 625

　贷：盈余公积——法定盈余公积　　41 625

【例 6-50】 2×21 年 12 月 31 日，琴岛有限责任公司经股东大会决议，向投资者分配 50 000 元现金股利。

借：利润分配　　50 000

　贷：应付股利　　50 000

期末未分配利润＝416 250－41 625－50 000＝324 625(元)

财务成果分配核算示意图如图 6-44 所示，其说明：①期末结转本年利润账户；②计提盈余公积；③分配现金股利。

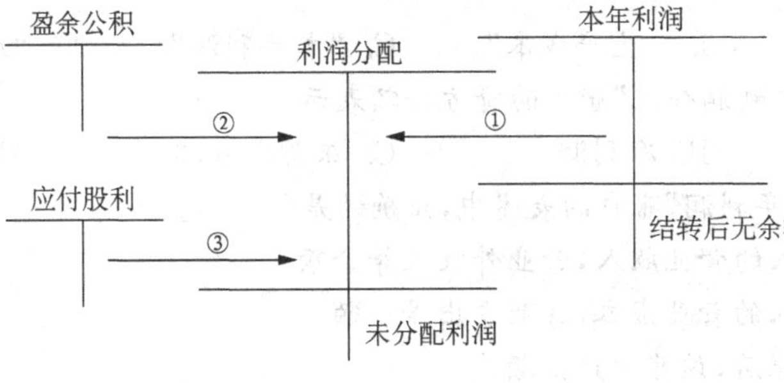


图 6-44 财务成果分配核算示意图

6-19 扫一扫练一练

## 本章小结

本章主要讲解了制造业企业依次从资金筹集、供应、生产、销售以及财务成果的形成和分配这五个环节所涉及的主要账户及相关的会计核算。

6-20 扫一扫练一练答案

## 本章重要概念

实收资本　生产成本　制造费用　管理费用　财务费用　营业外收入　本年利润　利润分配

## 本 章 练 习

6-21 扫一扫看课件

### 一、单选题

1. 企业接受固定资产投资，除了应记入“固定资产”账户和“实收资本”账户，还可能涉及的账户是(　　)。

A. 累计折旧　　B. 资本公积　　C. 盈余公积　　D. 其他业务收入

2. 下列关于“生产成本”账户的表述中，正确的是(　　)。

A. “生产成本”账户期末肯定无余额

B. “生产成本”账户期末若有余额，肯定在借方

C. “生产成本”账户的余额代表已完工产品的成本

D. “生产成本”账户的余额代表本期发生的生产费用总额

3. 下列项目中，不应记入“财务费用”账户的是(　　)。

A. 利息支出　　B. 汇兑损失

C. 支付金融机构手续费　　D. 财务会计人员工资

4. 职工预借差旅费应借记(　　)账户。

A. “其他应收款”　　B. “应收账款”　　C. “预付款项”　　D. “管理费用”

5. 企业发生的间接费用应先在“制造费用”账户归集，期末再按一定的标准和方法分配计入(　　)账户。

A. “管理费用”　　B. “生产成本”　　C. “本年利润”　　D. “库存商品”

6. 年末结转后，“利润分配”账户的贷方余额表示(　　)。

A. 未分配利润　　B. 净利润　　C. 未弥补亏损　　D. 利润总额

7. 下列关于“本年利润”账户的表述中，正确的是(　　)。

A. 借方登记转入的营业收入，营业外收入等金额

B. 贷方登记转入的营业成本，营业支出等金额

C. 年度终了结账后，该账户无余额

D. 全年的任何一个月末都不应有余额

8. 下列属于“营业外支出”账户核算内容的是(　　)。

A. 行政管理人员的工资　　B. 各种销售费用

C. 借款的利息　　D. 罚款的支出

9. 下列属于其他业务收入的是(　　)。

A. 捐赠收入　　B. 投资收益

C. 清理固定资产净收益　　D. 销售材料收入

10. 购进一台设备，买价 10 000 元，运输费 1 200 元，包装费 800 元，增值税进项税额

1 300 元。该设备的入账价值是(　　)元。

A. 10 000　　B. 12 000　　C. 13 300　　D. 11 200

## 二、多选题

1. 下列会计科目中,可能成为“本年利润”账户的对应科目的有(　　)。

A.“管理费用”　　B.“所得税费用”　　C.“利润分配”　　D.“制造费用”

2. 计提固定资产折旧时,下列账户可能被涉及的有(　　)。

A.“固定资产”　　B.“累计折旧”　　C.“制造费用”　　D.“管理费用”

3. 下列项目中,应记入“营业外支出”账户的有(　　)。

A. 广告费　　B. 借款利息　　C. 罚款的支出　　D. 捐赠支出

4. 下列费用中,应计入产品成本的有(　　)。

A. 直接用于产品生产,构成产品实体的材料

B. 直接从事产品生产的工人的工资

C. 按照生产工人工资的一定比例计提的职工福利费

D. 车间管理人员的工资及福利费

5. 以下税费可能记入“税金及附加”账户核算的有(　　)。

A. 房产税　　B. 车船税　　C. 土地使用税　　D. 印花税

## 三、判断题

1. 制造费用和管理费用都应当在期末转入“本年利润”账户。(　　)

2. 生产工人工资应借记“生产成本”账户,车间管理人员工资应借记“制造费用”账户。(　　)

3. 计提短期借款的利息,应贷记“预付账款”账户。(　　)

4. “固定资产”账户只反映固定资产的原值。(　　)

5. 企业计提的法定盈余公积不得超过注册资本 55%。(　　)

## 四、账务处理题

某公司 2×21 年 12 月发生如下业务,运用借贷记账法编制会计分录。

(1) 收到某集团投资的设备一台,原值 1000 000 元,双方协商的价值 800 000 元。

(2) 向银行借入 6 个月期借款 10 000 元,存入银行。

(3) 从某工厂购进甲材料一批,价值 10 000 元,运杂费 500 元,增值税税率为 13%,货款尚未支付,材料尚未验收入库。

(4) 用银行存款支付上月所欠货款 20 000 元。

(5) 根据发出甲材料汇总表分配材料费用,其中:A 产品耗用 10 000 元,B 产品耗用 20 000 元,车间一般耗用 4 000 元,厂部一般耗用 2 000 元。

(6) 按照规定计提本月固定资产的折旧费,其中车间固定资产应提 40 000 元,企业管理部门应提 30 000 元。

(7) 从银行提取现金 5000 元备用。

(8) 根据工资结算单分配工资费用,其中:生产 A 产品的工人工资 10 000 元,生产 B 产

品的工人工资20 000元，车间管理人员的工资7 000元，厂部管理人员的工资15 000元。

(9) 将本月发生的制造费用按A、B产品工资比例进行分配。

(10) 本月A、B产品全部完工入库，结转完工入库A、B产品成本。

(11) 收到对方公司违约罚款20 000元，存入银行。

(12) 开出转账支票支付商品促销费6 000元。

(13) 本企业销售B产品2000件，每件售价100元，增值税税率为13%，款项已收到并存入银行。

(14) 结转已销B产品的成本100 000元。

(15) 结转本年实现的净利润140 000元。

# 第7章　财务会计报告

- 内容简介
- 学习目的和要求
- 知识框架
- 7.1　财务会计报告概述
- 7.2　资产负债表
- 7.3　利润表
- 7.4　现金流量表
- 7.5　所有者权益变动表
- 7.6　财务报表附注
- 7.7　财务报表分析
- 本章小结
- 本章重要概念
- 本章练习

## 内容简介

本章主要讲解了财务报表的编制方法、目标,资产负债表、利润表、现金流量表、所有者权益变动表的编制方法及财务报表分析的基本方法。财务报表是企业财务状况、经营成果和现金流量的结构性表述。企业编制财务报表的目标是向财务报表使用者提供与企业财务状况、经营成果和现金流量等有关的会计信息,反映企业管理层受托责任履行情况,其有助于财务报表使用者作出经济决策。一套完整的财务报表包括资产负债表、利润表、现金流量表、所有者权益(或股东权益)变动表和附注。财务报表分析的基本方法包括比较分析法、比率分析法、趋势分析法和因素分析法。财务比率分析可以从偿债能力、盈利能力和营运能力等方面对企业财务状况的各种比率进行分析。

## 学习目的和要求

通过本章学习,学生应掌握资产负债表、利润表的编制;熟悉财务报表附注揭示的内容及财务报表编制的一般要求;了解现金流量表、所有者权益变动表的编制方法及财务会计报告的意义和种类;掌握财务报表分析的基本方法和财务比率分析,了解杜邦分析法。

## 知识框架

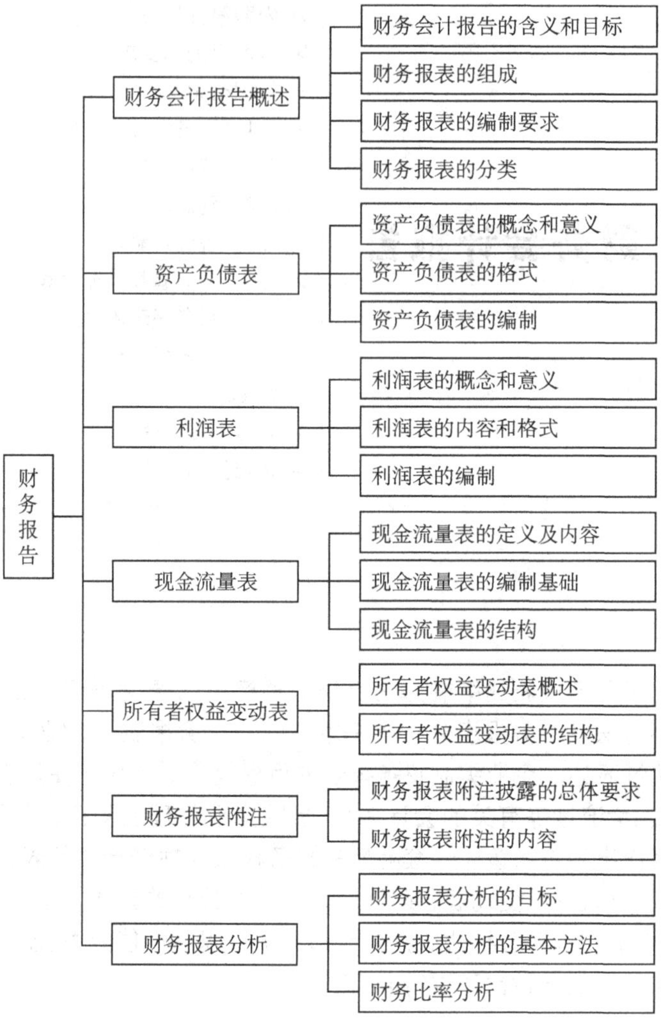


## 思政育人

### 出具虚假审计报告，会计师事务所受到法律惩处

2017年5月，中国证券监督委员会（以下简称“中国证监会”）发布公告称，立信会计师事务所（特殊普通合伙）为浙江步森服饰股份有限公司与广西康华农业股份有限公司（以下简称“康华农业”）重大资产重组出具康华农业2011年、2012年、2013年和2014年1月至4月（以下简称“三年又一期”）财务报表审计报告，在审计过程中未勤勉尽责，出具的审计报告存在虚假记载，立信会计师事务所被没收业务收入45万元，并处以45万元罚款。同时，中国证监会对两名责任人给予警告，并分别处以6万元罚款。

中国证监会《行政处罚决定书》（〔2016〕21号）认定，康华农业2011年、2012年、2013年和2014年1月至4月虚构对广西万里种业有限公司（以下简称“万里种业”）销售收入12 068 133元、12 008 957.8元、12 203 897元、9 579 332元；2012年、2013年虚构应收万里种业款项889 915元、776 000元；2012年、

2013 年虚构应收三亚金稻谷南繁种业有限公司（以下简称“金稻谷”）款项 1 762 182 元、2 007 900 元。

康华农业 2011 年虚增银行存款 163 948 934.5 元，2012 年虚增银行存款 309 704 967.33 元，2013 年虚增银行存款 418 598 990.8 元，2014 年 1 月至 4 月虚增银行存款 498 034 904.17 元。

立信会计师事务所在实施应收款项函证审计程序时，康华农业提供的万里种业、金稻谷收件地址与立信所网络查询的上述公司工商注册登记地址不一致，立信会计师事务所按照康华农业提供的地址向上述公司寄发询证函，并在审计工作底稿记录“询证地址为该公司办公地址，走访时已核实，工商注册地与其不一致”。之后，立信会计师事务所收到上述客户确认康华农业账面应收账款余额、销售收入数额信息无误的回函。经查，立信会计师事务所康华农业审计项目人员未走访过上述公司。

立信会计师事务所审计函证康华农业账面主要银行账户广西桂林漓江农村合作银行榕湖支行账户 2011 年、2012 年、2013 年年末和 2014 年 4 月末银行存款金额时，银行回函确认的康华农业该账户 2011 年年末银行存款金额与康华农业账面金额相差 62 777 843.86 元。对该不符事项，立信会计师事务所核对康华农业账面金额与康华农业提供的银行对账单金额后，对康华农业账面金额予以了确认，未进一步实施恰当的审计程序。

根据事务所及当事人违法行为的事实、性质、情节与社会危害程度，依据《中华人民共和国证券法》第二百二十三条的规定，中国证监会决定：没收立信所业务收入 45 万元，并处以 45 万元罚款；对主要负责人给予警告，并分别处以 6 万元罚款。

该案例中康华农业为什么虚构收入？这种做法会造成什么样的影响？

（资料来源：https://www.sohu.com/a/144865817_161623）

# 7.1 财务会计报告概述

## 7.1.1 财务会计报告的含义和目标

财务会计报告是企业对外提供的反映某一特定日期财务状况和某一会计期间的经营成果、现金流量等会计信息的文件，包括财务报表和其他应当在财务会计报告中披露的相关信息和资料。

企业编制财务会计报告的目标，是向财务会计报告使用者提供与企业财务状况、经营成果和现金流量等有关的会计信息，反映企业管理层受托责任的履行情况，有助于财务报表使用者作出经济决策。

7-1 视频：财务会计报告内涵

财务会计报告使用者通常包括投资者、债权人、政府及其有关部门和社会公众等。

## 7.1.2 财务报表的组成

财务报表是对企业财务状况、经营成果和现金流量的结构性表述。一套完整的财务报表至少应当包括资产负债表、利润表、现金流量表、所有者权益（或股东权益）变动表和附注。

资产负债表、利润表和现金流量表分别从不同角度反映企业的财务状况、经营成果和现金流量。资产负债表反映企业在某一特定日期所拥有的资产、需偿还的债务以及股东（投资者）拥有的净资产情况；利润表反映企业在一定会计期间的经营成果，即利润或亏损的情况，表明了企业运用所拥有的资产的获利能力；现金流量表反映企业在一定会计期间现金和现金等价物流入和流出的情况。

所有者权益（或股东权益）变动表反映构成所有者权益的各组成部分当期的增减变动情况。企业的净利润及其分配情况是所有者权益变动的组成部分，相关信息已经在所有者权益变动表及其附注中反映，企业不需要再单独编制利润分配表。

附注是财务报表不可或缺的组成部分，是对在资产负债表、利润表、现金流量表和所有者权益变动表等报表中列示项目的文字描述或明细资料，以及对未能在这些报表中列示项目的说明等。

### 7.1.3 财务报表的编制要求

为了充分发挥财务报表的作用，财务报表的种类、格式、内容和编制方法，都应由财政部统一制定，企业应严格地按照统一规定填制和上报，才能保证财务报表口径一致，便于各有关部门利用财务报表，了解、考核和管理企业的经济活动。为确保财务报表质量，编制财务报表必须符合以下要求。

**1. 数字真实**

根据客观性原则，企业财务报表所填列的数字必须真实可靠，能准确地反映企业的财务状况和经营成果。不得以估计数字填列财务报表，更不得弄虚作假、篡改伪造数字。为了确保财务报表的数字真实准确，应做到如下几点：

(1) 报告期内所有的经济业务必须全部登记入账，应根据核对无误的账簿记录编制财务报表，不得用估计数字编制财务报表，不得弄虚作假，不得篡改数字。

(2) 在编制财务报表之前，应认真核对账簿记录，做到账证相符、账账相符。发现有不符之处，应先查明原因，加以更正，再据以编制财务报表。

(3) 企业应定期进行财产清查，对各项财产物资、货币资金和往来款项进行盘点、核实，在账实相符的基础上编制财务报表。

(4) 在编制财务报表时，要核对财务报表之间的数字，有勾稽关系的数字应认真核对；本期财务报表与上期财务报表之间的数字应相对衔接一致、本年度财务报表与上年度财务报表之间相关指标数字应衔接一致。

**2. 内容完整**

财务报表中各项指标和数据是相互联系、相互补充的，必须按规定填列齐全、完整。不论主表、附表或补充资料，都不能漏填、漏报。各财务报表之间、项目之间凡有对应关系的项目的数据，应该相互一致，做到表表相符。

**3. 计算正确**

财务报表上的各项指标，都必须按《企业会计准则》和《企业会计制度》中规定的口径填列，不得任意删减或增加，凡需经计算填列的指标，应按以上准则和制度所规定的公式计算填列。

**4. 编制及时**

企业应按规定的时间编制财务报表，及时逐级汇总，以便报表的使用者及时、有效地利用财务报表资料。为此，企业应科学地组织好会计的日常核算工作，选择适合本企业具体情况的会计核算组织程序，认真做好记账、算账、对账和按期结账工作。

### 7.1.4 财务报表的分类

财务报表可以按照不同的标准进行分类。

**1. 财务报表按反映的经济内容不同的分类**

财务报表按反映的经济内容不同,可分为静态报表和动态报表。静态报表反映的是某一特定时点上的财务状况,如资产负债表;动态报表反映的是企业某一时期的经营成果或者现金流量,如利润表、现金流量表。

**2. 按财务报表编报期间不同的分类**

按财务报表编报期间的不同,可以分为中期财务报表和年度财务报表。中期财务报表是以短于一个完整会计年度的报告期间为基础编制的财务报表,包括月报、季报和半年报等。中期财务报表至少应当包括资产负债表、利润表、现金流量表和附注,其中,资产负债表、利润表和现金流量表应当是完整报表,其格式和内容应当与年度财务报表相一致。与年度财务报表相比,中期财务报表中的附注披露可适当简略。

**3. 按财务报表编报主体不同的分类**

按财务报表编报主体不同的分类,其可以分为个别财务报表和合并财务报表。个别财务报表是由企业在自身会计核算基础上对账簿记录进行加工而编制的财务报表,它主要用以反映企业自身的财务状况、经营成果和现金流量情况。合并财务报表是以母公司和子公司组成的企业集团为会计主体,根据母公司和所属子公司的财务报表,由母公司编制的综合反映企业集团财务状况、经营成果及现金流量的财务报表。

## 7.2 资产负债表

### 7.2.1 资产负债表的概念和意义

**1. 资产负债表的概念**

资产负债表是指反映企业在某一特定日期(月末、季末或年末)的财务状况的报表。它是根据"资产=负债+所有者权益"这一会计等式,按照一定的编制要求编制而成的。资产负债表是企业财务报表体系中的主要报表,它是揭示企业在一定时点上财务状况的静态报表。

**2. 资产负债表的意义**

资产负债表能够提供资产、负债和所有者权益的全貌。资产负债表可以提供某一日期资产的总额,表明企业拥有或控制的经济资源及其分布情况,是分析企业生产经营能力的重要资料;可以反映某一日期的负债总额以及结构,表明企业未来需用多少资产或劳务清偿债务;可以反映所有者权益的情况,表明投资者在企业资产中所占的份额,了解权益的结构情况;能够提供进行财务分析的基本资料,通过资产负债表可以计算流动比率、速动比率、资产负债率、产权比率等指标,以了解企业的偿债能力等。

**知识拓展 7-1**

**资产负债表可以生成的经济指标**

资产负债表所反映的期初、期末数据,通过计算可以生成反映企业财务状况的重要指标,这些指标对于了解、掌握企业的发展状况具有重要意义,有助于报表使用者作出相关决策。例如，利用流动资产合计和流动负债合计可以计算生成流动比率，利用速动资产与流动负债合计可以计算生成速动比率，利用资产总额和负债总额可以计算生成资产负债率，利用负债总额与所有者权益总额可以计算生成产权比率等，反映企业短期和长期偿债能力。又如，资产负债表的期末、期初数据变动可以反映企业财务状况的变动趋势，利用期初、期末固定资产总额可以计算分析企业固定资产投资的扩张程度；利用期初、期末所有者权益总额可以计算分析资本保值增值率等。

### 7.2.2 资产负债表的格式

7-2 视频：资产负债表的结构

资产负债表的格式分为账户式和报告式两种。

**1. 账户式资产负债表**

账户式资产负债表是将表内项目分左、右两方，左方为资产项目，大体按资产的流动性大小排列。右方为负债及所有者权益项目，一般按要求清偿时间的先后顺序排列。资产各项目的合计等于负债和所有者权益项目金额的合计。

资产负债表的基本格式和内容如表 7-1 所示。

表 7-1　　**资产负债表**　　会企 01 表

编制单位：　　年　月　日　　单位：元

| 资产 | 期末余额 | 上年年末余额 | 负债和股东权益 | 期末余额 | 上年年末余额 |
|---|---|---|---|---|---|
| 流动资产： | | | 流动负债： | | |
| 货币资金 | | | 短期借款 | | |
| 交易性金融资产 | | | 交易性金融负债 | | |
| 衍生金融资产 | | | 衍生金融负债 | | |
| 应收票据 | | | 应付票据 | | |
| 应收账款 | | | 应付账款 | | |
| 应收款项融资 | | | 预收款项 | | |
| 预付款项 | | | 合同负债 | | |
| 其他应收款 | | | 应付职工薪酬 | | |
| 存货 | | | 应交税费 | | |
| 合同资产 | | | 其他应付款 | | |
| 持有待售资产 | | | 持有待售负债 | | |
| 一年内到期的非流动资产 | | | 一年内到期的非流动负债 | | |
| 其他流动资产 | | | 其他流动负债 | | |
| 流动资产合计 | | | 流动负债合计 | | |
| 非流动资产： | | | 非流动负债： | | |
| 债权投资 | | | 长期借款 | | |
| 其他债权投资 | | | 应付债券 | | |
| 长期应收款 | | | 其中：优先股 | | |

（续表）

| 资产 | 期末余额 | 上年年末余额 | 负债和股东权益 | 期末余额 | 上年年末余额 |
|---|---|---|---|---|---|
| 长期股权投资 | | | 永续债 | | |
| 其他权益工具投资 | | | 租赁负债 | | |
| 其他非流动金融资产 | | | 长期应付款 | | |
| 投资性房地产 | | | 预计负债 | | |
| 固定资产 | | | 递延收益 | | |
| 在建工程 | | | 递延所得税负债 | | |
| 生产性生物资产 | | | 其他非流动负债 | | |
| 油气资产 | | | 非流动负债合计 | | |
| 使用权资产 | | | 负债合计 | | |
| 无形资产 | | | 所有者权益(或股东权益) | | |
| 开发支出 | | | 实收资本(或股本) | | |
| 商誉 | | | 其他权益工具 | | |
| 长期待摊费用 | | | 其中:优先股 | | |
| 递延所得税资产 | | | 永续债 | | |
| 其他非流动资产 | | | 资本公积 | | |
| 非流动资产合计 | | | 减:库存股 | | |
| | | | 其他综合收益 | | |
| | | | 专项储备 | | |
| | | | 盈余公积 | | |
| | | | 未分配利润 | | |
| | | | 所有者权益(或股东权益)合计 | | |
| 资产总计 | | | 负债及所有者权益(或股东权益)总计 | | |

根据我国《企业会计准则》的规定，企业的资产负债表格式一般采用账户式。

**2. 报告式资产负债表**

报告式资产负债表是将资产负债表的项目自上而下排列，顺序列示资产、负债、所有者权益数额，使用的是“资产－负债＝所有者权益”的会计平衡公式。其简化格式如表7-2所示。

表7-2　**资产负债表**

编制单位：　年　月　日　单位:元

| 项　目 | 金　额 |
|---|---|
| 资产<br>流动资产<br>非流动资产<br>资产合计 | |

（续表）

| 项　　目 | 金　　额 |
| --- | --- |
| 负债 | |
| 　流动负债 | |
| 　非流动负债 | |
| 负债合计 | |
| 所有者权益 | |
| 　实收资本 | |
| 　资本公积 | |
| 　减：库存股 | |
| 　其他综合收益 | |
| 　盈余公积 | |
| 　未分配利润 | |
| 所有者权益合计 | |
| 负债和所有者权益合计 | |

### 7.2.3　资产负债表的编制

7-3 视频：资产负债表的编制

**1. 资产负债表"上年年末余额"栏的填列方法**

资产负债表各项目均需填列"上年年末余额"和"期末余额"两栏。本表的"上年年末余额"栏通常根据上年年末有关项目的期末余额填列，且与上年年末资产负债表"期末余额"栏一致。

企业在首次执行新准则时，应当按照《企业会计准则第 38 号——首次执行企业会计准则》对首次执行新准则当年的"上年年末余额"栏及相关项目进行调整；以后期间，如果企业发生了会计政策变更、前期差错更正，应当对"上年年末余额"栏中的有关项目进行相应调整。此外，如果企业上年度资产负债表规定的项目名称和内容与本年度不一致，应当对上年年末资产负债表相关项目的名称和数字按照本年度的规定进行调整，填入"上年年末余额"栏。

**2. 资产负债表"期末余额"栏的填列方法**

资产负债表"期末余额"栏内各项数字，一般应根据资产、负债和所有者权益类账户的期末余额填列，主要有以下几种填列方法：

(1) 根据总账账户余额填列。"短期借款""应付票据""应付职工薪酬"等项目，根据"短期借款""应付票据""应付职工薪酬"各总账账户的余额直接填列；有些项目则需根据几个总账账户的期末余额计算填列，如"货币资金"项目，需根据"库存现金""银行存款""其他货币资金"三个总账账户的期末余额的合计数填列。

**【例 7-1】** 琴岛有限责任公司 2×21 年 12 月 31 日结账后的"库存现金"账户余额为 20 000 元，"银行存款"账户余额为 2 000 000 元，"其他货币资金"账户余额为 50 000 元。

该公司 2×21 年 12 月 31 日资产负债表中的"货币资金"项目金额为：

20 000＋2 000 000＋50 000＝2 070 000(元)

[例 7-1]中，企业应当按照"库存现金""银行存款"和"其他货币资金"三个总账账户余额加总后的金额，作为资产负债表中"货币资金"项目的金额。

(2) 根据有关明细账户的余额计算填列。"应付账款"项目需要根据"应付账款"和"预付账款"所属的相关明细账户的期末贷方余额计算填列；"应收账款"项目需要根据"应收账款"和"预收账款"所属的相关明细账户的期末借方余额计算填列。

**相关思考 7-1**

**资产负债表中“应收账款”账户应如何填列？**

某企业年末“应收账款”账户的借方余额为650万元，其中，“应收账款”账户的借方余额为850万元，贷方余额为200万元，年末计提坏账准备后的“坏账准备”账户的贷方余额为65万元。假定年末坏账准备均与应收账款相关，该企业年末资产负债表中“应收账款”项目的金额为(　　)万元。

A. 585　　B. 600　　C. 785　　D. 800

(3) 根据总账账户和明细账户的余额分析计算填列。“长期借款”项目应当根据“长期借款”总账账户余额扣除“长期借款”账户所属明细账户中将于一年内到期的部分填列；“应付债券”项目应当根据“应付债券”总账账户余额扣除“应付债券”账户所属明细账户中将于一年内到期的部分填列。

(4) 根据有关账户余额减去其备抵账户余额后的净额填列。“固定资产”项目应当根据“固定资产”账户的期末余额减去“累计折旧”“固定资产减值准备”备抵账户余额后的净额填列；“无形资产”项目应当根据“无形资产”账户的期末余额，减去“累计摊销”“无形资产减值准备”备抵账户余额后的净额填列。

**【例 7-2】** 琴岛有限责任公司2×21年12月31日结账后的“固定资产”账户余额为2 000 000元，“累计折旧”账户余额为800 000元。

该企业2×21年12月31日资产负债表中的“固定资产”项目金额为：

2 000 000－800 000＝1 200 000(元)

[例7-2]中，企业应当以“固定资产”总账账户余额，减去“累计折旧”备抵账户余额后的净额，作为资产负债表中“固定资产”的项目金额。

(5) 综合运用上述填列方法分析填列。资产负债表中的“原材料”“委托加工物资”“周转材料”“材料采购”“在途物资”“发出商品”“材料成本差异”等总账账户期末余额的分析汇总数，再减去“存货跌价准备”账户余额后的金额填列。

**3. 资产负债表各项目的列报方法**

1) 资产项目的填报说明

(1) “货币资金”项目，反映企业库存现金、银行结算户存款、外埠存款、银行汇票存款、银行本票存款、信用卡存款、信用证保证金存款等的合计数。本项目应根据“库存现金”“银行存款”“其他货币资金”账户期末余额的合计数填列。

(2) “交易性金融资产”项目，反映资产负债表日企业分类为以公允价值计量且其变动计入当期损益的金融资产，以及企业持有的指定为以公允价值计量且其变动计入当期损益的金融资产的期末账面价值。本项目应根据“交易性金融资产”相关明细账户期末余额分析填列。自资产负债表日起超过1年到期且预期持有超过1年的以公允价值计量且其变动计入当期损益的非流动金融资产的期末账面价值，在“其他非流动金融资产”项目反映。

(3) “衍生金融资产”项目，反映企业衍生工具形成的资产，本项目应根据“衍生工具”

7-4 扫一扫练一练

7-5 扫一扫练一练答案

"套期工具""被套期项目"等账户的期末借方余额分析填列。

(4)"应收票据"项目,反映资产负债表日以摊余成本计量的、企业因销售商品、提供服务等收到的商业汇票,包括银行承兑汇票和商业承兑汇票。本项目应根据"应收票据"账户的期末余额,减去"坏账准备"账户中相关坏账准备期末余额后的金额分析填列。

(5)"应收账款"项目,反映资产负债表日以摊余成本计量的、企业因销售商品、提供服务等经营活动应收取的款项。本项目应根据"应收账款"和"预收账款"所属各明细账户的期末借方余额的合计数,减去"坏账准备"账户中相关坏账准备期末余额后的金额分析填列。如"应收账款"账户所属明细账户期末有贷方余额的,应在资产负债表"预收账款"项目内填列。

(6)"应收款项融资"项目,反映资产负债表日以公允价值计量且其变动计入其他综合收益的应收票据和应收账款等。

(7)"预付款项"项目,反映企业按照购货合同规定预付给供应单位的款项等。本项目应根据"预付账款"和"应付账款"所属各明细账户的期末借方余额合计数,减去"坏账准备"账户中有关预付款项计提的坏账准备期末余额后的金额填列。如"预付账款"账户所属各明细账户期末有贷方余额的,应在资产负债表"应付账款"项目内填列。

(8)"其他应收款"项目,反映企业除应收票据、应收账款、预付账款等经营活动以外的其他各种应收、暂付的款项。本项目应根据"应收利息""应收股利"和"其他应收款"账户的期末余额合计数,减去"坏账准备"账户中相关坏账准备期末余额后的金额填列。其中的"应收利息"仅反映相关金融工具已到期可收取但于资产负债表日尚未收到的利息。基于实际利率法计提的金融工具的利息应包含在相应金融工具的账面余额中。

(9)"存货"项目,反映企业期末在库、在途和在加工中的各种存货的成本或可变现净值。本项目应根据"材料采购""原材料""库存商品""周转材料""委托加工物资""委托代销商品""生产成本"等账户的期末余额合计,减去"受托代销商品款""存货跌价准备"账户期末余额后的金额填列。材料采用计划成本核算,以及库存商品采用计划成本核算或售价核算的企业,还应按加或减材料成本差异、商品进销差价后的金额填列。

(10)"合同资产"项目,反映企业按照《企业会计准则第 14 号——收入》的相关规定,根据本企业履行履约义务与客户付款之间的关系在资产负债表中列示的合同资产。本项目应根据"合同资产"账户的相关明细账户期末余额分析填列,同一合同下的合同资产和合同负债应当以净额列示,其中净额为借方余额的,应当根据其流动性在"合同资产"或"其他非流动资产"项目中填列,已计提减值准备的,还应以减去"合同资产减值准备"账户中相关的期末余额后的金额填列;其中净额为贷方余额的,应当根据其流动性在"合同负债"或"其他非流动负债"项目中填列。

7-6 扫一扫练一练

7-7 扫一扫练一练答案

(11)"持有待售资产"项目,反映资产负债表日划分为持有待售类别的非流动资产及划分为持有待售类别的处置组中的流动资产和非流动资产的期末账面价值。本项目应根据"持有待售资产"账户的期末余额,减去"持有待售资产减值准备"账户的期末余额后的金额填列。

(12)"一年内到期的非流动资产"项目,反映企业预计自资产负债表日起 1 年内变现的非流动资产。本项目应根据有关账户的期末余额分析填列。

(13)"其他流动资产"项目,反映企业除货币资金、交易性金融资产、应收票据、应收账款、存货等流动资产以外的其他流动资产。本项目应根据有关账户的期末余额填列。

(14)“债权投资”项目,反映资产负债表日企业以摊余成本计量的长期债权投资的期末账面价值。本项目应根据“债权投资”账户的相关明细账户期末余额,减去“债权投资减值准备”账户中相关减值准备的期末余额后的金额分析填列。自资产负债表日起1年内到期的长期债权投资的期末账面价值,在“一年内到期的非流动资产”项目反映。企业购入的以摊余成本计量的一年内到期的债权投资的期末账面价值,在“其他流动资产”项目反映。

(15)“其他债权投资”项目,反映资产负债表日企业分类为以公允价值计量且其变动计入其他综合收益的长期债权投资的期末账面价值。本项目应根据“其他债权投资”账户的相关明细账户期末余额分析填列。自资产负债表日起1年内到期的长期债权投资的期末账面价值,在“一年内到期的非流动资产”项目反映。企业购入的以公允价值计量且其变动计入其他综合收益的1年内到期的债权投资的期末账面价值,在“其他流动资产”项目反映。

(16)“长期应收款”项目,反映企业租赁产生的应收款项、采用递延方式具有融资性质的销售商品和提供劳务等产生的长期应收款项等。本项目应根据“长期应收款”账户的期末余额,减去相应的“未实现融资收益”账户和“坏账准备”账户所属相关明细账户期末余额后的金额填列。

(17)“长期股权投资”项目,反映企业持有的对子公司、联营企业和合营企业的长期股权投资。本项目应根据“长期股权投资”账户的期末余额,减去“长期股权投资减值准备”账户期末余额后的金额填列。

(18)“其他权益工具投资”项目,反映资产负债表日企业指定为以公允价值计量且其变动计入其他综合收益的非交易性权益工具投资的期末账面价值。本项目应根据“其他权益工具投资”账户的期末余额填列。

(19)“其他非流动金融资产”项目,反映企业自资产负债表日起超过1年到期且预期持有超过1年的以公允价值计量且其变动计入当期损益的非流动金融资产的期末账面价值。本项目应根据“交易性金融资产”的发生额分析填列。

(20)“投资性房地产”项目,反映企业持有的投资性房地产的期末账面价值。企业采用成本模式计量投资性房地产的,本项目应根据“投资性房地产”账户的期末余额,减去“投资性房地产累计折旧(摊销)”和“投资性房地产减值准备”账户期末余额后的金额填列;企业采用公允价值模式计量投资性房地产的,本项目应根据“投资性房地产”账户的期末余额填列。

(21)“固定资产”项目,反映资产负债表日企业固定资产的期末账面价值和企业尚未清理完毕的固定资产清理净损益。本项目应根据“固定资产”账户的期末余额,减去“累计折旧”和“固定资产减值准备”账户的期末余额后的金额,以及“固定资产清理”账户的期末余额填列。

7-8 扫一扫练一练

(22)“在建工程”项目,反映资产负债表日企业尚未达到预定可使用状态的在建工程的期末账面价值和企业为在建工程准备的各种物资的期末账面价值。本项目应根据“在建工程”账户的期末余额,减去“在建工程减值准备”账户的期末余额后的金额,以及“工程物资”账户的期末余额,减去“工程物资减值准备”账户的期末余额后的金额填列。

7-9 扫一扫练一练答案

(23)“生产性生物资产”项目,反映企业持有的生产性生物资产的期末账面价值。本项目应根据“生产性生物资产”账户的期末余额,减去“生产性生物资产累计折旧”和“生产性生物资产减值准备”账户期末余额后的金额填列。

(24)“油气资产”项目，反映企业持有的矿区权益和油气井及相关设施的原价减去累计折耗和累计减值准备后的净额。本项目应根据“油气资产”账户的期末余额，减去“累计折耗”账户的期末余额和相应减值准备后的金额填列。

(25)“使用权资产”项目，反映资产负债表日承租人企业持有的使用权资产的账面价值。本项目应根据“使用权资产”账户的期末余额，减去“使用权资产累计折旧”和“使用权资产减值准备”账户的期末余额后的金额填列。

(26)“无形资产”项目，反映企业持有的无形资产，包括专利权、非专利技术、商标权、著作权、土地使用权等的期末账面价值。本项目应根据“无形资产”账户的期末余额，减去“累计摊销”和“无形资产减值准备”账户期末余额后的金额填列。

(27)“开发支出”项目，反映企业开发无形资产过程中能够资本化形成无形资产成本的支出部分。本项目应根据“研发支出”账户中所属的“资本化支出”明细账户期末余额填列。

(28)“商誉”项目，反映企业合并中形成的商誉的价值。本项目应根据“商誉”账户的期末余额，减去相应减值准备后的金额填列。

(29)“长期待摊费用”项目，反映企业已经发生但应由本期和以后各期负担的分摊期限在1年以上的各项费用。长期待摊费用中在1年内(含1年)摊销的部分，在资产负债表“一年内到期的非流动资产”项目填列。本项目应根据“长期待摊费用”账户的期末余额，减去将于1年内(含1年)摊销的数额后的金额分析填列。

(30)“递延所得税资产”项目，反映企业确认的可抵扣暂时性差异产生的递延所得税资产的期末账面价值。本项目应根据“递延所得税资产”账户的期末余额填列。

(31)“其他非流动资产”项目，反映企业除了长期股权投资、固定资产、在建工程、工程物资和无形资产等资产的其他非流动资产。本项目应根据有关账户的期末余额填列。

2) 负债项目的填报说明

(1)“短期借款”项目，反映企业向银行或其他金融机构等借入的期限在1年以下(含1年)的借款。本项目应根据“短期借款”账户的期末余额填列。

(2)“交易性金融负债”项目，反映企业资产负债表日承担的交易性金融负债，以及企业持有的直接指定为以公允价值计量且其变动计入当期损益的金融负债的账面价值。本项目应根据“交易性金融负债”账户的相关明细账户的期末余额填列。

(3)“衍生金融负债”项目，反映企业衍生工具的负债的账面价值，本项目应根据“衍生工具”“套期工具”“被套期项目”等账户的期末贷方余额分析填列。

(4)“应付票据”项目，反映资产负债表日以摊余成本计量的、企业因购买材料、商品和接受服务等开出、承兑的商业汇票，包括银行承兑汇票和商业承兑汇票。本项目应根据“应付票据”账户的期末余额填列。

(5)“应付账款”项目，反映资产负债表日以摊余成本计量的、企业因购买材料、商品和接受服务等经营活动应支付的款项。本项目应根据“应付账款”和”预付账款”账户所属的相关明细账户的期末贷方余额合计数填列。

(6)“预收款项”项目，反映企业按照购货合同规定预收供应单位的款项。本项目应根据“预收账款”和“应收账款”科目所属各明细账户的期末贷方余额合计数填列。例如，“预收账款”明细账户期末为借方余额的，应在资产负债表“应收账款”项目内填列。

(7)“合同负债”项目,反映企业按照《企业会计准则第14号——收入》的相关规定,根据本企业履行履约义务与客户付款之间的关系在资产负债表中列示的合同负债。本项目应根据“合同负债”的相关明细账户期末余额分析填列。

同一合同下的合同资产和合同负债应当以净额列示,其中净额为贷方余额的,应当根据其流动性在“合同负债”或“其他非流动负债”项目中填列。资产负债表日,“合同结算”账户的期末余额在贷方的,根据其流动性在“合同负债”或“其他非流动负债”项目中填列。

(8)“应付职工薪酬”项目,反映企业为获得职工提供的服务或解除劳动关系而给予的各种形式的报酬或补偿。企业提供给职工配偶、子女、受赡养人、已故员工遗属及其他受益人等的福利,也属于职工薪酬。职工薪酬主要包括短期薪酬、离职后福利、辞退福利和其他长期职工福利。本项目应根据“应付职工薪酬”所属各明细账户的期末贷方余额分析填列。外商投资企业按规定从净利润中提取的职工奖励及福利基金,也在本项目列示。

(9)“应交税费”项目,反映企业按照税法规定计算应交纳的各种税费,包括增值税、消费税、所得税、资源税、土地增值税、城市维护建设税、房产税、土地使用税、车船税、教育费附加、矿产资源补偿费等。企业代扣代交的个人所得税,也通过本项目列示。企业所交纳的税金不需要预计应交数的,如印花税、耕地占用税等,不在本项目列示。本项目应根据“应交税费”账户的期末贷方余额填列;如“应交税费”账户期末为借方余额,应以“-”填列。

需要说明的是,“应交税费”账户下的“应交增值税”“未交增值税”“待抵扣进项税额”“待认证进项税额”“增值税留抵税额”等明细账户期末借方余额,应根据情况在资产负债表中的“其他流动资产”或“其他非流动资产”项目列示;“应交税费——待转销项税额”等账户期末贷方余额,应根据情况在资产负债表中的“其他流动负债”或“其他非流动负债”项目列示;“应交税费”账户下的“未交增值税”“简易计税”“转让金融商品应交增值税”“代扣代交增值税”等账户期末贷方余额应在资产负债表中的“应交税费”项目列示。

(10)“其他应付款”项目,反映企业除应付票据、应付账款、预收款项、应付职工薪酬、应交税费等经营活动以外的其他各项应付、暂收的款项。本项目应根据“应付利息”“应付股利”和“其他应付款”账户的期末余额合计数填列。其中,“应付利息”账户仅反映相关金融工具已到期应支付但于资产负债表日尚未支付的利息。基于实际利率法计提的金融工具的利息应包含在相应金融工具的账面余额中。

(11)“持有待售负债”项目,反映资产负债表日处置组中与划分为持有待售类别的资产直接相关的负债的期末账面价值。本项目应根据“持有待售负债”账户的期末余额填列。

(12)“一年内到期的非流动负债”项目,反映企业非流动负债中将于资产负债表日后1年内到期部分的金额,如将于1年内偿还的长期借款。本项目应根据有关账户的期末余额填列。

(13)“其他流动负债”项目,反映企业除短期借款、应付票据、应付账款、应付职工薪酬、应交税费等流动负债以外的其他流动负债。本项目应根据有关账户的期末余额填列。

(14)“长期借款”项目,反映企业向银行或其他金融机构借入的期限在1年以上(不含1年)的各项借款。本项目应根据“长期借款”账户的期末余额,扣除“长期借款”科目所属明细账户中将在资产负债表日起1年内到期、且企业不能自主地将清偿义务展期的长期借款后的金额计算填列。

(15)“应付债券”项目,反映企业为筹集长期资金而发行的债券本金和利息。本项目应根据“应付债券”科目所属的明细账户余额填列。对于资产负债表日企业发行的金融工具，分类为金融负债的，应在本项目填列，对于优先股和永续债还应在本项目下的“优先股”项目和“永续债”项目分别填列。

(16) “租赁负债”项目，反映资产负债表日承租人企业尚未支付的租赁付款额的期末账面价值。本项目应根据“租赁负债”的期末余额填列，自资产负债表日起 1 年内到期应予以清偿的租赁负债的账面价值，在“一年内到期的非流动负债”项目反映。

(17) “长期应付款”项目，反映资产负债表日企业除长期借款和应付债券的其他各种长期应付款项的期末账面价值。本项目应根据“长期应付款”账户的期末余额，减去相关的“未确认融资费用”账户的期末余额和 1 年内到期的部分后的金额，以及“专项应付款”账户的期末余额填列。

(18) “预计负债”项目，反映企业确认的对外提供担保、未决诉讼、产品质量保证、重组义务、亏损合同等确认的预计负债的期末账面价值。本项目应根据“预计负债”账户的期末余额填列。

(19) “递延收益”项目，反映尚待确认的收入或收益。本项目核算包括企业根据政府补助准则确认的应在以后期间计入当期损益的政府补助金额、售后租回形成融资租赁的售价与资产账面价值差额等其他递延性收入。本项目应根据“递延收益”账户的期末余额填列。本项目中摊销期限只剩 1 年或不足 1 年的，或预计在 1 年内(含 1 年)进行摊销的部分，不得归类为流动负债，仍在本项目中填列，不转入“一年内到期的非流动负债”项目。

(20) “递延所得税负债”项目，反映企业确认的应纳税暂时性差异产生的所得税负债。本项目应根据“递延所得税负债”账户的期末余额填列。

(21) “其他非流动负债”项目，反映企业除长期借款、应付债券等负债以外的其他非流动负债。本项目应根据有关账户的期末余额减去将于 1 年内(含 1 年)到期偿还数后的余额填列。非流动负债各项目中将于 1 年内(含 1 年)到期的非流动负债，应在“一年内到期的非流动负债”项目内单独反映。

3) 所有者权益项目的填报说明

(1) “实收资本(或股本)”项目，反映企业各投资者实际投入的资本(或股本)总额。本项目应根据“实收资本(或股本)”账户的期末余额填列。

(2) “其他权益工具”项目，反映企业发行的除普通股以外分类为权益工具的金融工具的账面价值，并在“其他权益工具”项目下增设“优先股”和“永续债”两个项目，分别反映企业发行的分类为权益工具的优先股和永续债的账面价值。本项目应根据“其他权益工具”账户的期末余额填列。对于资产负债表日企业发行的金融工具，分类为金融负债的，应在“应付债券”项目填列。

(3) “资本公积”项目，反映企业资本公积的期末余额。本项目应根据“资本公积”账户的期末余额填列。

(4) “库存股”项目，反映企业持有尚未转让或注销的本公司股份金额。本项目应根据“库存股”账户的期末余额填列。

(5) “其他综合收益”项目，反映企业其他综合收益的期末余额。本项目应根据“其他综合收益”账户的期末余额填列。

(6) “专项储备”项目，反映高危行业企业按国家规定提取的安全生产费的期末账面价值。本项目应根据“专项储备”账户的期末余额填列。

(7)“盈余公积”项目,反映企业盈余公积的期末余额。本项目应根据“盈余公积”账户的期末余额填列。

(8)“未分配利润”项目,反映企业尚未分配的利润。本项目应根据“本年利润”账户和“利润分配”账户的余额计算填列。未弥补的亏损在本项目内以“—”填列。

**【例7-3】** 琴岛有限责任公司2×21年12月31日的账户余额表(年初余额略)及2×21年12月31日的资产负债表分别见表7-3和7-4。假设琴岛有限责任公司2×21年度除计提固定资产减值准备导致固定资产账面价值与其计税基础存在可抵扣暂时性差异,其他资产和负债项目的账面价值均等于其计税基础。假设琴岛有限责任公司未来很可能获得足够的应纳税所得额用来抵扣可抵扣暂时性差异,适用的所得税税率为25%。

表7-3 **账户余额表** 单位:元

| 总账 | 借方余额 | 总账 | 贷方余额 |
|---|---|---|---|
| 库存现金 | 8 220.00 | 短期借款 | 60 000.00 |
| 银行存款 | 100 064.16 | 交易性金融负债 | 100 000.00 |
| 交易性金融资产 | 50 000.00 | 应付票据 | 25 000.00 |
| 应收票据 | 30 000.00 | 应付账款 | 356 457.14 |
| 应收账款 | 327 999.18 | 预收账款 | 50 000.00 |
| 预付账款 | 125 305.50 | 应付职工薪酬 | 56 896.84 |
| 其他应收款 | 34 433.25 | 应交税费 | 6 281.70 |
| 在途物资 | 1 240.00 | 其他应付款 | 99 376.75 |
| 原材料 | 14 260.00 | 长期借款 | 100 000.00 |
| 周转材料 | 3 868.00 | 实收资本 | 400 000.00 |
| 库存商品 | 30 549.53 | 盈余公积 | 8 514.31 |
| 发出商品 | 10 324.00 | 利润分配 | 76 628.75 |
| 长期股权投资 | 100 000.00 | 坏账准备 | 27 280.00 |
| 固定资产 | 1 024 906.87 | 存货跌价准备 | 13 600.00 |
| 在建工程 | 57 700.00 | 累计折旧 | 421 040.00 |
| 工程物资 | 62 300.00 | 固定资产减值准备 | 210 000.00 |
| 无形资产 | 5 665.00 | 累计摊销 | 760.00 |
| 递延所得税资产 | 25 000.00 | | |
| 合计 | 2 011 835.49 | 合计 | 2 011 835.49 |

表7-4 **资产负债表**

编制单位:琴岛有限责任公司 2×21年12月31日 单位:元

| 资产 | 期末余额 | 上年年末余额 | 负债和股东权益 | 期末余额 | 上年年末余额 |
|---|---|---|---|---|---|
| 流动资产: | | | 流动负债: | | |
| 货币资金 | 108 284.16 | 106 024.30 | 短期借款 | 60 000.00 | 75 000.00 |
| 交易性金融资产 | 50 000.00 | 15 000.00 | 交易性金融负债 | 100 000.00 | 15 000.00 |

（续表）

| 资产 | 期末余额 | 上年年末余额 | 负债和股东权益 | 期末余额 | 上年年末余额 |
|---|---|---|---|---|---|
| 衍生金融资产 | | | 衍生金融负债 | | |
| 应收票据 | 30 000.00 | 25 000.00 | 应付票据 | 25 000.00 | 20 000.00 |
| 应收账款 | 300 719.18 | 431 471.44 | 应付账款 | 356 457.14 | 321 782.50 |
| 应收款项融资 | | | 预收款项 | 50 000.00 | 20 000.00 |
| 预付款项 | 125 305.50 | 105 306.50 | 合同负债 | | |
| 其他应收款 | 34 433.25 | 50 000.00 | 应付职工薪酬 | 56 896.84 | 46 531.43 |
| 存货 | 46 641.53 | 14 363.23 | 应交税费 | 6 281.70 | 13 164.04 |
| 合同资产 | | | 其他应付款 | 99 376.75 | 89 700.00 |
| 持有待售资产 | | | 持有待售负债 | | |
| 一年内到期的非流动资产 | | | 一年内到期的非流动负债 | | |
| 其他流动资产 | | | 其他流动负债 | | |
| 流动资产合计 | 695 383.62 | 747 165.47 | 流动负债合计 | 754 012.43 | 601 177.97 |
| 非流动资产： | | | 非流动负债： | | |
| 债权投资 | | | 长期借款 | 100 000.00 | 100 000.00 |
| 其他债权投资 | | | 应付债券 | | |
| 长期应收款 | | | 其中：优先股 | | |
| 长期股权投资 | 100 000.00 | | 永续债 | | |
| 其他权益工具投资 | | | 租赁负债 | | |
| 其他非流动金融资产 | | | 长期应付款 | | |
| 投资性房地产 | | | 预计负债 | | |
| 固定资产 | 393 866.87 | 362 692.13 | 递延收益 | | |
| 在建工程 | 120 000.00 | 50 000.00 | 递延所得税负债 | | |
| 生产性生物资产 | | | 其他非流动负债 | | |
| 油气资产 | | | 非流动负债合计 | 100 000.00 | 100 000.00 |
| 使用权资产 | | | 负债合计 | 854 012.43 | 701 177.97 |
| 无形资产 | 4 905.00 | 5 450.00 | 所有者权益 | | |
| 开发支出 | | | 实收资本 | 400 000.00 | 400 000.00 |
| 商誉 | | | 其他权益工具 | | |
| 长期待摊费用 | | | 其中：优先股 | | |
| 递延所得税资产 | 25 000.00 | 15 000.00 | 永续债 | | |
| 其他非流动资产 | | | 资本公积 | | |
| 非流动资产合计 | 643 771.87 | 433 142.13 | 减：库存股 | | |
| | | | 其他综合收益 | | |
| | | | 专项储备 | | |

（续表）

| 资产 | 期末余额 | 上年年末余额 | 负债和股东权益 | 期末余额 | 上年年末余额 |
|---|---|---|---|---|---|
| | | | 盈余公积 | 8 514.31 | 7 912.96 |
| | | | 未分配利润 | 76 628.75 | 71 216.66 |
| | | | 所有者权益 | 485 143.05 | 479 129.63 |
| 资产总计 | 1 339 155.49 | 1 180 307.61 | 负债及所有者权益总计 | 1 339 155.49 | 1 180 307.61 |

**特别提示 7-1**

[例 7-3]中，资产负债表有关项目的数据计算说明如下：

(1)“货币资金”项目金额＝8 220＋100 064.16＝108 284.16(元)

(2)“应收账款”项目金额＝327 999.18－27 280＝300 719.18(元)

(3)“固定资产”项目金额＝1 024 906.87－421 040－210 000＝393 866.87(元)

(4)“存货”项目金额＝1 240＋14 260＋3 868＋30 549.53＋10 324－13 600
＝46 641.53(元)

## 7.3 利 润 表

### 7.3.1 利润表的概念和意义

**1. 利润表的概念**

利润表是指反映企业在一定会计期间(如年度、季度、月份)内经营成果的动态财务报表。利润表是以“收入－费用＝利润”的会计等式为依据编制的。在利润表中，将一个会计期间内的收入、收益与同一会计期间的成本、费用进行配比，求出该会计期间的净利润(亏损)。

**2. 利润表的意义**

利润表可以反映企业在一定会计期间的收入、费用、利润(或亏损)的数额、构成情况，帮助财务报表使用者全面了解企业的经营成果，分析企业的获利能力及盈利增长趋势，从而为其作出经济决策提供依据。

### 7.3.2 利润表内容和格式

**1. 利润表的内容**

利润表至少应反映营业收入、营业成本、税金及附加、管理费用、销售费用、财务费用、投资收益、公允价值变动损益、资产减值损失、营业外收支、非流动资产处置损失、所得税费用和净利润。

7-10 视频：利润表的格式

**2. 利润表的格式**

目前比较普遍的利润表的结构有多步式和单步式两种，无论采用何种方式，其编制的依据是等式“收入－费用＝利润”。

1) 单步式利润表

单步式利润表是将当期所有的收入列在一起，然后将所有的费用列在一起，两者相减得出净损益。单步式利润表格式见表 7-5。

表 7-5 **利润表**

年 月 单位:元

| 项目 | 本期金额 | 上期金额 |
|---|---|---|
| 一、收入 | | |
| 营业收入 | | |
| 投资收益 | | |
| 营业外收入 | | |
| 收入合计 | | |
| 二、费用 | | |
| 营业成本 | | |
| 税金及附加 | | |
| 销售费用 | | |
| 管理费用 | | |
| 财务费用 | | |
| 资产减值损失 | | |
| 营业外支出 | | |
| 所得税费用 | | |
| 费用合计 | | |
| 三、净利润 | | |

单步式利润表编制方式简单，收入支出归类清楚，但缺点是收入、费用的性质不加区分，硬性归为一类，不利于报表分析。

2) 多步式利润表

多步式利润表是将不同性质的收入和费用进行对比，从而可以得出一些中间性的利润数据，便于使用者理解企业经营成果的不同来源。企业可以分如下几个步骤编制利润表。

第一步，计算营业利润。

营业利润＝营业收入－营业成本－税金及附加－销售费用－管理费用－研发费用－财务费用＋其他收益＋投资收益(－投资损失)＋净敞口套期收益(－净敞口套期损失)＋公允价值变动收益(－公允价值变动损失)－信用减值损失－资产减值损失＋资产处置收益(－资产处置损失)

其中，营业收入是指企业经营业务所确定的收入总额，包括主营业务收入和其他业务收入。

营业成本是指企业经营业务所发生的实际成本总额，包括主营业务成本和其他业务成本。税金及附加是指主营业务和其他业务应负担的消费税、城市维护建设税、资源税、土地增值税和教育费附加等。

第二步，计算利润总额。

利润总额＝营业利润＋营业外收入－营业外支出

第三步，计算净利润(或亏损)。

净利润＝利润总额－所得税费用

第四步，综合收益总额。

第五步，计算每股收益。

我国企业的利润表采用多步式格式，如表7-6所示。

表7-6 **利润表** 会企02表

编制单位： 年 月 单位：元

| 项目 | 本期金额 | 上期金额 |
|---|---|---|
| 一、营业收入 | | |
| 减：营业成本 | | |
| 税金及附加 | | |
| 销售费用 | | |
| 管理费用 | | |
| 研发费用 | | |
| 财务费用 | | |
| 其中：利息费用 | | |
| 利息收入 | | |
| 加：其他收益 | | |
| 投资收益(损失以“－”填列) | | |
| 其中：对联营企业和合营企业的投资收益 | | |
| 以摊余成本计量的金融资产终止确认收益(损失以“－”填列) | | |
| 净敞口套期收益(损失以“－”填列) | | |
| 公允价值变动收益(损失以“－”填列) | | |
| 信用减值损失(损失以“－”填列) | | |
| 资产减值损失(损失以“－”填列) | | |
| 资产处置收益(损失以“－”填列) | | |
| 二、营业利润(亏损以“－”填列) | | |
| 加：营业外收入 | | |
| 减：营业外支出 | | |
| 三、利润总额(亏损总额以“－”填列) | | |
| 减：所得税费用 | | |
| 四、净利润(净亏损以“－”填列) | | |
| (一)持续经营净利润(净亏损以“－”填列) | | |
| (二)终止经营净利润(净亏损以“－”填列) | | |
| 五、其他综合收益的税后净额 | | |
| (一)不能重分类进损益的其他综合收益 | | |
| 1. 重新计量设定受益计划变动额 | | |
| 2. 权益法下不能转损益的其他综合收益 | | |

（续表）

| 项目 | 本期金额 | 上期金额 |
| --- | --- | --- |
| 3. 其他权益工具投资公允价值变动 | | |
| 4. 企业自身信用风险公允价值变动 | | |
| …… | | |
| （二）将重分类进损益的其他综合收益 | | |
| 1. 权益法下可转损益的其他综合收益 | | |
| 2. 其他债权投资公允价值变动 | | |
| 3. 金融资产重分类计入其他综合收益的金额 | | |
| 4. 其他债权投资信用减值准备 | | |
| 5. 现金流量套期 | | |
| 6. 外币财务报表折算差额 | | |
| …… | | |
| 六、综合收益总额 | | |
| 七、每股收益： | | |
| （一）基本每股收益 | | |
| （二）稀释每股收益 | | |

### 7.3.3 利润表的编制

**1. 利润表项目的填列方法**

我国一般企业利润表的主要编制步骤和内容如下：

第一步，以营业收入为基础，减去营业成本、税金及附加、销售费用、管理费用、研发费用、财务费用，加上其他收益、投资收益（或减去投资损失）、净敞口套期收益（或减去净敞口套期损失）、公允价值变动收益（或减去公允价值变动损失）、资产减值损失、信用减值损失、资产处置收益（或减去资产处置损失），计算出营业利润。

第二步，以营业利润为基础，加上营业外收入，减去营业外支出，计算出利润总额。

第三步，以利润总额为基础，减去所得税费用，计算出净利润（或净亏损）。

第四步，以净利润（或净亏损）为基础，计算出每股收益。

第五步，以净利润（或净亏损）和其他综合收益为基础，计算出综合收益总额。

利润表各项目均需填列“本期金额”和“上期金额”两栏。其中“上期金额”栏内各项数字，应根据上年该期利润表的“本期金额”栏内所列数字填列。“本期金额”栏内各期数字，除“基本每股收益”和“稀释每股收益”项目外，应当按照相关账户的发生额分析填列。例如，“营业收入”项目，根据“主营业务收入”“其他业务收入”账户的发生额分析计算填列；“营业成本”项目，根据“主营业务成本”“其他业务成本”账户的发生额分析计算填列。

**2. 利润表主要项目的填列说明**

(1)“营业收入”项目，反映企业经营主要业务和其他业务所确认的收入总额。本项目应根据“主营业务收入”和“其他业务收入”账户的发生额分析填列。

(2)“营业成本”项目，反映企业经营主要业务和其他业务所发生的成本总额。本项目应根据“主营业务成本”和“其他业务成本”账户的发生额分析填列。

(3)“税金及附加”项目，反映企业经营业务应负担的消费税、城市建设维护税、资源税、土地增值税和教育费附加等。本项目应根据“税金及附加”账户的发生额分析填列。

(4)“销售费用”项目，反映企业在销售商品过程中发生的包装费、广告费等费用和为销售本企业商品而专设的销售机构的职工薪酬、业务费等经营费用。本项目应根据“销售费用”账户的发生额分析填列。

(5)“管理费用”项目，反映企业为组织和管理生产经营发生的管理费用。本项目应根据“管理费用”的发生额分析填列。

(6)“研发费用”项目，反映企业进行研究与开发过程中发生的费用化支出以及计入管理费用的自行开发无形资产的摊销。本项目应根据“管理费用”账户下的“研发费用”明细账户的发生额以及“管理费用”账户下“无形资产摊销”明细账户的发生额分析填列。

(7)“财务费用”项目，反映企业筹集生产经营所需资金等而发生的应予以费用化的利息支出。本项目应根据“财务费用”账户的发生额分析填列。“利息费用”项目，反映企业为筹集生产经营所需资金等而发生的应予费用化的利息支出。本项目应根据“财务费用”账户的相关明细账户的发生额分析填列。“利息收入”项目反映企业确认的利息收入。本项目应根“财务费用”相关明细账户的发生额分析填列。

(8)“其他收益”项目，反映计入其他收益的政府补助等，以及其他与日常活动相关且计入其他收益的项目，本项目应根据“其他收益”账户的发生额分析填列。企业作为个人所得税的扣缴义务人，根据《中华人民共和国个人所得税法》收到的扣缴税款手续费，应作为其他与日常活动相关的收益在本项目中填列。

(9)“投资收益”项目，反映企业以各种方式对外投资所取得的收益。本项目应根据“投资收益”账户的发生额分析填列。如为投资损失，本项目以“－”填列。

(10)“净敞口套期收益”项目，反映净敞口套期下被套期项目累计公允价值变动转入当期损益的金额或现金流量套期储备转入当期损益的金额。本项目应根据“净敞口套期损益”账户的发生额分析填列；如为套期损失，本项目以“－”填列。

(11)“公允价值变动收益”项目，反映企业应当计入当期损益的资产或负债公允价值变动收益。本项目应根据“公允价值变动损益”账户的发生额分析填列，如为净损失，本项目以“－”填列。

(12)“信用减值损失”项目，反映企业按照《企业会计准则第22号——金融工具确认和计量》的要求计提的各项金融工具信用减值准备所确认的信用损失。本项目应根据“信用减值损失”账户的发生额分析填列。

(13)“资产减值损失”项目，反映企业各项资产发生的减值损失。本项目应根据“资产减值损失”账户的发生额分析填列。

(14)“资产处置收益”项目，反映企业出售划分为持有待售的非流动资产(金融工具、长期股权投资和投资性房地产除外)或处置组(子公司和业务除外)时确认的处置利得或损失，以及处置未划分为持有待售的固定资产、在建工程、生产性生物资产及无形资产而产生的处置利得或损失。债务重组中因处置非流动资产(金融工具、长期股权投资和投资性房地产除外)产生的利得或损失和非货币性资产交换中换出非流动资产(金融工具、长期股权投资和投资性房地产除外)产生的利得或损失也包括在本项目内。本项目应根据“资产处置损益”

账户的发生额分析填列；如为处置损失，以“－”填列。

(15)“营业利润”项目，反映企业实现的营业利润。如为亏损，本项目以“－”填列。

(16)“营业外收入”项目，反映企业发生的除营业利润以外的收益，主要包括与企业日常活动无关的政府补助、盘盈利得、捐赠利得（企业接受股东或股东的子公司直接或间接的捐赠，经济实质属于股东对企业的资本性投入的除外）等。本项目应根据“营业外收入”账户的发生额分析填列。

(17)“营业外支出”项目，反映企业发生的除营业利润以外的支出，主要包括公益性捐赠支出、非常损失、盘亏损失、非流动资产毁损报废损失等。本项目应根据“营业外支出”账户的发生额分析填列。

(18)“利润总额”项目，反映企业实现的利润。如为亏损，本项目以“－”填列。

(19)“所得税费用”项目，反映企业应从当期利润总额中扣除的所得税费用。本项目应根据“所得税费用”账户的发生额分析填列。

(20)“净利润”项目，反映企业实现的净利润。如为亏损，本项目以“－”填列。

“(一)持续经营净利润”项目和“(二)终止经营净利润”项目，分别反映净利润中与持续经营相关的净利润和与终止经营相关的净利润；如为净亏损，以“－”填列。该两个项目应按照《企业会计准则第42号——持有待售的非流动资产、处置组和终止经营》的相关规定分别列报。

(21)“其他综合收益的税后净额”项目，反映企业根据企业会计准则规定未在损益中确认的各项利得和损失扣除所得税影响后的净额的合计数。

综合收益的构成如下：

第一，净利润。

第二，其他综合收益。其他综合收益（即直接计入所有者权益的利得和损失）是指不应计入当期损益、会导致所有者权益发生增减变动的、与所有者投入资本或者向所有者分配利润无关的利得或者损失。

①“重新计量设定受益计划变动额”项目，反映企业重新计量设定受益计划净负债或净资产所产生的变动计入其他综合收益的金额。本项目应根据“其他综合收益”相关明细账户的发生额分析填列。

②“权益法下不能转损益的其他综合收益”项目，反映企业按照权益法核算因被投资单位不能重分类进损益的其他综合收益变动，投资企业按持股比例计算确认的其他综合收益金额。本项目应根据“其他综合收益”相关明细账户的发生额分析填列。

③“其他权益工具投资公允价值变动”项目，反映企业指定为以公允价值计量且变动计入其他综合收益的非交易性权益工具投资发生的公允价值变动。本项目应根据“其他综合收益”相关明细账户的发生额分析填列。

④“企业自身信用风险公允价值变动”项目，反映企业指定为以公允价值计量且变动计入当期损益的金融负债，由企业自身信用风险变动引起的公允价值变动而计入其他综合收益额的金额。本项目应根据“其他综合收益”相关明细账户的发生额分析填列。

⑤“权益法下可转损益的其他综合收益”项目，反映企业按照权益法核算因被投资企业可转损益的其他综合收益额的变动，投资企业按持股比例计算确认的其他综合收益金额。

本项目应根据“其他综合收益”相关明细账户的发生额分析填列。

⑥“其他债权投资公允价值变动”项目，反映企业分类为以公允价值计量且变动计入其他综合收益的债权投资发生的公允价值变动。企业将一项以公允价值计量且变动计入其他综合收益的金融资产重分类为以摊余成本计量的金融资产或重分类为以公允价值计量且变动计入当期损益的金融资产时，之前计入其他综合收益的累计利得或损失从其他综合收益中转出的金额作为该项目的减项。本项目应根据“其他综合收益”相关明细账户的发生额分析填列。

⑦“金融资产重分类计入其他综合收益的金额”项目，反映企业将一项以摊余成本计量的金融资产重分类为以公允价值计量且变动计入其他综合收益的金融资产时，计入其他综合收益的原账面价值与公允价值之间的差额。本项目应根据“其他综合收益”相关明细账户的发生额分析填列。

⑧“其他债权投资信用减值准备”项目反映企业按照《企业会计准则第22号——金融工具确认和计量》分类为以公允价值计量且变动计入其他综合收益的金融资产的损失准备。本项目应根据“其他综合收益”账户下“信用减值准备”明细账户的发生额分析填列。

⑨“现金流量套期储备”项目，反映企业套期工具产生的利得或损失中属于套期有效的部分。本项目应根据“其他综合收益”账户下“套期储备”明细账户的发生额分析填列。

⑩“外币财务报表折算差额”项目，反映企业对境外经营的财务报表进行折算时，产生的外币财务报表折算差额计入其他综合收益(合并财务报表中)的金额，企业处置境外经营时自其他综合收益项目转入处置当期损益的金额作为减项。本项目应根据合并财务报表中“其他综合收益”的金额分析填列。

(22)“综合收益总额”项目，反映企业净利润与其他综合收益的合计金额。

(23)“基本每股收益”项目和“稀释每股收益”项目，反映普通股或潜在普通股已公开交易的企业，以及正处于公开发行普通股或潜在普通股过程中的企业的每股收益信息，是投资价值的重要指标，是投资决策最直观最重要的参考依据，这两项指标应当按照《企业会计准则第34号——每股收益》的规定计算填列。

“基本每股收益”项目，只考虑当期实际发行在外的普通股股份，按照归属于普通股股东的当期净利润除以当期实际发行在外普通股的加权平均数计算确定。计算基本每股收益时，分子为归属于普通股股东的当期净利润，即企业当期实现的可供普通股股东分配的净利润或应由普通股股东分担的净亏损金额。发生亏损的企业，每股收益以负数列示。以合并财务报表为基础计算的每股收益，分子应当是归属于母公司普通股股东的当期合并净利润，即扣减少数股东损益后的余额。与合并财务报表一同提供的母公司财务报表中企业自行选择列报每股收益的，以母公司个别财务报表为基础计算的每股收益，分子应当是归属于母公司全部普通股股东的当期净利润。计算基本每股收益时，分母为当期发行在外普通股的加权平均数，即期初发行在外普通股股数根据当期新发行或回购的普通股股数与相应时间权数的乘积进行调整后的股数。其中，作为权数的已发行时间、报告期时间和已回购时间通常按天数计算，在不影响计算结果合理性的前提下，也可以采用简化的计算方法，如按月数计算。公司库存股不属于发行在外的普通股，且无权参与利润分配，应当在计算分母时扣除。

**相关思考 7-2**

**利润表中"营业收入"应如何填列?**

某企业2×21年"主营业务收入"账户贷方发生额是2 000万元,借方发生额为退货50万元,发生现金折扣50万元,"其他业务收入"账户贷方发生额100万元,"其他业务成本"账户借方发生额为80万元,那么企业利润表中"营业收入"项目填列的金额为(　　)万元。

A. 2 000　　B. 2 050　　C. 2 100　　D. 2 070

**3. "上期金额"栏的列报方法**

利润表各项目均需填列"本期金额"和"上期金额"两栏。其中"上期金额"栏内各项数字,应根据上年该期利润表的"本期金额"栏内所列数字填列。如果上年该期利润表规定的各个项目的名称和内容同本期不相一致,应对上年该期利润表各项目的名称和数字按本期的规定进行调整,填入利润表"上期金额"栏内。

**4. "本期金额"栏的列报方法**

"本期金额"栏内各期数字,除了"基本每股收益"和"稀释每股收益"项目,应当按照相关账户的发生额分析填列。

**【例 7-4】** 琴岛有限责任公司2×21年度有关利润表账户本年累计发生额如表7-7所示。

表7-7　**利润表账户本年累计发生额**

2×21年度　　单位:元

| 账户名称 | 借方发生额 | 贷方发生额 |
|---|---|---|
| 主营业务收入 | | 770 680.75 |
| 其他业务收入 | | 150 000.00 |
| 主营业务成本 | 595 797.35 | |
| 其他业务成本 | 50 000.00 | |
| 税金及附加 | 18 454.13 | |
| 销售费用 | 17 196.00 | |
| 管理费用 | 36 832.85 | |
| 财务费用 | 9 382.51 | |
| 投资收益 | | 10 000.00 |
| 营业外收入 | | 10 000.00 |
| 营业外支出 | 5 000.00 | |
| 所得税费用 | 52 004.48 | |

根据表7-7所述资料,编制琴岛有限责任公司2×21年度利润表,见表7-8。

表7-8 **利润表**

编制单位：琴岛有限责任公司 2×21年度 单位：元

| 项目 | 本期金额 | 上期金额 |
|---|---|---|
| 一、营业收入 | 920 680.75 | 830 820.28 |
| 减：营业成本 | 645 797.35 | 547 537.00 |
| 税金及附加 | 18 454.13 | 17 056.25 |
| 销售费用 | 17 196.00 | 19 187.00 |
| 管理费用 | 36 832.85 | 31 177.90 |
| 研发费用 | | |
| 财务费用 | 9 382.51 | 9 302.08 |
| 其中：利息费用 | 10 382.51 | 10 202.08 |
| 利息收入 | 1 000.00 | 900.00 |
| 加：其他收益 | | |
| 投资收益(损失以“—”填列) | 10 000.00 | 500.00 |
| 其中：对联营企业和合营企业的投资收益 | | |
| 以摊余成本计量的金融资产终止确认收益(损失以“—”填列) | | |
| 净敞口套期收益(损失以“—”填列) | | |
| 公允价值变动收益(损失以“—”填列) | | |
| 信用减值损失(损失以“—”填列) | | |
| 资产减值损失(损失以“—”填列) | | |
| 资产处置收益(损失以“—”填列) | | |
| 二、营业利润(亏损以“—”填列) | 203 017.91 | 207 060.05 |
| 加：营业外收入 | 10 000.00 | 15 000.00 |
| 减：营业外支出 | 5 000.00 | 20 000.00 |
| 三、利润总额(亏损总额以“—”填列) | 208 017.91 | 202 060.05 |
| 减：所得税费用 | 52 004.48 | 50 515.01 |
| 四、净利润(净亏损以“—”填列) | 156 013.43 | 151 545.04 |
| (一) 持续经营净利润(净亏损以“—”填列) | | |
| (二) 终止经营净利润(净亏损以“—”填列) | | |
| 五、其他综合收益的税后净额 | (略) | |
| (一) 不能重分类进损益的其他综合收益 | | |
| 1. 重新计量设定受益计划变动额 | | |
| 2. 权益法下不能转损益的其他综合收益 | | |
| 3. 其他权益工具投资公允价值变动 | | |
| 4. 企业自身信用风险公允价值变动 | | |
| …… | | |

（续表）

| 项目 | 本期金额 | 上期金额 |
|---|---|---|
| （二）将重分类进损益的其他综合收益 | | |
| 1. 权益法下可转损益的其他综合收益 | | |
| 2. 其他债权投资公允价值变动 | | |
| 3. 金融资产重分类计入其他综合收益的金额 | | |
| 4. 其他债权投资信用减值准备 | | |
| 5. 现金流量套期 | | |
| 6. 外币财务报表折算差额 | | |
| …… | | |
| 六、综合收益总额 | （略） | |
| 七、每股收益 | | |
| （一）基本每股收益 | 0.30 | 0.30 |
| （二）稀释每股收益 | 0.30 | 0.30 |

# 7.4 现金流量表

## 7.4.1 现金流量表的定义及内容

现金流量表是反映企业在一定会计期间现金和现金等价物流入和流出的报表。编制现金流量表的主要目的，是为财务报表使用者提供企业一定会计期间内现金和现金等价物流入和流出的信息，以便于财务报表使用者了解和评价企业获取现金和现金等价物的能力，并据以预测企业未来现金流量。

现金流量是指企业现金和现金等价物的流入和流出。根据企业业务活动的性质和现金流量的来源，现金流量表准则将企业一定期间产生的现金流量分为三类：经营活动现金流量、投资活动现金流量和筹资活动现金流量。

**1. 经营活动现金流量**

7-11 视频：现金流量表的概念

经营活动是指企业投资活动和筹资活动以外的所有交易和事项。各类企业由于行业特点不同，对经营活动的认定存在一定差异。对于工商企业而言，经营活动主要包括销售商品、提供劳务、购买商品、接受劳务、支付税费等。

通常情况下，经营活动产生的现金流入项目主要有销售商品、提供劳务收到的现金，收到的税费返还，收到的其他与经营活动有关的现金。经营活动产生的现金流出项目主要有购买商品、接受劳务支付的现金，支付给职工以及为职工支付的现金，支付的各项税费，支付的其他与经营活动有关的现金。

**2. 投资活动现金流量**

投资活动是指企业长期资产的购建和不包括在现金等价物范围内的投资及其处置活动。这里所讲的投资活动，既包括实物资产投资，也包括金融资产投资。这里之所以将“包括在现金等价物范围内的投资”排除在外，是因为已经将包括在现金等价物范围内的投资视同现金。

通常情况下，投资活动产生的现金流入项目主要有收回投资所收到的现金，取得投资收益所收到的现金，处置固定资产、无形资产和其他长期资产所收回的现金净额，收到的其他与投资活动有关的现金。投资活动产生的现金流出项目主要有购建固定资产、无形资产和其他长期资产所支付的现金；投资所支付的现金；支付的其他与投资活动有关的现金。

**3. 筹资活动现金流量**

筹资活动是指导致企业资本及债务规模和构成发生变化的活动。这里所说的债务，是指对外举债，包括向银行借款、发行债券以及偿还债务等。通常情况下，应付账款、应付票据等属于经营活动，不属于筹资活动。

通常情况下，投资活动产生的现金流入项目主要有吸收投资所收到的现金，取得借款所收到的现金，收到的其他与筹资活动有关的现金。筹资活动产生的现金流出项目主要有偿还债务所支付的现金，分配股利、利润或偿付利息所支付的现金，支付的其他与筹资活动有关的现金。

### 7.4.2 现金流量表的编制基础

现金流量表是以现金及现金等价物为基础编制，按照收付实现制原则编制，将权责发生制下的盈利信息调整为收付实现制下的现金流量信息。

**1. 现金**

现金是指企业库存现金及可以随时用于支付的存款。不能随时用于支付的存款不属于现金。现金主要包括：

(1) 库存现金。库存现金是指企业持有可随时用于支付的现金，与“库存现金”账户的核算内容一致。

(2) 银行存款。银行存款是指企业存入金融机构、可以随时用于支取的存款，与“银行存款”账户核算内容基本一致，但不包括不能随时用于支付的存款。例如，不能随时支取的定期存款等不应作为现金，提前通知金融机构便可支取的定期存款则应包括在现金范围内。

(3) 其他货币资金。其他货币资金是指存放在金融机构的外埠存款、银行汇票存款、银行本票存款、信用卡存款、信用证保证金存款和存出投资款等，与“其他货币资金”账户核算内容一致。

**2. 现金等价物**

现金等价物虽然不是现金，但其支付能力与现金的差别不大，可视为现金。例如，企业为保证支付能力，手持必要的现金，为了不使现金闲置，可以购买短期债券，在需要现金时，随时可以变现。

现金等价物是指企业持有的期限短、流动性强、易于转换为已知金额现金、价值变动风险很小的投资。其中，“期限短”一般是指从购买日起3个月内到期，如可在证券市场上流通的3个月内到期的短期债券等。判断一项投资是否属于现金等价物的四个条件为：期限短、流动性强、易于转换为已知金额的现金、价值变动风险很小。其中，期限短、流动性强，强调了变现能力，而易于转换为已知金额的现金、价值变动风险很小，则强调了支付能力的大小。现金等价物通常包括3个月内到期的短期债券投资。权益性投资变现的金额通常不确定，因而不属于现金等价物。

**3. 现金及现金等价物范围的确定和变更**

不同企业现金及现金等价物的范围可能不同。企业应当根据经营特点等具体情况，确定现金及现金等价物的范围。商业银行与一般工商企业的现金及现金等价物的范围可能不同。例如，某商业银行的现金及现金等价物包括库存现金、存放中央银行可随时支取的备付金、存放同业款项、拆放同业款项、同业间买入返售证券、短期国债投资等。

根据现金流量表准则及其指南的规定，企业应当根据具体情况，确定现金及现金等价物的范围，一经确定不得随意变更。如果发生变更，应当按照会计政策变更处理。

### 7.4.3 现金流量表的结构

我国企业现金流量表采用报告式结构，分类反映经营活动产生的现金流量、投资活动产生的现金流量和筹资活动产生的现金流量，最后汇总反映企业某一期间现金及现金等价物的净增加额。企业现金流量表的格式如表 7-9 所示。

表 7-9　　**现金流量表**　　会企 03 表

编制单位：　　年　月　　单位：元

| 项目 | 本期金额 | 上期金额 |
| --- | --- | --- |
| 一、经营活动产生的现金流量： | | |
| 销售商品、提供劳务收到的现金 | | |
| 收到的税费返还 | | |
| 收到其他与经营活动有关的现金 | | |
| 经营活动现金流入小计 | | |
| 购买商品、接受劳务支付的现金 | | |
| 支付给职工以及为职工支付的现金 | | |
| 支付的各项税费 | | |
| 支付其他与经营活动有关的现金 | | |
| 经营活动现金流出小计 | | |
| 经营活动产生的现金流量净额 | | |
| 二、投资活动产生的现金流量： | | |
| 收回投资收到的现金 | | |
| 取得投资收益收到的现金 | | |
| 处置固定资产、无形资产和其他长期资产收回的现金净额 | | |
| 处置子公司及其他营业单位收到的现金净额 | | |
| 收到其他与投资活动有关的现金 | | |
| 投资活动现金流入小计 | | |
| 购建固定资产、无形资产和其他长期资产支付的现金 | | |
| 投资支付的现金 | | |
| 取得子公司及其他营业单位支付的现金净额 | | |

（续表）

| 项目 | 本期金额 | 上期金额 |
| --- | --- | --- |
| 支付其他与投资活动有关的现金 | | |
| 投资活动现金流出小计 | | |
| 投资活动产生的现金流量净额 | | |
| 三、筹资活动产生的现金流量： | | |
| 吸收投资收到的现金 | | |
| 取得借款收到的现金 | | |
| 收到其他与筹资活动有关的现金 | | |
| 筹资活动现金流入小计 | | |
| 偿还债务支付的现金 | | |
| 分配股利、利润或偿付利息支付的现金 | | |
| 支付其他与筹资活动有关的现金 | | |
| 筹资活动现金流出小计 | | |
| 筹资活动产生的现金流量净额 | | |
| 四、汇率变动对现金及现金等价物的影响 | | |
| 五、现金及现金等价物净增加额 | | |
| 加：期初现金及现金等价物余额 | | |
| 六、期末现金及现金等价物余额 | | |

## 知识拓展 7-2

### 资产负债表、利润表同现金流量表之间的“勾稽关系”

资产负债表同现金流量表之间的关系，主要是资产负债表的现金、银行存款及其他货币资金等项目的期末数减去期初数，应该等于现金流量表最后的现金及现金等价物净流量。资产负债表是一个时点报表，现金流量表是一个时期报表。

至于利润表与现金流量表之间的关系，要通过很多的运算才可以说明，比较复杂，我们可以在以后的时间里，与大家进行具体的讨论。要注意的是，这两张报表有相同之处，也有不同之处。所谓相同之处就是，它们都是时期报表，都可以反映企业一段时期内的活动情况，一个是反映一段时期内的利润情况，另一个是反映一段时期内的现金流量情况；所谓不同之处就是，编制的基础不同。在会计上，经济活动有两种不同的处理方法，一种叫收付实现制，就是真正收到钱，才叫收入，在会计上才确定收入，真正支付钱时，才叫支出，在会计上才确定为成本费用，而不论这笔钱是否应该由收付的当时期间负担；另一种处理方法叫权责发生制，与收付实现制相反，在会计上确定收入和成本费用时，其不看是不是真正收到或支出的钱，而是看这些收入和支出是不是“应该”由当期负担，不由当期负担的，就不确定，而是等到应该负担的期间再确认。

# 7.5 所有者权益变动表

## 7.5.1 所有者权益变动表概述

所有者权益变动表是反映构成所有者权益的各组成部分当期的增减变动情况的报表。

所有者权益变动表应当全面反映一定时期所有者权益变动的情况，不仅包括所有者权益总量的增减变动，还包括所有者权益增减变动的重要结构性信息，特别是要反映直接计入所有者权益的利得和损失，让报表使用者准确理解所有者权益增减变动的根源。

## 7.5.2 所有者权益变动表的结构

在所有者权益变动表上，企业至少应当单独列示反映下列信息的项目：综合收益总额，会计政策变更和差错更正的累积影响金额，所有者投入资本和向所有者分配利润等，提取的盈余公积，所有者权益各组成部分的期初和期末余额及其调节情况。

所有者权益变动表以矩阵的形式列示：一方面，列示导致所有者权益变动的交易或事项，即所有者权益变动的来源，对一定时期所有者权益的变动情况进行全面反映；另一方面，按照所有者权益各组成部分（即实收资本、资本公积、其他综合收益、盈余公积、未分配利润和库存股）列示交易或事项对所有者权益各部分的影响。

# 7.6 财务报表附注

## 7.6.1 财务报表附注披露的总体要求

**1. 财务报表附注概述**

附注是对资产负债表、利润表、现金流量表和所有者权益变动表等报表中列示项目的文字描述或明细资料，以及对未能在这些报表中列示项目的说明等。《企业会计准则第 30 号——财务报表列报》对附注的披露要求是对企业附注披露的最低要求，应当适用于所有类型的企业，企业还应当按照各项具体会计准则的规定在附注中披露相关信息。

**2. 财务报表附注的基本要求**

(1) 附注披露的信息应是定量、定性信息的结合，从而能从量和从质两个角度对企业经济事项完整地进行反映，也才能满足信息使用者的决策需求。

(2) 附注应当按照一定的结构进行系统合理的排列和分类，有顺序地披露信息。附注的内容繁多，因此企业更应按逻辑顺序排列，分类披露，使其条理清晰，具有一定的组织结构，以便于使用者理解和掌握，以更好地实现财务报表的可比性。

(3) 附注相关信息应当与资产负债表、利润表、现金流量表和所有者权益变动表等报表中列示的项目相互参照，以有助于使用者联系相关联的信息，并由此从整体上更好地理解财务报表。

**3. 财务报表附注的形式**

财务报表附注的形式灵活多样，常见的有以下四种：

1）括弧说明

括弧说明常用于为财务报表主体内提供补充信息。因为它把补充信息直接纳入财务报表主体，所以比起其他形式来，它显得更直观，不易被人忽视，缺点是它包含内容过短。

2）尾注说明

尾注说明是附注的主要形式，一般适用于说明内容较多的项目。

3）脚注说明

脚注说明是指在报表下端进行的说明。例如，说明已贴现的商业承兑汇票和已包括在固定资产原价内的融资租入的固定资产原价等；备抵与附加账户，在财务报表中单独列示，能够为财务报表使用者提供更多有意义的信息。

4）补充说明

有些无法列入财务报表主体中的详细数据、分析资料，可用单独的补充报表进行说明，如可利用补充报表的形式来揭示关联方的关系和交易等内容。

### 7.6.2 财务报表附注的内容

按照《企业会计准则第30号——财务报表列报》的规定，财务报表附注一般应当按照下列顺序至少披露：

（1）企业的基本情况。其内容主要包括：企业注册地、组织形式和总部地址；企业的业务性质和主要经营活动；母公司以及集团最终母公司的名称；财务报表的批准报出者和财务会计报告批准报出日，或者以签字人及其签字日期为准；营业期限有限的企业，还应当披露有关其营业期限的信息。

（2）财务报表的编制基础。

（3）遵循企业会计准则的声明。

（4）重要会计政策和会计估计。

（5）会计政策和会计估计变更以及差错更正的说明。

（6）报表重要项目的说明。企业应当按照资产负债表、利润表、现金流量表和所有者权益变动表及其项目列示的顺序，采用文字和数字描述相结合的方式对报表的重要项目进行披露说明。报表重要项目的明细金额的合计，应当与报表项目金额相衔接。在披露顺序上，一般应当按照资产负债表、利润表、现金流量表、所有者权益变动表的顺序及其项目列示的顺序。

7-12 对外提供企业财务报告的要求

（7）其他需要说明的重要事项。

（8）有助于财务报表使用者评价企业管理资本的目标、政策及程序的信息。

## 7.7 财务报表分析

### 7.7.1 财务报表分析的目标

**1. 财务报表分析的主体**

财务报表分析是指以财务会计报告资料及其他相关资料为依据和起点，采用专门的分析技术和方法，对企业等经济组织过去和现在的有关筹资活动、投资活动、经营活动的盈利能力、营运能力、偿债能力和增长能力进行分析和评价。财务报表分析的产生与发展是社会经济发展对财务分析信息需求与供给共同作用的结果。财务报表分析的演进是与财务分析主体的需求变化及财务会计报告的发展变化紧密联系在一起的。财务报表分析在不同的应用领域有不同的主体,其进行财务分析的目的是不同的,所关注的问题也是不同的,从而导致财务报表分析的作用也不尽相同。

财务报表分析的主体是指与企业存在一定现实或潜在的利益关系,为特定目的而对企业的财务状况、经营成果和现金流量情况等进行分析的单位、团体或个人。企业财务报表分析根据分析主体的不同可分为内部分析和外部分析。内部分析是由企业内部有关经营管理人员所进行的财务分析;外部分析是由企业投资者、债权人或其他与企业有利害关系的人及代表公众利益的社会中介服务机构等所进行的财务分析。上述机构和人员共同构成了企业财务报表分析的主体。

**2. 财务报表分析目的**

财务报表分析的目的是其内在的本质要求,而财务报表分析的作用则是其目的的外在体现,是不同财务信息使用者所赋予的。不同信息使用者所关注的财务报表分析结论是不同的,因此,财务报表分析对于他们的作用也就不同。

1) 从企业股权投资者角度看财务报表分析的目的

企业的股权投资者包括企业的所有者和潜在投资者,他们进行财务报表分析的最根本目的是看企业的盈利能力状况,因为盈利能力是投资者资本保值和增值的关键。但是投资者仅关心盈利能力还是不够的,为了确保资本保值增值,他们还应研究企业的权益结构、支付能力及营运状况。只有投资者认为企业有着良好的发展前景,企业的所有者才会保持或增加投资,潜在投资者才能把资金投向该企业。否则,企业所有者将会尽可能地抛售股权,潜在投资者将会转向其他企业投资。另外,对企业所有者而言,财务报表分析也能评价企业经营者的经营业绩,发现企业经营者经营过程中存在的问题,企业所有者可以通过行使股东权利,为企业未来发展指明方向。

2) 从企业经营者角度看财务报表分析的目的

企业经营者主要指企业的经理以及各分厂、部门、车间等的管理人员。他们进行财务报表分析的目的是综合的、多方面的。从对企业所有者负责的角度,企业经营者也关心盈利能力,这是他们的总体目标。但是,在财务报表分析中,他们关心的不仅仅是盈利的结果,还包括盈利的原因及过程,如资产结构分析、营运状况与效率分析、经营风险与财务风险分析、支付能力与偿债能力分析等。这种分析的目的是及时发现生产经营中存在的问题与不足,并采取有效措施解决这些问题,使企业不仅可以利用现有资源盈利更多,而且使企业盈利能力保持持续增长。

3) 从企业债权者角度看财务报表分析的目的

企业债权者包括企业借款的银行和一些金融机构,以及购买企业债券的单位与个人等。企业债权者进行财务报表分析的目的与经营者和投资者都不同,银行等债权人一方面从各自经营或收益目的出发愿意将资金贷给企业,另一方面又要非常小心地观察和分析该企业有无违约或清算破产的可能性。一般来说,银行、金融机构及其他债权人不仅要求本金的及时收回,而且要得到相应的报酬或收益,而这个收益的大小又与其承担的风险程度相适应,通常偿还期越长,风险越大。因此,从企业债权人角度进行财务报表分析的主要目的,一是看其对企业的借款或其他债权是否能及时、足额收回，即研究企业偿债能力的大小；二是看债务者的收益状况与风险程度是否相适应，为此，还应将偿债能力分析与盈利能力分析相结合。

4）其他财务报表分析的目的

其他财务报表分析的主体或服务对象主要指企业内部员工、与企业经营有关的企业单位和国家行政管理与监督部门。

企业内部员工不但关心企业目前的经营状况和盈利能力，而且也关心企业未来的发展前景，他们也需要通过财务报表分析的结果来获取信息。此外，企业内部员工要通过财务报表分析知晓自己将会获得怎样的成果，企业和本部门的指标是否完成，了解工资、奖金和福利变动的原因，以及企业的稳定性和职业保障程度等。

与企业经营有关的企业单位主要指材料供应者、产品购买者等。这些企业单位出于保护自身利益的需要，也非常关心往来企业的财务状况，从而进行财务报表分析。他们进行财务报表分析的主要目的在于搞清企业的信用状况，包括商业上的信用和财务上的信用。商业信用指按时、按质完成各种交易行为；财务信用则指及时清算各种款项。企业信用状况分析，首先可通过对企业支付能力和偿债能力的评价进行分析；其次可根据对企业利润表中反映的企业交易完成情况进行分析判断来说明。

国家行政管理与监督部门主要指工商、财政、税务以及审计等部门。它们进行财务报表分析的目的，一是监督、检查党和国家的各项经济政策、法规、制度在企业单位的执行情况；二是保证企业财务会计信息和财务分析报告的真实性、准确性，为宏观决策提供可靠信息。

### 7.7.2 财务报表分析的基本方法

财务报表分析的方法多种多样，在实际工作中应根据分析主体的具体目的和资料的实际特征进行选择确定。财务报表分析的一般方法概括起来主要有比较分析法、比率分析法、趋势分析法和因素分析法。

7-13 扫一扫练一练

7-14 扫一扫练一练答案

**1. 比较分析法**

比较分析法是指通过比较两个或两个以上相关的财务数据，以绝对数和相对数的形式，来解释财务数据之间的相互关系的分析方法。通过对比，分析者确定成绩，发现差异，揭露问题，分析原因，总结经验教训，提出改进措施。比较分析法是财务报表分析工作中最基本的、经常使用的技术方法。在实际工作中，主要从以下三个方面进行比较分析。

1）本期实际完成数与预算数相比较

通过对比，分析、评价企业预算的完成情况，进一步分析其原因。其计算公式为：

实际完成数比预算增减数＝实际完成数－预算数

2）本期实际数与上期、过去同期或特定时期的实际数相比较

通过分析对比，了解不同时期事物的变化情况，发现问题，从中探索其发展变化的规律，有助于吸取经验，改进工作。其计算公式为：

本期实际数比上期或过去同期实际数增减数＝本期实际数－上期或过去同期实际数

3）本单位与其他单位同类型指标比较

在同类型单位之间对相同指标进行比较，可以发现先进与后进的差距，有利于各有关单位取长补短，共同提高。比较分析法是从数字上找出差距，为改进工作、挖掘内部潜力、超额完成任务提供可靠的数据资料。但是，在实际运用中要注意财务指标的可比性，否则，就会失去意义，甚至产生误导作用。为此，在进行比较分析时有三个要求：一是在性质上同类，不同类型的企业，其相关的财务指标则是不可比的；二是在范围上一致，即相比较的财务指标所代表的主体范围应基本相同；三是在时间上相同，即相比较的财务指标所代表的时期是相同的，如都是采用年度指标或季度指标等。只有用于比较的指标保持相同的口径，比较才有意义。

此外，在比较过程中，还应该注重绝对数指标与相对数指标的有机结合。单纯注重绝对数指标或单纯看重相对数指标的做法常常是不可取的，也容易造成分析结果的失误。例如，假设甲公司去年全年实现税后净利润 260 万元，而乙公司实现税后净利润 500 万元。倘若仅仅看其净利润这一绝对数指标，显然会认为乙公司盈利水平远高于甲公司。然而，如果结合公司规模或公司所占用的资源去分析，结果可能将有所改变。在此例中，假设甲公司实现税后净利润 260 万元，其所占用的全部经济资源（资产总额）为 1 000 万元，即其资产净利润率高达 26%，而乙公司所实现的税后净利润 500 万元，依靠的是对 5 000 万元资产的占用，则其资产净利润率仅为 10%。显然，就有限资源的盈利效果而言，甲公司明显强于乙公司。

**2. 比率分析法**

比率分析法是指把某些彼此存在关联的财务指标加以对比，计算出比率，据以确定经济活动变动程度的分析方法。比率是相对数，采用这种方法，能够把某些条件下的不可比指标变为可比指标，利于分析。

相关比率是以两个相互联系但又不同的财务指标相除求得的。以两个指标的相除求得的比率，也就是通常所说的相对指标。利用相关比率指标，可以考察有联系的相关业务安排得是否合理，以保障企业的业务活动能够顺畅进行。例如，负债除以资产得出资产负债率，可以分析、考核企业负债及利用资金的效益情况。

（1）构成比率分析。构成比率又称结构比率，是以某项财务指标的某个组成部分的数据除以该项财务指标的总和数据求得的，也就是通常所说的比重。所以，构成比率分析就是比重分析。使用构成比率，可以考察总体中某个部分的形成和安排是否合理，以便协调各项财务活动。例如，对企业资产总额构成进行动态分析，即分析计算出每年的流动资产、固定资产、无形资产等各项目占总资产的比重，通过分析比较可以揭示企业资产结构的变化趋势及其原因。

（2）效率比率分析。效率比率是某项经济指标所费与所得的比率，反映投入与产出的关系。利用效率比率分析，可以进行得失比较，考察经营成果，评价经济效益。例如，将某些企业投资项目与成本、利润、资本等加以对比，可计算出投资利润率、资本利润率、成本利润率等，可以从不同角度观察比较企业财务管理能力等。

比率分析法的优点是计算简便，计算结果容易判断。但是使用这一方法时，应注意：一是对比指标的相关性。计算比率的子项和母项必须具有相关性，把不相关的指标进行对比是没有意义的。二是对比口径的一致性。计算比率的子项和母项必须在计算时间、范围等方面保持口径一致。三是衡量标准的科学性。运用比率分析，需要选用一定的标准与之对比，以便对企业的财务状况作出评价。通常而言，科学合理的对比标准有预定目标（如预算指标、计划指标、定额指标等)、历史标准(如上期实际、上年同期实际、历史先进水平等)、行业标准(如主管部门颁布的标准、企业同行业平均水平等)、公认标准。

**3. 趋势分析法**

趋势分析法又称水平分析法,是指将两期或连续数期财务会计报告中相同指标进行对比,确定其增减变动的方向、数额和幅度,以说明企业财务状况或投资效果的变动趋势的一种方法。采用这种方法,可以分析引起变化的主要原因、变动的性质,并预测企业未来的发展前景。

1) 趋势分析法的原理

趋势分析法的一般步骤如下:

(1) 计算趋势比率或指数。趋势指数的计算通常有两种方法:一是定基指数,二是环比指数。定基指数就是各个时期的指数都是以某一固定时期为基期来计算的,环比指数则是各个时期的指数以前一期为基期来计算的。趋势分析法通常采用定基指数。两种指数的计算公式分别如下:

$$定基指数=\frac{某一分析期某指标数据}{固定基期某指标数据}\times 100\%$$

$$环比指数=\frac{某一分析期某指标数据}{前期某指标数据}\times 100\%$$

(2) 根据指数计算结果,评价与判断企业该指标的变动趋势及其合理性。

(3) 预测未来的发展趋势,根据企业分析期该项目的变动情况,研究其变动趋势或总结其变动规律,从而可预测出企业该项目的未来发展情况。

2) 趋势分析法的应用

应用趋势分析法,需要注意以下几点:

(1) 比较的指标,既可以直接针对财务报表的项目,也可以针对财务指标,如净资产收益率、流动比率、资产负债率等,还可以针对结构比重。

(2) 比较的形式,除了计算定基指数或环比指数,财务报表使用者还可以不加以处理,直接采用趋势分析图的形式进行比较分析,这样更加直观。

(3) 比较的基础,财务报表使用者需要注意当某项目基期为零或负数时就不能计算趋势指数,因为这样比较会失去实际意义,此时可以采用趋势分析图的形式。

(4) 对于计算趋势指数的财务报表数据,财务报表使用者同样要注意比较前后期的会计政策、会计估计的一致性,如果会计政策、会计估计不一致,那么趋势指数也会失去比较的实际意义。

(5) 对分析结果,财务报表使用者需要注意排除偶然性或意外性因素的影响。对于健康发展的企业,其发展规律通常应该是稳步上升或下降的趋势(视分析项目不同而定),但有可能由于一些偶然性或意外性的因素,在某一分析期出现背离整个发展趋势的情形,此时财务报表使用者应该深入分析其是否受一些偶然性或意外性因素的影响,从而对企业该项目的真实发展趋势作出合理判断。

**4. 因素分析法**

因素分析法,又称因素替代法或连环替代法,是在许多因素中对某一项指标综合因素分析法发生作用的情况下,分别确定各个因素的变动对该指标变动的影响。具体而言,连环替代法是指将多个因素所构成的指标分解成各个具体因素,把其中的各个因素作为变量,把其他因素看作不变量，依次逐项进行替换，以测算各因素对指标变动影响程度的方法。运用这一方法，可以分析某项指标的完成受哪些因素影响，预测各因素对该指标的影响程度。其一般计算程序如下：

(1) 列出各个因素的预算数和实际数。

(2) 依次以每个因素的实际数替换预算数，有几个因素就替换几次，直到所有因素都由预算数替换成实际数，并计算出“替换指标”。然后将各次替换与替换前的指标相比较，两者的差额就是某一因素对预算完成结果的影响程度。

(3) 将各个因素的影响值相加，即实际数与预算数之间的总差额。

设某一经济指标 P 是由相互联系的 A、B、C 三个因素组成，基准指标和实际指标的公式是：

$$\text{基准指标 } P_0 = A_0 \times B_0 \times C_0$$
$$\text{实际指标 } P_1 = A_1 \times B_1 \times C_1$$

该指标实际脱离基准的差异($P_1 - P_0$)，可能同时是上列三因素变动的影响。在测定各个因素的变动对指标 P 的影响程度时可顺序计算如下：

$$\text{基准指标 } P_0 = A_0 \times B_0 \times C_0 \tag{7-1}$$
$$\text{第一项替代 } P_2 = A_1 \times B_0 \times C_0 \tag{7-2}$$
$$\text{第二项替代 } P_3 = A_1 \times B_1 \times C_0 \tag{7-3}$$
$$\text{第三项替代 } P_1\text{(即实际指标)} = A_1 \times B_1 \times C_1 \tag{7-4}$$

据此测定的结果：

式(7-2)－式(7-1)＝ $P_2 - P_0$，是由于 A 变动的影响。

式(7-3)－式(7-2)＝ $P_3 - P_2$，是由于 B 变动的影响。

式(7-4)－式(7-3)＝ $P_1 - P_3$，是由于 C 变动的影响。

把各因素变动的影响程度综合起来，则：

$$(P_1 - P_3) + (P_3 - P_2) + (P_2 - P_0) = P_1 - P_0$$

分析结果与分析对象(实际指标与基准指标的差异)相符合。

连环替代法在财务报表分析中是运用较为广泛的一种方法，它既可以全面分析每个因素对某一经济指标的影响，又可以单独分析某个因素对某一经济指标的影响。连环替代法具有以下特点：第一，每次顺序替代一个因素。当测定每一因素的影响程度时，是以以前各个因素已变、而以后各个因素不变为条件的。第二，每一个中间环节都连续重复比较两次，形成一系列比较的联环结。由于这些特点，运用连环替代法时必须正确分解指标，并确定正确的替代顺序，这样才能使分析结果明确，区分经济责任，并得出正确的结论。

7-15 扫一扫练一练

### 7.7.3 财务比率分析

7-16 扫一扫练一练答案

#### 1. 偿债能力比率

偿债能力比率是反映企业用现有资产偿还债务的能力的比率，用于分析企业目前是否存在不能偿还债务的风险。短期偿债能力比率主要包括流动比率和速动比率；长期偿债能力主要包括资产负债率和股东权益比率等。

1）流动比率

流动比率是指企业流动资产与流动负债的比率，其计算公式是：

$$流动比率=\frac{流动资产}{流动负债}\times100\%$$

流动比率是衡量企业短期偿债能力的最基本、最通用的指标，表明某一时点企业每1元流动负债所对应的可用于偿付的流动资产量，反映企业在短期债务到期时其流动资产可变现用于偿还流动负债的能力。从一般经验看，流动比率应达到200%以上。

对流动比率的分析，也可从静态和动态两方面进行。从静态上分析，就是计算并分析某一时点的流动比率，同时可将其与同行业的平均流动比率进行比较；从动态上分析，就是将不同时点的流动比率进行对比，研究变动的特点及合理性。

**【例7-5】** 根据表7-4资产负债表的资料，运用流动比率指标对琴岛有限责任公司偿债能力进行分析。

期末流动比率＝695 383.62÷754 012.43×100%＝92.22%

期初流动比率＝747 165.47÷601 177.97×100%＝124.28%

根据上述计算可知，琴岛有限责任公司2×21年年初流动比率为124.28%，偿债能力一般。在期末流动比率为92.22%，偿债能力趋于下降。如果按照经验标准来判断，该公司无论是期初还是期末，流动比率都低于200%的水平，表明该公司的偿债能力较弱。

就琴岛有限责任公司流动比率变动的原因进行分析表明，由于期末流动资产降低了6.93%，而期末流动负债增加了25.42%，两者综合作用的结果，使期末流动比率下降了32.06%。

2）速动比率

速动比率是企业速动资产与流动负债的比率，又称酸性实验比率，其计算公式为：

$$速动比率=\frac{速动资产}{流动负债}\times100\%$$

速动资产是指那些“放久了容易变酸的项目（指存货及预付款项）”予以剔除后而剩下的流动资产，包括货币资金、交易性金融资产、应收票据、应收账款、应收利息、应收股利、其他应收款、一年内到期的非流动资产和其他流动资产，不包括存货和预付账款。这主要是因为存货是流动资产中变现速度最慢的资产，变现时要经过销售和收款，变现速度一般比较慢，甚至有可能出现滞销或者被抵押的情况而无法转换为现金；此外，存货还有一个变现价值的问题，即其历史成本与可变现净值之间往往存在着较大的差距，使得它无法正确反映实际的变现价值。至于预付款项，其本质上属于预付费用，只能减少企业未来时期的现金支出，其流动性实际上是很低的。

当企业流动比率较高时，如果流动资产中可以立即变现用来支付债务的资产较少，其偿债能力也是较差的；反之，即使流动比率较低，但流动资产中的大部分都可以在较短的时间内转化为现金，其偿债能力也很强。所以用速动比率来评价企业的短期偿债能力相对更准确一些。一般认为，速动比率的一般标准为100%，就是说，每1元的流动负债，都有1元几乎可以立即变现的资产来偿付。如果速动比率低于100%，一般认为偿债能力较差，但分析时还要结合其他因素进行评价。

这两个比率是用来衡量一个企业的短期偿债能力的，一般来说，比率越高，流动负债的偿还能力越强，但是这两个比率也不是越高越好。若流动资产流动性比较强，但是收益性差或者根本没有收益，比如现金，即流动资产在资产中的比重过大，就会降低整体盈利能力。所以这两个比率在某种程度上反映了企业的经营能力和经营风格，将这两个比率与企业往年同期的该比率进行比较或者与行业的正常水平进行比较，看是否有较大的变动，并分析这一变动是如何产生的，将有利于了解企业的战略和经营风格。

**【例 7-6】** 根据表 7-4 的资料，运用速动比率指标对琴岛有限责任公司偿债能力进行分析。

期末速动比率

＝(108 284.16＋50 000＋30 000＋300 719.18＋34 433.25)÷754 012.43×100%

＝69.42%

期初速动比率

＝(106 024.30＋15 000＋25 000＋431 471.44＋50 000)÷601 177.97×100%

＝104.38%

从计算结果可以看出，琴岛有限责任公司期末短期偿债能力弱于期初。如果联系到该公司的流动比率，综合加以分析就会更清楚地发现，该公司的偿债能力并不像流动比率指标显示得那样弱。这是因为在该公司的流动资产中，速动资产占有较大比重，期初的速动资产如果能够及时变现，可以及时偿还所有的流动负债；在期末能偿还流动负债的69%，当然该公司要想偿付所有的流动负债，还必须变现其他的资产。

3) 杠杆比率

杠杆比率是指企业的负债与所有者间的对比关系，是用来评价企业长期偿债能力和继续举借债务能力的指标。

企业可以用来偿还债务的资金来源除了自身拥有的财产、经营过程中赚取的利润，还包括向外部债权人举借债务所获得的资金，而在评估企业的举债能力的大小时，债权人通常会考虑企业的债务与权益的相对比率。一般来说，企业股东权益与负债的比率越大，企业进一步举债的能力就越大，这是因为债权人在借出资金时要考虑贷款的风险，债务与股东权益的比率越小，企业用来偿还负债的资产越有保障，风险越小。

具体的杠杆比率有以下几个。

(1) 资产负债率。资产负债率等于负债总额除以资产总额，表示企业全部资产来源中有多少来源于举借债务，这个指标也是衡量企业财务风险的主要指标，反映企业的举债经营情况和债权人的安全保障程度。其计算公式表示为：

$$资产负债率=\frac{负债总额}{资产总额}\times 100\%$$

资产负债率是对企业负债状况的一个总体反映。资产负债率的高低对企业的债权人和所有者具有不同的意义。对债权人而言，其最关心的是提供给企业的贷款本金和利息能否按期收回。如果负债比率高，说明企业总资产中仅有小部分是由股东提供的，而大部分是由债权人提供的，这样，企业的风险将主要由债权人承担，这对债权人来说是不利的。所以，债权人希望负债比率越低越好，这样其权益的保障程度就越高。对所有者而言，其最关心的是投入资本的收益率。企业债权人投入的资金与企业所有者投入的资金发挥着同样的作用，所以，只要企业的总资产收益率高于借款的利息率，举债越多，即负债比率越大，所有者的投资收益就越大。

一般情况下，企业负债经营规模应控制在一个合理的水平，负债比重应控制在一定的标准内。如果负债比率过高，企业的财务风险将越来越大，对债权人和所有者都会产生不利的影响。该指标在40%～60%较为正常；若超过70%，企业的经营风险就较大(西方国家以70%为警戒线)；若该指标小于30%，则表明企业未充分利用财务杠杆的作用来举债经营。

**【例7-7】** 根据表7-4提供的资料，计算琴岛有限责任公司的资产负债率。

期末资产负债率＝854 012.43÷1 339 155.49×100%＝63.77%

期初资产负债率＝701 177.97÷1 180 307.61×100%＝59.41%

琴岛有限责任公司资产负债率2×21年比2×20年增加了4.36%，表明该企业的债务负担略有提高，但偿债能力还是较强的。

(2) 股东权益比率。股东权益比率等于所有者权益除以资产总额，表示资产中股东权益的比例，其计算公式表示为：

$$股东权益比率=\frac{所有者权益总额}{资产总额}\times100\%=1-资产负债率$$

这两个比率应该是多大，通常没有定论。其大小除了受企业所在行业、所处经营周期等经营因素的影响，还与企业管理层的经营方针有关系。不过，通常认为具有比较高的权益比率(也就是比较低的资产负债比率)的企业财务风险比较小，但并不是权益比率越高越好，因为企业的目标是股东财富最大化，利用财务杠杆可以利用经营机会，借用债权人的资金为企业赚取更多的利润。所以，对于不同的企业，因企业自身的实际情况不同，采取不同的融资策略，这个指标在不同企业之间会存在很大的差异。杠杆比率只是在分析企业偿债能力时作为一个衡量长期偿债能力的指标，从总体上说明企业用权益性资产为债权人提供保护的状况。这个指标只要在一个合理的范围内就可以了。

(3) 产权比率和权益乘数。产权比率，也称净资产负债率，是指负债总额和所有者权益总额之间的比例关系，它表明了股东投资对于债权人的保障程度，是企业财务结构稳健与否的重要标志。其计算公式为：

$$净资产负债率=\frac{负债总额}{所有者权益总额}\times100\%$$

该比率越低，表明企业的长期偿债能力越强。但如果过低，尽管企业偿还长期债务的能力强，但是企业没有利用财务杠杆的作用。

**【例7-8】** 根据表7-4提供的资料，计算琴岛有限责任公司的净资产负债率。

期末产权比率＝854 012.43÷485 143.05×100%＝176.03%

期初产权比率＝701 177.97÷479 129.63×100%＝146.34%

从净资产负债率的计算结果可得出该企业的债务负担期末略有提高，偿债能力一般。

权益乘数是与产权比率性质相似的一个比率，其计算公式为：

$$权益乘数=\frac{1}{股东权益比率}=\frac{资产总额}{所有者权益总额}\times100\%=1+净资产负债率$$

权益乘数越大,说明股东投入的一定量资本在生产经营中所运营的资产倍数越多,也间接反映了资本的保值增值情况。

除了以上比率,还有利息保障倍数和固定费用保障倍数,这两个指标是用来评价企业的偿债能力的。但这两个比率与上述比率的评价角度是不同的,上述比率是从评价企业偿还债务本金的能力的角度出发,而这两个比率则是从评价企业每年支付利息和固定支出的能力的角度出发,这也是由长期负债的自身特点决定的。长期负债除要求到期偿还本金,每年还要支付利息,如果企业出现不能及时偿还利息的情况,企业的信誉就会受到影响,企业的举债能力也会受到打击,所以,这两个比率通常也作为评价企业清偿能力的指标。

(4) 利息保障倍数。其公式如下:

$$利息保障倍数=\frac{息税前正常营业利润}{利息费用}=\frac{营业利润+利息费用}{利息费用}$$

公式中的利息费用,包括财务费用中的利息支出和资本化利息。

这个指标一般一定会大于1,通常认为,这个指标越大越好。

一般认为,利息保障倍数反映了企业偿还利息的能力。此倍数越大,表明企业还息能力越强。只要此比率大于1,企业即可继续举债。

但是,在短时间内,企业偿还利息的能力应主要取决于企业的现金支付能力,与利息保障倍数无关。实际上,如果利息保障倍数小于1,则表明企业的财务成果不足以回报债权人,从长期来看,将最终损害股东的利益。因此,我们认为,利息保障倍数的真正作用在于能从股东的角度评价企业当前的借债政策是否有利。

**【例7-9】** 根据表7-8提供的资料,计算琴岛有限责任公司的利息保障倍数。

期末利息保障倍数=(203 017.91+10 382.51)÷10 382.51=20.55

期初利息保障倍数=(207 060.05+10 202.08)÷10 202.08=21.30

可见,琴岛有限责任公司2×20年生产经营所得是支付利息的21.30倍。2×21年利息保障倍数降低到20.55倍,支付利息的保障程度有一定程度的降低。2×21年利息保障倍数降低的主要原因是本年的生产经营业绩较差。

(5) 固定费用保障倍数。其公式如下:

$$固定费用保障倍数=\frac{息税前正常营业利润+折旧+租赁费用}{利息费用+租赁费用+偿还本金额\div(1-所得税税率)}$$

这个比率是考虑到企业中除了利息费用,还有一些固定的费用支出,即无论企业是否盈利都会发生的支出,如优先股的股利、为了保证到期偿还债务而设立的偿债基金、要求每年提取的费用等。在计算这个比率时必须注意的是,如果是税后支付的固定费用,如优先股股利,要折算成税前的数值进行计算,用这个比率评价企业的偿债能力比利息保障倍数更保守、更稳健。

**2. 盈利能力比率**

对财务报表的使用者来说,他们最关心的通常是企业赚取利润的能力。企业如果有足够的利润,就可以偿还债务、支付股利和进行投资等。评价企业盈利能力的指标有很多,主要分为两类:一类是经营活动赚取利润的能力;另一类是企业的资产对企业利润的贡献。

1)销售毛利率

销售毛利率是毛利占销售收入的百分比,通常简称为毛利率。其中,毛利是销售净收入与销售成本的差额。其计算公式是:

$$销售毛利率=\frac{销售收入-销售成本}{销售收入}\times100\%$$

它最大的特点在于没有扣除期间费用。因此,它能够排除管理费用、财务费用、营业费用对主营业务利润的影响,直接反映销售收入与支出的关系。销售毛利率的值越大,说明在主营业务收入净额中主营业务成本占的比重越小,企业通过销售获得利润的能力更强。正是因为销售毛利率的以上特点,它能够更为直观地反映企业主营业务对于利润创造的贡献。

企业的销售毛利率越高,最终的利润空间越大。例如,甲企业的销售毛利率为50%,乙企业的销售毛利率为20%。这意味着甲企业每卖出100元钱产品,产品的成本只有50元,毛利为50元,只要每100元销售收入需要抵补的各项费用低于50元,企业就能盈利。而乙企业每卖出100元钱产品,产品的成本高达80元,毛利只有20元,只有每100元销售收入需要抵补的各项费用低于20元时企业才能盈利。

我们也可以对销售毛利率进行横向和纵向的比较。通过与同行业平均水平或竞争对手的比较,可以洞悉企业主营业务的利润空间在整个行业中的地位以及与竞争对手相比的优劣。如果通过横向比较,发现企业的销售毛利率过低,则应进一步查找原因,并采取措施及时调整。通过与企业以往各期的销售毛利率进行比较,可以看出企业主营业务盈利空间的变动趋势。如果在某一期间内销售毛利率突然下降,企业应进行内部分析,进一步查找原因,看看销售毛利率下降是降价引起的,还是成本上升所致,并及时找出改善的对策。

**【例7-10】** 根据表7-8的资料,运用销售毛利率指标对琴岛有限责任公司盈利能力进行分析。琴岛有限责任公司2×21年年末的销售毛利率:

销售毛利率=(920 680.75-645 797.35)÷920 680.75×100%=29.86%

2×20年的销售毛利率为:

销售毛利率=(830 820.28-547 537.00)÷830 820.28×100%=34.10%

根据上述计算结果可知,琴岛有限责任公司2×20年的销售毛利率为34.10%,而2×21年该企业销售毛利率为29.86%,显然,2×21年琴岛有限责任公司的销售毛利率与2×20年相比,有所降低,这说明该企业盈利能力较2×20年相比有所下降,企业应采取措施增加收入,降低成本,提高企业的销售毛利率水平。

2)销售净利率

销售净利率的计算公式如下:

$$销售净利率=\frac{净利润}{销售收入}\times100\%$$

该比率表示每1元销售收入可实现的净利润是多少。这个比率用于衡量企业营业收入给企业带来利润的能力。销售净利率越高,说明企业通过扩大销售获取收益的能力越强。若其比率较低,表明企业经营管理者未能创造出足够多的营业收入或者没有成功地控制成本。通过分析销售净利率的变化，不仅可以促使企业扩大销售，还可以让企业注意改善经营管理，控制期间费用，提高盈利水平。

同时，销售净利率的分子是企业的净利润，即企业的收入在扣除了成本和费用以及税后的净值，净利润是企业最终为自身创造的收益，反映了企业能够自行分配的利润额。企业之后提取公积金、发放股利等行为，都是建立在这个净利润的基础上。因此，用净利润与销售收入相比，能够从企业生产经营最终目的的角度，看待销售收入的贡献。销售净利率越高，说明企业在正常经营的情况下由盈转亏的可能性越小，并且通过扩大主营业务规模获取利润的能力越强。

但要注意，在企业的净利润中以纯经营活动为主的条件下此比率意义较大，如果企业的净利润中，投资收益、公允价值变动损益等这些与企业的本期营业收入无关的项目金额过大，则此比率同样会失去意义。

**【例 7-11】** 根据表 7-8 的资料，运用销售净利率指标对琴岛有限责任公司盈利能力进行分析。

琴岛有限责任公司 2×21 年年末的销售净利率为：

销售净利率＝156 013.43÷920 680.75×100%＝16.95%

琴岛有限责任公司 2×20 年的销售净利率为：

销售净利率＝151 545.04÷830 820.28×100%＝18.24%

琴岛有限责任公司 2×20 年销售净利率为 18.24%，2×21 年销售净利率 16.95%，显然，琴岛有限责任公司 2×21 年销售净利率比 2×20 年的要低，说明琴岛有限责任公司销售净利率有所下降，通过销售获取净利润的能力较去年相比有所下降。

3）股东权益报酬率

7-17 扫一扫练一练

7-18 扫一扫练一练答案

股东权益报酬率是指企业一定时期内的净利润与净资产平均余额的比率，该指标充分体现了投资者投入企业的自有资本获取净利润的能力，突出反映了投资与报酬的关系。其计算公式为：

$$股东权益报酬率=\frac{净利润}{净资产平均余额}\times 100\% \qquad (7-5)$$

式(7-5)中，净利润是指企业的税后利润，净资产平均余额是指企业所有者权益年初数同所有者权益年末数的平均数，即净资产平均余额＝(所有者权益年初数＋所有者权益年末数)÷2。股东权益报酬率是评价企业权益资本及其累积获取报酬水平的最具综合性与代表性的指标，它反映了企业资本运营的综合效益。该指标通用性强，适用范围广，不受行业局限。通过对该指标的综合对比分析，我们可以看出企业的获利能力在同行业中所处的地位。

**【例 7-12】** 根据表 7-4 及表 7-8 的资料，运用股东权益报酬率指标对琴岛有限责任公司盈利能力进行分析。

股东权益报酬率＝156 013.43÷482 136.34×100%＝32.36%

净资产平均余额＝(479 129.63＋485 143.05)÷2＝482 136.34(元)

从计算结果可以看出，琴岛有限责任公司 2×21 年股东权益报酬率为 32.36%。股东权益报酬率是反映盈利能力的核心指标，企业的根本目标是所有者权益或者股东价值最大化，股东权益报酬率既可以反映资本的增值能力，又影响着企业股东价值的大小，该指标越大，反映企业权益资本获取收益的能力越强，运营效益越好，对企业投资者、债权人的保障程度越高。

4）总资产净利率

$$总资产净利率=\frac{息税前利润}{平均总资产}\times 100\% \tag{7-6}$$

$$息税前利润=利润总额+财务费用$$

式(7-6)中，平均总资产是期初总资产和期末总资产的和除以 2 得到的。这个比率反映的是：不考虑利息费用和纳税因素，只考虑经营情况时，管理层对能够运用的所有资产管理好坏的程度，即管理层利用公司现有资源创造价值的能力，这个比率是对企业盈利能力的衡量，没有考虑公司的财务结构和税收影响。

总资产净利率越高，表明资产利用效率越高，说明企业在增加收入、节约资金使用等方面取得了良好的效果；总资产净利率越低，说明企业资产利用效率低，应分析差异原因，提高销售利润率，加速资金周转，提高企业经营管理水平。该指标表示企业全部资产获取收益的水平，全面反映了企业的获利能力和投入产出状况。通过对该指标的深入分析，可以增强各方面对企业资产经营的关注，促进企业提高单位资产的收益水平。

**【例 7-13】** 根据表 7-4 及表 7-8 的资料，运用总资产报酬率指标对琴岛有限责任公司盈利能力进行分析。

总资产净利率＝217 400.43÷1 259 731.54×100%＝17.26%

息税前利润＝208 017.91＋9 382.51＝217 400.42(元)

总资产平均余额＝(1 339 155.49＋1 180 307.61)÷2＝1 259 731.54(元)

从计算结果可以看出，琴岛有限责任公司 2×21 年总资产净利率为 17.26%，表明该公司每 1 元资产投入，可获得息税前利润 0.172 6 元，总资产净利率越高，说明企业资产的运用效率越好，也意味着企业的资产盈利能力强。评价总资产净利率时，需要与企业前期的比率、同行业其他企业的这一比率等进行比较，并进一步找出影响该指标的不利因素，以利于企业加强经营管理。

5）上市公司的特殊比率

对上市公司而言，信息使用者还应关注与每股普通股有关的比率，以供其在决定股票投资时作为参考。

(1) 每股收益。每股收益，即每股盈利(EPS)，又称每股税后利润、每股盈余，是指税后利润与股本总数的比率。它是测定股票投资价值的重要指标之一，是分析每股价值的一个基础性指标，是综合反映公司获利能力的重要指标，它是公司某一时期净利润与股份数的比率。该比率反映了每股创造的税后利润，比率越高，表明所创造的利润就越多。若公司只有普通股时，每股收益就是税后利润，股份数是指发行在外的普通股股数。如果公司还有优先股，应先从税后利润中扣除分派给优先股股东的股息。每股收益的公式为：

7-19《企业会计准则——每股收益》制定背景

$$每股收益=\frac{净利润-优先股股息}{发行在外的普通股加权平均数} \tag{7-7}$$

一般来说，每股收益指标值越高，在利润质量较好的情况下，表明股东的投资效益越好，股东获取较高股利的可能性也就越大。这个指标是普通股股东最关心的指标之一，而且这个指标的大小直接影响公司支付普通股股利的多少，如果没有足够的收益就不能支付股利。当然股利的实际支付还受公司现金状况的影响。

（2）股利收益率。股利收益率即股利与市价的比率，是指企业普通股每股股利与普通股每股股价间的比率，其计算公式表示为：

$$股利收益率=\frac{每股股利}{每股股价}\times 100\% \tag{7-8}$$

由式(7-8)可以看出，股票价格的波动和股利水平的任何变化均会导致股利收益率的变化，它粗略地计量了当年投资当年收回的情况下收益的比率。

（3）市盈率。市盈率即市价与每股盈余的比例，它是每股股市价与每股收益之比，其计算公式表示为：

$$市盈率=\frac{每股市价}{每股收益} \tag{7-9}$$

该指标表示投资人愿意为获取公司每 1 元的收益付出多高的价格。一般来说，市盈率高，说明投资者愿意出更高的价格购买该公司股票，对该公司的发展前景看好。因此，一些成长性较好的公司股票的市盈率通常要高一些。例如，假设甲、乙两个公司的每股收益相等，说明两个公司当期每股的盈利能力相同。如果甲公司的市盈率高于乙公司，说明甲公司的每股市价高于乙公司的每股市价。对当期盈利能力相同的两只股票，投资者愿意出更高的价格购买甲公司的股票，这说明投资者对甲公司的未来发展更加看好。

市盈率是反映市场对公司的期望的指标，比率越高，市场对公司的未来前景越看好。但是，这个比率不能用于不同行业间公司的比较，因为市盈率与公司的增长率相关，不同行业的增长率不同，所以，进行不同行业的公司之间比较时，这个数值没有意义。

在我国现阶段，股票的市价可能并不能很好地代表投资者对公司未来前景的看法，因为股价中含有很多炒作的成分。因此，我们应用市盈率对公司作评价时需要谨慎。

（4）股利支付率。股利支付率是每股股利与每股收益的比例，其计算公式如下：

$$股利支付率=\frac{每股股利}{每股收益}\times 100\% \tag{7-10}$$

股利支付率反映普通股股东从全部获利中实际可获取的股利份额。单纯从股东角度的眼前利益讲，股利支付率越高，股东所获取的回报越多。我们可以通过该数据分析公司的股利政策，因为股票价格会受股利的影响，公司为了稳定股票价格可能采取不同的股利政策。我国的情况比较特殊，通常支付现金股利的公司股票价格不会迅速增长，配股或者送股的公司股票价格反而上涨很多，这与其他国家的情况有很大的不同。

**3. 营运能力比率**

企业营运能力比率分析是以各种资产周转率或周转期为计算主体，来分析企业使用其经济资源的效率及有效性，以此反映企业的营运能力和经营管理水平，常用的财务比率包括存货周转率、应收账款周转率、固定资产周转率、总资产周转率等。

1) 存货周转率

存货周转率是用来衡量企业销售能力及存货管理水平的指标。存货周转率是指营业成本与平均存货余额之比。

$$存货周转率=\frac{营业成本}{平均存货余额} \tag{7-11}$$

式(7-11)中,平均存货余额可以是年平均存货余额、季平均存货余额或月平均存货余额;营业成本是对应的年营业成本、季营业成本和月营业成本。最常用的是年营业成本除以年平均存货余额,平均存货余额是年初存货余额加上年末存货余额的和除以2。使用这个指标的条件是假设存货在当年中匀速使用,不发生波动。很显然,这种假设对很多企业是不适用的,因为很多企业的存货存在季节性。例如,商业企业在年末是旺季,存货比其他季节要多,这样计算得到的存货周转率就会比实际的存货周转率要小,会发生对该指标的扭曲。实践中,常用的另一个数据是存货平均周转天数,它实际是存货周转率的另一种表达方式,是一个问题的两种表述形式。不过,存货周转天数比存货周转率更直观、更容易理解。

存货周转率应与行业数比较。存货周转率越高,表示企业存货管理效率越高,存货从资金投入销售收回的时间越短,在销售净利率相同的情况下,获取的利润就越多;反之,存货周转率过低,表示企业的存货管理效率欠佳,产销配合不好,存货积压过多,致使资金冻结在存货上,仓储费用及利息负担过重。

**【例7-14】** 根据琴岛有限责任公司表7-4以及表7-8的资料,运用存货周转率指标对该公司的流动资产营运能力进行分析。

2×21年存货周转率=645 797.35÷30 502.38=21.17

2×21年存货平均余额=(46 641.53+14 363.23)÷2=30 502.38(元)

根据计算结果可得,琴岛有限责任公司2×21年存货周转率为21.17,已知行业存货周转率的平均水平为20,经比较可以发现,该公司的存货周转率高于行业平均水平,说明琴岛有限责任公司的存货营运能力比较好。

2) 应收账款周转率

应收账款周转率是企业赊销收入净额与应收账款平均余额之比,反映企业资金被占用的程度。由于应收账款存在收不回来的可能性,过高的应收账款会加大未来损失的可能性,过低的应收账款又对企业的销售造成影响。其计算公式如下:

$$应收账款周转率=\frac{赊销收入净额}{应收账款平均余额} \tag{7-12}$$

式(7-12)中,应收账款平均余额是年初应收账款和年末应收账款之和除以2得到的;赊销收入净额应该是通过赊销取得的收入。通常,企业是通过赊销和现金销售两种方式进行销售,应收账款是在赊销过程中产生的,所以计算应收账款周转率时应该用赊销额。但是赊销额只有内部人员才能够得到,外部报表使用者很难得到这个数据,常用营业收入代替赊销额来计算这个比率。在用营业收入代替赊销额时,通常将现金销售视为回收期为零的应收账款。所以如果企业销售中赊销比例较小,得到的应收账款周转率就会较大。

需要强调的是,利用式(7-12)进行分析时应注意:第一,企业的应收票据应该规模不大(因为应收票据也推动了赊销收入);第二,应收账款应该用没有减除坏账准备以前的原值金额(因为企业真正周转和回收的不是净值,而是原值);第三,在实施增值税的条件下,销售额的项目还应该乘以(1+增值税税率),这是因为债权中包括了销项税额。

实践中常用的另一个数据是应收账款周转天数。如果应收账款周转天数长于企业通常的放款期或信用期,表明企业信用管理欠佳,收账不力,以致资金沉淀于应收账款中;反之,应收账款周转天数越短,企业销货之后能迅速收回现金,则可加速资金周转。如果应收账款周转天数低于同行业太多,可能是该企业的信用政策偏紧,影响销售。

**【例 7-15】** 根据琴岛有限责任公司表 7-4 以及表 7-8 的资料,运用应收账款周转率指标对该公司的流动资产营运能力进行分析。

2×21 年应收账款周转率=920 680.75÷393 595.30=2.34

2×21 年应收账款平均余额=[(30 000+300 719.17)+(25 000+431 471.44)]÷2=393 595.30(元)

根据上述计算结果可以看出,琴岛有限责任公司 2×21 年应收账款周转率为 2.34。假设琴岛有限责任公司所在行业的应收账款周转率为 4,根据比较可知,琴岛有限责任公司的应收账款周转率低于行业平均水平,企业应采取措施缩短平均收账期,减少坏账损失,加速应收账款周转。

3) 固定资产周转率

固定资产周转率是企业销售收入净额与平均固定资产原值的比率,是衡量固定资产利用效率好坏的指标,其计算公式为:

$$\text{固定资产周转率}=\frac{\text{产品销售收入}}{\text{平均固定资产原值}} \tag{7-13}$$

式(7-13)中,平均固定资产原值是期初固定资产原值和期末固定资产原值的和除以 2 得到的,这个指标可以粗略地计量企业固定资产创造收入的能力,反映企业管理层管理企业固定资产的能力。

需要说明的是,有些教材会用平均固定资产净值来计算此指标。我们认为,企业利用的固定资产不是净值,而是原值。因为用原值计算出来的固定资产周转率可以恰当地反映企业对固定资产的运用状况,否则就会出现这样的情况:企业相邻两年的营业收入完全一样,但由于第二年企业计提了折旧导致净值减少,结果用净值计算出来的第二年固定资产周转率高于第一年;如果用原值计算,就会得出两年固定资产周转率一样的恰当结果。

固定资产周转率高,不仅表明企业充分利用了固定资产,同时也表明企业固定资产投资得当,效率得到了充分发挥;固定资产周转率低,表明固定资产使用效率不高,企业的营运能力欠佳。企业要提高固定资产周转率,就应加强对固定资产的管理,做到固定资产投资规模得当,结构合理。

**【例 7-16】** 根据表 7-4 以及表 7-8 的资料,计算固定资产周转率指标分析琴岛有限责任公司的固定资产营运能力。

固定资产周转率=920 680.75÷378 279.50=2.43

固定资产平均余额=(393 866.87+362 692.13)÷2=378 279.50(元)

根据上述计算结果可以看出,琴岛有限责任公司 2×21 年的固定资产周转率为 2.43,表明每 1 元固定资产所产生的收入为 2.43 元。

4）总资产周转率

总资产周转率的计算公式如下：

$$总资产周转率=\frac{销售收入净额}{平均总资产} \tag{7-14}$$

式(7-14)中，平均总资产是期初总资产和期末总资产的和除以2得到的，这个指标可以粗略地计量企业资产创造收入的能力，反映企业管理层管理企业资产的能力。但是资产的组成很复杂，所以平均总资产只是一种粗略的描述，还要考虑企业资产的具体情况，才能作出合理、细致的评价。需要注意的是，在企业对外投资规模较大时，平均总资产应该剔除并不引起营业收入增加的短期投资和长期投资。

总资产周转率反映了企业全部资产的使用效率和周转速度。总资产周转率高，说明全部资产经营效率高，周转速度快，取得的收入多；总资产周转率低，说明全部资产经营效率低，周转速度慢，取得的收入少，最终会影响企业的盈利能力。

**【例7-17】** 根据表7-4以及表7-8的资料，分析琴岛有限责任公司的总资产营运能力。

总资产周转率＝920 680.75÷1 259 731.55＝0.73

总资产平均余额＝(1 339 155.49＋1 180 307.61)÷2＝1 259 731.55(元)

根据上述计算结果可以看出，琴岛有限责任公司2×21年的总资产周转率为0.73，总资产周转率取决于流动资产周转率以及流动资产在总资产中所占的比重，要想提高总资产周转率，可以改变资产结构，加大流动资产在总资产中所占比重，加强流动资产管理，提高流动资产的周转速度。

5）流动资产周转率

流动资产周转率是销售收入净额与流动资产平均总额的比率。其计算公式为：

$$流动资产周转率=\frac{销售收入净额}{流动资产平均余额} \tag{7-15}$$

流动资产周转率反映流动资产的周转速度。流动资产周转率高，说明流动资产周转速度快，会相对节约流动资产，扩大资产投入，增强企业盈利能力；而流动资产周转率低，说明流动资产周转速度慢，需要补充流动资产，这会形成资金浪费，降低企业盈利能力。

**【例7-18】** 根据表7-4以及表7-8的资料，使用流动资产周转率指标分析琴岛有限责任公司的流动资产营运能力。

流动资产周转率＝920 680.75÷721 274.54＝1.28

流动资产平均余额＝(695 383.62＋747 165.47)÷2＝721 274.54(元)

根据上述计算结果可以看出，琴岛有限责任公司2×21年流动资产周转率为1.28，假设琴岛有限责任公司所在行业的流动资产周转率为2，根据比较可知，琴岛有限责任公司的流动资产周转率低于行业平均水平，企业应采取措施降低存货规模，缩短流动资产周转期，加速应收账款周转。

7-20 扫一扫练一练

7-21 扫一扫练一练答案

**4. 杜邦分析法**

以上是针对企业财务状况的某个方面进行分析，用几个比率来衡量企业财务状况的某一个方面。总的来说，是用两个数据得出一个比率，用几个相关的比率综合分析企业财务状况的一个侧面，或者用一系列的比率得到企业财务状况的每一个方面，并综合起来得到企业整体财务状况和管理状况的分析。通常这种分析只能告诉我们这个企业怎么样、有什么问题，而很难反过来分析为什么是这样、应该怎样改进。

杜邦公司的经理提出了一套分析方法——杜邦分析法，该方法通过图示来表示杜邦分析的思路。杜邦分析法实际是一种层层分解的思路，即从一个比率出发，通过一个关系体系将不同的比率和数据联系在一起进行分析，是一个从综合性数据出发，分解到细节的过程。它从企业绩效最综合的指标——净资产收益率出发，将偿债能力、营运能力、盈利能力有机地结合起来，层层分解企业财务会计报告中的单个项目，并在分解过程中体现各指标间的关系，最终形成完整的杜邦财务分析体系，全面、系统、直观地反映企业的财务状况。

股东权益报酬率与总资产净利率及权益乘数之间的关系为：

$$\text{股东权益报酬率}=\text{总资产净利率}\times\text{权益乘数} \tag{7-16}$$

其中，

$$\text{权益乘数}=\text{资产总额}\div\text{股东权益总额} \tag{7-17}$$

总资产净利率与销售净利率及总资产周转率之间的关系为：

$$\text{总资产净利率}=\text{销售净利率}\times\text{总资产周转率} \tag{7-18}$$

销售净利率与净利润及销售收入之间的关系为：

$$\text{销售净利率}=\text{净利润}\div\text{销售收入} \tag{7-19}$$

总资产周转率与销售收入及资产平均总额之间的关系为：

$$\text{总资产周转率}=\text{销售收入}\div\text{资产平均总额} \tag{7-20}$$

在上述公式中，式(7-18)被称作杜邦等式。杜邦分析系统在揭示上述几种关系之后，又将净利润、总资产进行层层分解，这样就可以全面、系统地揭示出企业的财务状况以及财务状况与这个系统内部各个因素之间的相互关系。

传统的杜邦分析原理图如图 7-1 所示，可以了解到下面所述的财务信息：

(1) 股东权益报酬率是一个综合性极强、具有代表性的财务比率，它是杜邦系统的核心。企业财务管理的重要目标之一就是实现股东财富的最大化，股东权益报酬率反映了股东投入资金的获利能力，这一比率反映了企业筹资、投资和生产运营等各方面经营活动的效率。股东权益报酬率取决于企业总资产净利率和权益乘数。总资产净利率主要反映企业在运用资产进行生产经营活动的效率如何，而权益乘数则主要反映了企业的筹资情况，即企业资金来源结构如何。

(2) 总资产净利率是反映企业获利能力的一个重要财务比率，它揭示了企业生产经营活动的效率，综合性也极强。企业的销售收入、成本费用、资产结构、资产周转速度以及资金占用量等各种因素，都直接影响总资产净利率的高低。总资产净利率是销售净利率与总资产周转率的乘积。因此，可以从企业的销售活动与资产管理两个方面来对其进行分析。

(3) 从企业的销售方面看，销售净利率反映了企业的净利润与销售收入之间的关系。一般来说，销售收入增加，企业的净利润也会随之增加。但是，企业要想提高销售净利率，一方面必须提高销售收入，另一方面要降低各种成本费用，这样才能使净利润的增长高于销售收入的增长，从而使销售净利率得到提高。

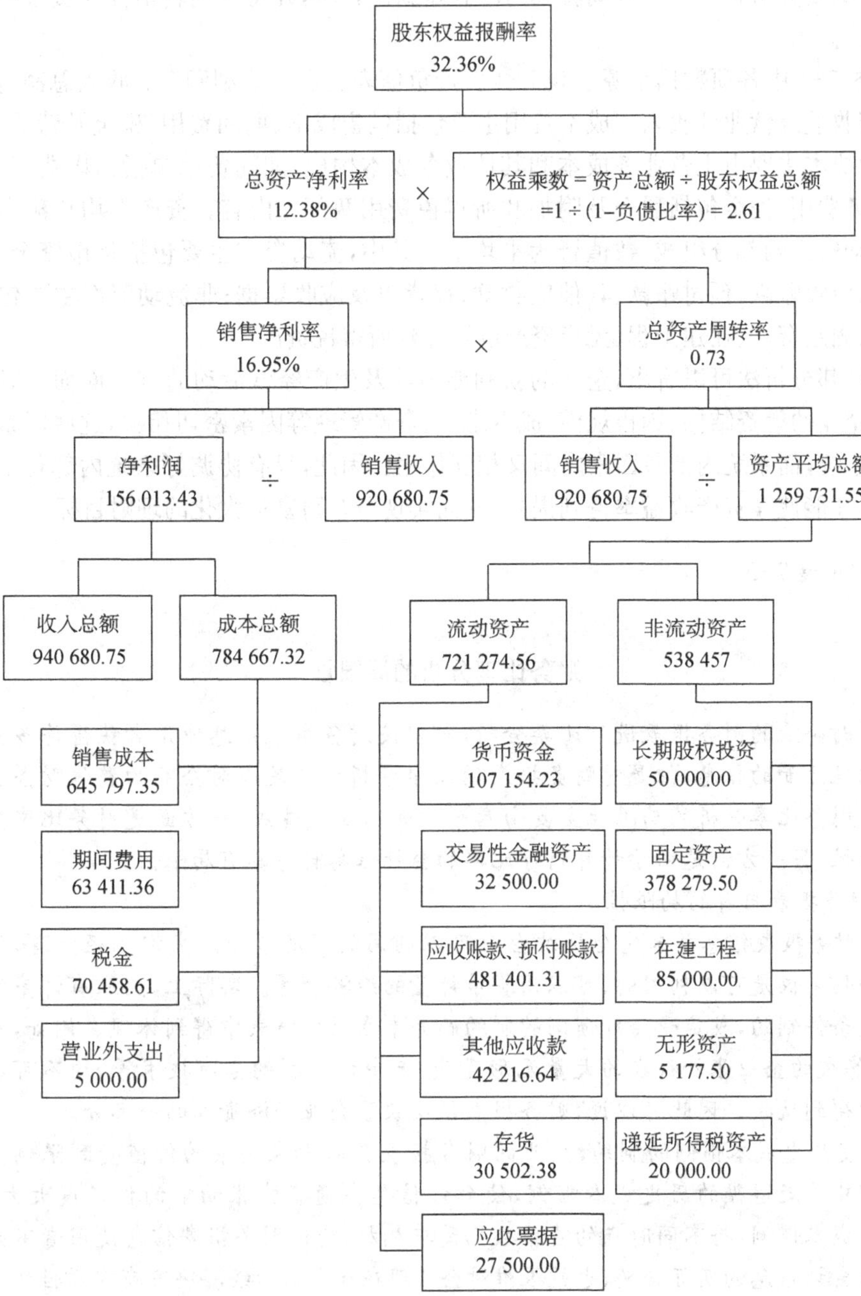


**图 7-1　杜邦分析原理图**

(4) 在企业资产方面，主要应该分析以下两个方面。第一，分析企业的资产结构是否合理，即流动资产与非流动资产的比例是否合理。资产结构实际上反映了企业资产的流动性，它不仅关系到企业的偿债能力，也会影响企业的获利能力。第二，结合销售收入，分析企业的资产周转情况。资产周转速度直接影响企业的获利能力，如果企业资产周转较慢，就会占用大量资金，增加资金成本，减少企业的利润。资产周转情况的分析，不仅要分析企业总资产周转率，更要分析企业的存货周转率与应收账款周转率，并将其周转情况与资金占用情况结合分析。

(5) 图 7-1 中各项数据来源于表 7-4 资产负债表及表 7-8 利润表。收入总额包括营业收入、投资收益及营业外收入。成本费用主要包括销售成本、期间费用、税金及营业外支出。其中，销售成本主要由主营业务成本和其他业务成本构成；期间费用包括销售费用、管理费用以及财务费用；税金包括税金及附加和所得税费用两部分内容。资产平均总额由流动资产和非流动资产两部分组成，数值皆为平均值。其中，流动资产主要包括货币资金、交易性金融资产、应收账款、预付账款、其他应收款、存货以及应收票据；非流动资产主要包括长期股权投资、固定资产、在建工程、无形资产以及递延所得税资产。

通过杜邦分析法可以看出，企业的获利能力涉及生产经营活动的方方面面。股东权益报酬率与企业的筹资结构、销售规模、成本水平、资产管理等因素密切相关，这些因素构成一个完整的系统，而系统内部各因素之间又相互作用。因此，只有协调好系统内部各个因素之间的关系，才能使净资产收益率得到提高，从而实现股东财富最大化的理财目标。

7-22 案例：杜邦公司冒最小风险谋取最大利润

**知识拓展 7-3**

### 财务比率分析的局限性

尽管对企业的财务报表进行比率分析，可以使财务报表信息使用者获得许多关于企业财务状况方面的信息，但是对财务报表的比率分析仍不足以对企业的整体财务状况作出评价。财务比率分析的局限性主要由两个方面的因素造成，一方面是财务比率分析方法的局限性，另一方面是由于计算财务比率的会计信息自身具有局限性。

1. 财务报表自身的局限性

(1) 财务报表信息并未完全反映企业可以利用的经济资源。我们已经知道，列入财务报表的信息仅是可以利用的、可以用货币计量的经济资源。实际上，企业有许多经济资源受客观条件制约，或是受会计惯例的制约而并未在财务报表中得到体现。例如，人力资源、历史悠久的企业账外存在的大量无形资产、未申请专利的专有技术等，均不可能在财务报表中得到反映。因此可以说，财务报表仅反映了企业经济资源的一部分。

(2) 受历史成本惯例的制约，企业的财务报表会对未来决策的价值受到限制。会计信息处理中广泛遵循的历史成本惯例，使会计信息在通货膨胀面前的信任度大大降低。坚持历史成本惯例，将不同时点的货币数据简单相加，会使财务报表信息使用者不知晓他所面对的会计信息的实际含义，也就很难对企业现在和未来的经济决策有实质性的参考价值。在进行比率分析时，经常要考虑将财务报表中相关的项目进行比较，由于历史成本惯例在资产定价中被广泛应用，在计算很多财务比率的时候，就会出现用市场价值计量的数据与用历史成本计量的数据相比较的情况，使得计算出来的数据不准确，难以反映实际情况。

(3) 企业会计政策运用上的差异使企业自身历史与未来的对比、企业间的对比难以有意义。企业在不同会计年度间采用不同会计方法，以及不同企业以不同会计方法为基础所形成的信息具有极大的不可比性。当企业发生变更会计政策的情况时，一定要深入研究，仔细分析政策变更对企业的影响和发生变更的原因。

(4) 企业对会计信息的人为操纵可能误导财务报表信息使用者。企业在对外编报财务报表之前,往往对财务报表信息使用者所关注的财务状况以及对财务报表信息的偏好进行过仔细分析与研究,并尽力满足财务报表信息使用者对企业财务状况的期望,难免形成"你想看什么,我就尽力提供什么""你希望我的业绩如何,我就编出怎样的业绩让你看"的思维与实践。其结果极有可能使财务报表信息使用者所看到的财务报表信息与企业的实际状况相距甚远。经常会出现管理者为了修饰流动比率,在财务报表日前将短期债务还掉,过后再借回来的情况。这些都会影响对企业财务状况的全面分析与评价。

2. 财务比率分析自身的局限性

(1) 财务比率分析只能对财务数据进行比较,对财务数据以外的信息没有考虑,很可能造成对实际情况的误解。财务会计报告企业整体状况的一个总结,其中,财务报表用数据反映企业的经营管理情况,其他有用的信息也会在财务报表中向外公布。由于财务比率分析的计算和比较过程只涉及财务数据的比较,如果分析人员不注意参考非数字信息而仅对财务比率进行分析,就会造成对财务报表理解上的偏差,从而误解企业的实际情况。

(2) 为了达到某种目的,企业可以人为修饰财务比率,造成对财务信息的歪曲。不同的财务报表信息使用者对财务报表不同比率的重视程度不同。例如,企业在申请贷款时,银行非常看重企业的清偿能力,企业可能会对反映清偿能力的财务比率进行修饰,以满足银行的要求,达到借款的目的;股东对反映盈利能力的财务比率比较重视,企业也可以作相应的修饰,改变财务比率。这些修饰通常会误导财务报表信息使用者,使他们作出错误的决策。

## 本章小结

本章主要讲解了财务报表的编制方法。一套完整的财务报表包括资产负债表、利润表、现金流量表、所有者权益(或股东权益)变动表和附注。财务报表分析的基本方法包括比较分析法、比率分析法、趋势分析法和因素分析法。财务比率分析可以从偿债能力、盈利能力和营运能力对企业财务状况的各种比率进行分析。

## 本章重要概念

财务会计报告　资产负债表　利润表　现金流量表　现金等价物　财务报表分析　比较分析法　比率分析法　因素分析法

## 本章练习

7-23 扫一扫看课件

### 一、单选题

1. 下列各项中,属于资产负债表采用的格式的是(　　)。

A. 报告式　　B. 多步式　　C. 账户式　　D. 数量金额式

2. 下列各项中,以"资产=负债+所有者权益"为依据的是(　　)。

A. 利润表　　B. 资产负债表
C. 现金流量表　　D. 所有者权益变动表

3. 下列各项中，在编制资产负债表时，需根据若干总账账户余额相加计算填列的项目是(　　)。

A. 应收账款　　B. 固定资产　　C. 货币资金　　D. 预付账款

4. 下列各项中，可以帮助使用者分析评价企业的盈利能力、利润构成及其质量的财务报表是(　　)。

A. 利润表　　B. 资产负债表　　C. 现金流量表　　D. 所有者权益表

5. 下列各项中，影响营业利润的是(　　)。

A. 管理费用　　B. 生产费用　　C. 营业外收入　　D. 所得税费用

6. 编制利润表主要是根据(　　)。

A. 资产、负债及所有者权益各账户的本期发生额
B. 资产、负债及所有者权益各账户的期末余额
C. 损益类各账户的本期发生额
D. 损益类各账户的期末余额

7. (　　)是反映企业经营成果的财务报表。

A. 资产负债表　　B. 利润表
C. 现金流量表　　D. 会计报表附注

8. 资产负债表中所有者权益的排列顺序是(　　)。

A. 未分配利润—盈余公积—资本公积—实收资本
B. 实收资本—资本公积—盈余公积—未分配利润
C. 实收资本—盈余公积—实收资本—未分配利润
D. 资本公积—盈余公积—未分配利润—实收资本

9. 甲企业本期主营业务收入为 500 万元，主营业务成本为 300 万元，其他业务收入为 200 万元，其他业务成本为 100 万元，销售费用为 15 万元，资产减值损失为 45 万元，公允价值变动收益为 60 万元，投资收益为 20 万元，假定不考虑其他因素，该企业本期营业利润为(　　)万元。

A. 300　　B. 320　　C. 365　　D. 380

10. 某企业"原材料"期末余额 100 000 元，"生产成本"期末余额 50 000 元，"库存商品"期末余额 120 000 元，"存货跌价准备"期末余额 10 000 元。则资产负债表"存货"项目应填列的是(　　)元。

A. 300 000　　B. 260 000　　C. 280 000　　D. 270 000

## 二、多选题

1. 下列会计账务中，在编制资产负债表时应列入"存货"项目的有(　　)。

A. "材料采购"　　B. "材料成本差异"　C. "工程物资"　　D. "周转材料"

2. 琴岛有限责任公司 2×21 年发生的营业收入为 2 000 万元，营业成本为 1 200 万元，销售费用为 40 万元，管理费用为 100 万元，财务费用为 20 万元，投资收益为 80 万元，资产减值损失为 140 万元(损失)，公允价值变动损益为 160 万元(收益)，营业外收入为 50 万元，

营业外支出为30万元。该企业2×21年的营业利润和利润总额分别为(　　)万元。

A. 660　　B. 740　　C. 640　　D. 760

3. 下列各项中，应列入利润表“税金及附加”项目的有(　　)。

A. 增值税　　B. 城市维护建设税

C. 教育费附加　　D. 矿产资源补偿费

4. 下列各项目中，直接根据总账账户余额填列的有(　　)。

A. “固定资产”　　B. “实收资本”

C. “应收股利”　　D. “短期借款”

5. 下列各项中，应在资产负债表“预付款项”项目列示的有(　　)。

A. “应付账款”账户所属明细账户的借方余额

B. “应收账款”账户所属明细账户的借方余额

C. “应收账款”账户所属明细账户的贷方余额

D. “预付账款”账户所属明细账户的借方余额

## 三、判断题

1. “制造费用”和“管理费用”项目都应当在期末转入“本年利润”账户。(　　)

2. 资产负债表中“固定资产”项目应根据“固定资产”账户余额直接填列。(　　)

3. 资产负债表是反映企业某一特定时期财务状况的财务报表。(　　)

4. 资产负债表的格式主要有账户式和报告式两种，我国采用的是报告式，因此才出现财务会计报告这个名词。(　　)

5. 利润表是反映企业在一定会计期间经营成果的报表，属于动态报表。(　　)

6. 债权人最关注的是企业投资回报率水平和风险程度，他们希望了解企业的短期盈利能力和长期发展潜力。(　　)

7. 投资者更多地关心企业的偿债能力，关心企业的资本结构及长短期负债比例。(　　)

8. 比率分析法是财务分析的最基本、最重要的分析方法。(　　)

9. 流动比率高，说明企业资产运用效果好。(　　)

10. 行业生命周期一般要经历初创期、成长期、成熟期和衰退期四个发展阶段。(　　)

## 四、简答题

1. 什么是资产负债表？简述资产负债表的格式和内容。

2. 资产负债表中的各项目的“期末余额”如何填列？

3. 什么是利润表？简述多步式利润表的结构。

4. 反映资产营运能力的财务比率有哪些？如何计算？

5. 评价公司偿债能力的指标有哪些？速动比率和流动比率相比其优点和缺点各是什么？

## 五、业务题

1. 琴岛有限责任公司2×21年12月31日有关账户余额如表7-10所示。

表 7-10　　**账户余额表**　　单位:元

| 账户 | 借方余额 | 账户 | 贷方余额 |
|---|---|---|---|
| 库存现金 | 500 | 短期借款 | 55 000 |
| 银行存款 | 80 000 | 应付账款 | 30 000 |
| 应收账款 | 45 000 | 其他应付款 | 15 000 |
| 其他应收款 | 25 000 | 应交税费 | 6 000 |
| 原材料 | 128 000 | 坏账准备 | 800 |
| 库存商品 | 60 000 | 应付职工薪酬 | 22 000 |
| 固定资产 | 350 000 | 应付利息 | 9 600 |
| 利润分配 | 12 000 | 实收资本 | 400 000 |
| | | 资本公积 | 4 500 |
| | | 盈余公积 | 42 000 |
| | | 本年利润 | 75 000 |
| | | 累计折旧 | 40 600 |
| 合计 | 700 500 | 合计 | 3 267 390 |

要求:根据所述资料,编制琴岛有限责任公司 2×21 年 12 月 31 日的资产负债表。

2. 琴岛有限责任公司 2×21 年度利润表账户本年累计发生额如表 7-11 所示。

表 7-11　　**2×21 年度利润表账户本年累计发生额**　　单位:元

| 账户名称 | 借方发生额 | 贷方发生额 |
|---|---|---|
| 主营业务收入 | | 130 000 |
| 其他业务收入 | | 2 000 |
| 主营业务成本 | 65 000 | |
| 其他业务成本 | 1 200 | |
| 税金及附加 | 4 500 | |
| 销售费用 | 20 000 | |
| 管理费用 | 19 120 | |
| 财务费用 | 800 | |
| 资产减值损失 | 1 000 | |
| 投资收益 | | 3 000 |
| 公允价值变动收益 | | 2 500 |
| 营业外收入 | | 1 100 |
| 营业外支出 | 500 | |
| 所得税费用 | 7 494 | |

要求:根据所述资料,编制琴岛有限责任公司 2×21 年度利润表。

## 六、案例题

1. 琴岛有限责任公司为增值税一般纳税人,适用的增值税税率为 13%。2×21 年 11 月

30日的账户余额(部分账户)如表7-12所示。

表7-12 **账户余额表** 单位:元

| 账户 | 借方余额 | 账户 | 贷方余额 |
|---|---|---|---|
| 库存现金 | 236 | 短期借款 | 76 000 |
| 银行存款 | 74 052 | 应付账款 | 37 350 |
| 交易性金融资产 | 12 200 | 其他应付款 | 3 780 |
| 应收账款 | 31 900 | 应付职工薪酬 | 28 950 |
| 其他应收款 | 300 | 应交税费 | 8 290 |
| 原材料 | 176 570 | 应付股利 | 12 100 |
| 生产成本 | 30 182 | 长期借款 | 50 000 |
| 库存商品 | 17 270 | 累计折旧 | 181 500 |
| 长期股权投资 | 60 000 | 实收资本 | 491 500 |
| 固定资产 | 500 000 | 盈余公积 | 25 000 |
| 无形资产 | 15 000 | 本年利润 | 36 000 |
| 利润分配 | 32 760 | | |
| 合计 | 950 470 | 合计 | 950 470 |

应收账款明细账户余额:甲厂——41 900元(借方)
乙厂——10 000元(贷方)

应付账款明细账户余额:丙厂——54 350元(贷方)
丁厂——17 000元(借方)

要求:根据上述资料,计算琴岛有限责任公司2×21年11月30日资产负债表中下列项目的金额(列出计算过程,计算结果出现小数的,均保留小数点后两位小数)。

(1) 货币资金。
(2) 应收账款。
(3) 预付款项。
(4) 存货。
(5) 固定资产。
(6) 应付账款。
(7) 预收款项。
(8) 未分配利润。

2. 琴岛有限责任公司2×21年末资产负债表简略形式如表7-13所示。

表7-13 **资产负债表**

| 资产 | 期末余额 | 负债与所有者权益 | 期末余额 |
|---|---|---|---|
| 货币资金 | 50 000 | 应付账款 | |
| 应收账款净额 | | 应交税费 | 50 000 |

（续表）

| 资产 | 期末余额 | 负债与所有者权益 | 期末余额 |
|---|---|---|---|
| 存货 | | 长期负债 | |
| 固定资产净值 | 588 000 | 实收资本 | 600 000 |
| | | 未分配利润 | |
| 总计 | | 总计 | |

已知：(1) 期末流动比率=1.5。

(2) 期末资产负债率=50%。

(3) 本期存货周转率=4.5 次。

(4) 本期销售成本=630 000 元。

(5) 期末存货=期初存货。

要求：根据上述资料，计算并填列资产负债表空项。

# 第 8 章　管理会计基础



## 内容简介

本章主要讲解了管理会计的形成与发展及其主要组成部分,包括全面预算、预测管理、决策管理和业绩评价等。本章重点为全面预算的内涵、构成、作用,经营预测的特征、内容和步骤,决策管理的意义、原则与程序,业绩评价的概念、分类与功能,管理会计报告分类及编制原则。

## 学习目的和要求

通过本章学习,学生应了解管理会计的形成与发展及管理会计的基本内容与职能等内容;掌握全面预算、销售预测、成本预测、利润预测的相关概念;明确决策的相关概念,经营决策分析、长期投资分析及业绩评价的概念,责任中心的内涵及成本中心、利润中心、投资中心的业绩评价等内容;理解基于 EVA 的业绩评价和平衡计分卡;理解管理会计报告分类及编制原则。

## 知识框架

- 管理会计基础
  - 管理会计的形成与发展
    - 管理会计的形成
    - 管理会计的发展
    - 管理会计的定义
  - 管理会计的基本内容与职能
    - 管理会计的基本内容
    - 管理会计的职能、作用及目标
  - 全面预算
    - 全面预算的内涵
    - 全面预算的构成
    - 全面预算的作用
    - 全面预算管理组织体系的构成
  - 经营预测
    - 经营预测的特征
    - 经营预测的内容
    - 经营预测的步骤
  - 决策管理
    - 决策分析概述
    - 经营决策分析
    - 长期投资决策分析
  - 业绩评价
    - 业绩评价概述
    - 责任中心的业绩评价
    - 平衡计分卡
  - 管理会计报告
    - 管理会计报告概述
    - 管理会计报告的分类
    - 管理会计报告的编制原则

## 思政育人

### 新冠病毒疫情中的企业如何履行企业社会责任

2019年,新型冠状病毒肺炎(以下简称“新冠病毒”)传染病猝不及防地传播开来,伴随武汉封城,全国各地方政府相继实施一级传染病防治举措,人们的正常生活节奏不得不转上阻击疫情的特殊轨道,企业的生产经营活动大受影响。在政府举全国之力抗击疫情的情境下,作为市场经济重要主体的企业,该如何行动以渡过危机，并且在抗击疫情之战中作出应有的贡献？怎样才能更好地履行企业社会责任，并避免因错误决策使企业陷入伦理道德危机之中？

随着新冠病毒防疫措施的实施，各类口罩需求激增，一些商家乘机抬价销售。北京市丰台区一家药店对进价为每盒200元的口罩，标出了850元的高价；天津市一大药房以超过进价10倍的价格销售口罩。依据《价格违法行为行政处罚规定》，情节较重的处50万元以上300万元以下罚款，直至责令停业整顿或者吊销营业执照。两市的市场监管部门按上限对当事企业处以300万元罚款，媒体进行了曝光。郑州某超市，一颗普通的白菜卖到63.9元，这个企业因“天价白菜”也收到了50万元的“巨额罚单”。

2020年1月21日，福州市晋安区市场监管局通过网络监测发现，福建修园堂康养服务有限公司通过公众号“修园康养学院”发布了一篇文章，该文章中宣传该中医馆推出一款“修园堂防冠Ⅰ号”茶饮，对预防新型冠状病毒感染有一定作用。2020年1月31日，官方权威媒体新华社官方账号“新华视点”发布消息：从中国科学院上海药物研究所获悉，该所和中国科学院武汉病毒研究所联合研究初步发现，中成药双黄连口服液可抑制新冠病毒。经过中国科学院上海药物研究所和中国科学院武汉病毒研究所联合研究初步发现，由金银花、黄芪、连翘三味中药组成的双黄连口服液，具有抗病毒和提高机体免疫力的功效，可抑制新冠病毒。消息公布不到半个小时，通过淘宝、京东、苏宁易购等各大药房网上销售渠道发现，双黄连口服液已经基本脱销。双黄连口服液全网脱销后，每盒最高涨价1 300元，甚至兽用的也被误抢购买。凡此种种，都是典型的虚假宣传，欺骗、误导消费者行为。这类在抗击新冠病毒防疫中发布这种虚假宣传广告信息的企业，严重地违反了企业伦理道德，妨碍了新冠病毒防疫秩序，理应受到政府市场监管部门的处罚。

（资料来源：https://baijiahao.baidu.com/s?id=1658237577549593154&wfr=spider&for=pc https://www.sohu.com/a/370656622_465287）

# 8.1 管理会计的形成与发展

## 8.1.1 管理会计的形成

管理会计是将经济学、组织行为学、管理学等相关学科应用于会计学领域的一门学科，随着社会经济的发展、科学技术的进步、企业经营管理现代化的需求，管理会计逐渐发展起来。它为企业管理人员提供决策信息，是社会经济发展到一定阶段的产物。

管理会计作为现代会计的一大分支，可追溯到19世纪初期。当时，产业革命正在加速资本主义的发展，企业的生产日益专业化，规模逐步扩大，市场进入激烈自由竞争的阶段，主观臆断或者仅仅凭借经验的方法已无法满足企业管理者的需求，因此企业逐渐意识到开辟一种新的会计管理方法的重要性。

首先，企业管理者主要通过对产品的销售收入和对劳动力的控制来稳定地增加利润。但是他们很快意识到，降低产品成本，提高生产效率，也是增加产品利润的较优途径。

被誉为“管理学之父”的弗雷德里克·温斯洛·泰罗提出了科学管理的中心问题是提高劳动生产率，为了提高劳动生产率，必须挑选“第一流的工人”。

其次，科学管理运动先驱者之一劳伦斯·甘特，把标准人工成本法引进到材料和制造费用的成本管理中，形成了“标准材料成本”“标准制造费用成本”等标准成本体系。与此同时，在企业管理方面，甘特提出的奖励工资制对管理会计的形成有着推动作用，人们一般将其奖励工资制称之为“任务加奖金制(task work with bonus)”。

最后，特菲尔德将标准成本计算与期间损益计算结合起来，并运用账簿进行核算，形成标准成本制度。1919年，随着美国全国成本会计师协会的成立，标准成本制度得以迅速推广，标准成本制度的建立为管理会计的形成奠定了重要基础。在标准成本建立的同时，美国一些企业和政府机关开始对各项管理费用实行预算控制制度。

### 8.1.2 管理会计的发展

**1. 西方管理会计的发展**

(1) 成本决策阶段(20世纪20年代到40年代)。

20世纪20年代，泰罗提出的以提高劳动生产率、标准化生产和专业化管理为核心的科学管理学说在美国许多企业中受到重视，标准成本控制、预算控制和差异分析等旨在提高企业生产效率和经济效益的管理方法被引入企业内部的会计实务中。但是这种管理学说重局部、轻整体，很快被现代管理科学取代。现代管理学说认为“管理的重心在经营，经营的重心在决策”。在此基础上，以杜邦公司为代表的大型企业倡导并发展以股东权益报酬率指标为核心的杜邦分析系统，用来衡量各个部门的效率和整个企业的业绩。

(2) 控制管理与决策阶段(20世纪50年代到80年代)。

20世纪50年代，现代管理会计正式形成。除行为科学、组织理论、管理科学等对管理会计产生一定影响，作为现代经济学的核心新古典经济学，尤其是其边际原理，对管理会计起了主要影响。随着信息经济学、交易成本理论和不确定性理论被广泛引入管理会计领域，加上新技术(如电子计算机)大量应用于企业流程管理，管理会计向着精密的数量化技术方向发展。例如，应用数学规划技巧，决定产销限制下的最佳产品组合；应用概率理论和决策理论，在不确定情况下作“成本—数量—利润”分析；借助数学规划模式，分摊各种成本；利用统计方法，估计固定成本和变动成本。与此同时，投入产出法、线性规划、存货控制和方差分析等计划决策模型在这一时期发展起来，建立了有关流程分析、战略成本管理等理论与方法体系，极大推动了管理会计在企业的有效应用，管理会计职能转向为内部管理人员提供企业计划和信息控制。

(3) 管理会计为企业创造价值阶段(20世纪90年代以后)。

20世纪90年代以来，以计算机为主导的生产自动化、智能化技术日益提高，直接人工费用普遍减少，间接成本相对增加，明显突破制造成本法中“直接成本比例较大”的假定。在传统成本法中，按照人工工时、工作量等分配间接成本严重扭曲了产品成本信息。另外，传统管理会计分析的立足点建立在传统核算基础上，对实践的反映和指导意义并不大，对外部环境变化反应不敏感，因此其相关性被大大削弱。

随着全球化经济的不断发展，各国公司之间的合作日趋频繁，竞争异常激烈。因此准确市场定位、了解客户需求尤为重要。在这样的背景下，管理会计越来越容易受到非财务信息以及外部信息对相关性的冲击。与此同时，越来越复杂的内部组织结构也迫使管理会计在控制方面要有新的突破。

于是，西方国家在经营决策、战略、商业运营等各个方面发展出一系列新的管理工具和决策工具：平衡计分卡(balanced scorecard)、全面质量管理(total quality management)、战略管理(strategic management)、目标管理(management by objective)。

**2. 我国管理会计的发展**

(1) 与国营企业相适应的执行性管理会计阶段(20世纪70年代之前)。

在新中国成立初期，我国实行的是计划经济体制，在该体制下，整个国家如同一个企业，而国营企业就如同巨型企业的一个生产车间，国营企业的生产计划由国家统一确定下达。当时国家比较重视企业成本管理制度建设，企业成本项目和成本开支都是由成本管理制度确定的。如果企业成本控制不好将导致产品的价格失控。国家自然重视以成本为核心的内部责任会计，以期最大限度地降低成本，提高稀缺资源的使用效率。

(2) 引进西方的决策管理会计阶段(20 世纪 70 年代到 90 年代)。

我国管理会计是以中共十一届三中全会为转折点。中共十四大明确指出，我国要建立社会主义市场经济体制，实行政企分开，企业成为独立的商品生产者和经营者。为了适应这种新的发展，管理会计也由之前的执行性管理会计向决策性管理会计转变。于是，许多大中型企业积极采用一些西方管理会计技术，主要用来进行决策分析、成本控制、预测分析。部分企业在管理中已经开始应用“本—量—利”分析、变动成本法、投资决策、存货控制等管理会计方法。

(3) 发展与完善中国特色的管理会计体系阶段(20 世纪 90 年代以后)。

我国现阶段部分地区生产力水平不是太高，很多企业属于劳动密集型企业。为了提高经济效益，企业必将加强成本的管控，并逐步将成本控制重心从事后控制转向事前控制和事中控制。而对于沿海地区的知识密集型产业，很多企业实施新型的管理模式，积极探索相应的经营战略，为了适应激烈的竞争环境，将责任会计的建设作为管理会计发展的突破点，将广为采用的成本中心向责任中心转变，并加强分权管理，引进行为科学管理，并加以合理引导与组织。

### 8.1.3 管理会计的定义

对于管理会计的定义，国内外学术界一直存在各种各样的观点，国内也长期存在着信息系统论和管理活动论的争论。在各种观点中，常被引用的定义来自 1966 年美国会计学会发表的《基本会计理论公报》，该公报将管理会计定义为：为了信息使用者可作出有根据的判断与决策而进行辨认、计量和传递经济信息的程序。这个定义强调了经济信息的提供和经济信息的有效利用这两个方面的重要性。会计信息的作用在于它有助于企业作出良好的判断和正确的决策。会计与企业经济信息是密不可分的。

8-1 视频：什么是管理会计？

## 8.2 管理会计的基本内容与职能

### 8.2.1 管理会计的基本内容

现如今，管理会计几乎涉及企业生产经营的各个领域和企业内部管理的各个环节，成为帮助企业管理者从事企业经营工作而建立的一个专门的会计系统，内容极为丰富。但由于企业经营活动的多样性以及企业内部经营管理水平和状况的差别，迄今为止，管理会计应该包含哪些内容、解决哪些问题依旧难以定论。一般认为，现代管理会计包含规划控制会计、预测决策会计和责任会计三个部分。它们之间既相辅相成又相对独立。

规划控制会计可分为规划与控制。规划就是预先选定目标，并拟定具体的方案以达到目的的过程；控制是通过一定手段对实际活动施加影响，使之能按一定的目标或计划进行的过程。规划控制会计主要是负责企业全面预算，并对预算执行情况进行监督与评价。预测决策会计则可分为预测会计与决策会计。预测会计是经济管理的重要手段，其目的是定量或定性地判断、推测和规划经济活动的发展变化规律，并对其作出评价，以指导和调节经济活动，谋求最佳经济效果；决策会计就是在经营过程中通过分析比较对未来是否要采取某项行动或者几种可行性方案进行抉择的过程。责任会计亦称控制业绩会计，它是以各个责任中心为主体，以责、权、效、利相统一的机制形成的为评价和控制企业经营活动的进度和效果服务的信息系统。

### 8.2.2 管理会计的职能、作用及目标

**1. 管理会计的职能**

管理会计职能是建立在管理的基础上，为了保证管理职能的有效运用而展开的，其紧密围绕管理职能为企业管理者提供决策信息支持。它是由管理会计实践本身存在的必然性决定的内在功能。总体来讲，管理会计的职能可分为以下几个方面。

(1) 预测职能。预测是通过科学的方法预计推测客观事物未来发展的必然性和可能性的行为，它能有效地帮助经营管理部门作出正确的判断和选择，需要对各种生产经营方案的各项经营指标进行科学预测。预测的一般做法是，按照企业未来的总目标和经营方针，充分考虑经济规律的作用和经济条件的约束，选择合理的量化模型对历史数据进行科学加工和整理，来预测未来经济活动的发展变化，以减少企业经营管理决策的盲目性。

(2) 决策职能。决策是在充分考虑各种条件和可能的前提下，按照客观规律的要求，通过一定程序对未来实践的方向、目标和方法作出决定的过程。决策是管理会计的一项重要职能，决策的成败关系到公司的未来。事实上，一个正确的决策可以使得陷于困境的企业转危为安，而一个错误的决策也可能使得一个兴旺的企业走向衰败。在管理会计中，决策是以预测为基础的，对实现一定经营目标可供选择的有关方案进行分析比较，权衡利弊得失，从中选择最优方案。

(3) 规划职能。规划职能是将经营决策确定的目标和选定的方案借助于预算使其具体化、数量化，企业以此作为控制和考评经济活动的依据。规划职能要求企业在最终决定方案的基础上，形成能反映整个企业在某一时期内的总目标和任务的全面预算。全面预算将进行分解，形成各个责任单位的责任预算。全面预算可以说是经营管理决策的具体化。

(4) 控制职能。控制是对企业经济活动按计划要求进行的监督和调整。一方面，企业应监督计划的执行，确保经济活动按计划的要求进行，从而为完成目标奠定基础。另一方面，企业也应对采取的行动进行反馈，以确定计划阶段对未来期间影响经济变动各因素的估计是否充分、准确。控制是为了使企业的经济活动严格按照决策预定的计划卓有成效的进行，它要求事前控制和事中控制有机地结合起来。一般要求事前确定预算，并以其作为进行日常经营的管理依据，对预算情况进行记录和计量。在运行过程中，企业对预算与实际之间的偏差进行分析，及时采取措施进行改进和调整。

(5) 业绩评价职能。业绩评价是运用财务学、管理学、科学等方法来编制企业内各责任单位的业绩报告，并将其报告与各责任单位的全面预算进行分析比较，评价和考核企业内部各责任单位的履行经营责任情况，实行相应的奖惩制度。业绩评价是现代企业管理的一项重要内容，也是管理会计职能当中不可缺少的一部分。

**2. 管理会计的作用**

管理会计不同于财务会计，它可以综合地履行更加广泛的职能。它将财务会计的单纯核算扩展到把解析过去、控制现在和规划未来有机地结合起来。众所周知，解析过去是由财务会计来完成的，财务会计系统地提供了企业生产经营活动的历史记录，形成基本的财务信息系统。而管理会计解析过去主要是对财务会计所提供的资料作出进一步的加工、改制和延伸，使之更好地适应筹划未来和控制现在的需要。

预测和决策是规划未来的主要形式。预测是根据过去和现在预计未来，根据已知推测未来，它着重提供一定条件下生产经营各个方面未来一定时期内可能实现的数据。决策是以预测为基础，通过对为实现一定经营目标可供选择的有关方案进行分析比较，权衡利害得失，从中选取最优方案。在这些环节中，管理会计主要作用在于充分利用其所掌握的丰富资料，严密地进行定量分析，帮助管理部门客观地掌握情况，从而提高预测与决策的科学性。

**3. 管理会计的目标**

管理会计的最终目标是提高企业经济效益。管理会计的具体目标如下：

(1) 为企业内部经营管理提供信息。管理会计应及时向各级管理人员提供与计划、评价和控制企业经营活动有关的各类信息，如历史的信息和未来的信息；为企业管理者提供与维护企业资产安全、完整及资源有效利用有关的各类信息；为企业外部投资人、债权人及其他企业外部利益关系者提供与决策有关的信息，这些信息将有利于投资、借贷及有关法规的实施。

8-2 视频：管理会计的职能

(2) 参与企业的经营管理。管理会计主要是以企业内部的各个责任中心为核算对象，对其工作业绩和成果进行控制和考核，不仅要分析过去、控制现在，更重要的是要规划未来。同时也从企业全局出发，认真考虑各项决策和计划之间的协调配合和综合平衡。

## 8.3 全面预算

### 8.3.1 全面预算的内涵

**1. 全面预算的含义**

全面预算是企业内部控制的一种方法，是兼具控制、激励、评价等功能的综合贯彻企业经营战略的管理机制，正确认识和运用全面预算管理工具，对于提升企业管理水平、强化内部控制具有非常重要的意义。

全面预算是关于企业在一定时期内(一般为1年或一个既定的期间)经营、财务等方面的总体预测。它是一种管理工具，也是一套系统的管理方法，通过合理分配企业的人、财、物等战略资源协助企业实现既定的战略目标，并与相应的绩效管理配合以监控战略目标的实施进度，控制费用支出，并预测资金需求和利润。其编制、执行与调整涉及企业所有部门及主要人员。

全面预算管理是着眼于企业战略的一种管理机制，其根本点在于通过预算的编制和执行来代替管理，使之成为一种自动的管理机制。全面预算管理作为一种管理机制，一方面要与市场机制相对接，一切以市场为起点；另一方面要与企业内部管理组织和运行机制相对接，贯彻责任权利对等原则，以及决策权、执行权和监督权三权分立原则，以权利的制衡保证机制的正常运行。正确认识全面预算管理，要关注以下几个概念的区别：

(1) 全面预算不等于预测。预测是基础，全面预算是根据预测结果提出的对策性方案，是针对预测结果采取的一种风险补救及防御系统，有效的全面预算是企业防范风险的重要措施。

(2) 全面预算不等于财务计划。全面预算是企业全方位的计划，财务计划只是全面预算的一部分，而非全部。从预算形式看，全面预算可以是货币式的，也可以是实物式的，而财务计划仅限于货币式的表现；从范围上看，全面预算是一个综合性的管理系统，涉及企业各部门和不同层次，而财务计划的编制和执行主要由财务部门控制。

(3) 全面预算不是数据的堆砌和表格的罗列，而是一种与企业治理结构相适应的一套管理系统，健全的全面预算制度是完善的法人治理结构的体现。全面预算管理的目标就是企业的战略目标，通过全面预算管理使企业的战略意图得以具体贯彻，长期与短期计划得以沟通与衔接。

**2. 全面预算的特点**

纵观全面预算，其核心在于"全面"二字上，它具有全员、全额、全程的特点。

(1) 全员是指预算过程的全员发动，包括两层含义，一层含义是指预算目标的层层分解，人人肩上有责任，让每一个参与者学会算账，建立成本和效益意识；另一层含义是企业资源在企业各部门之间的一个协调和科学配置的过程，通过企业各职能管理部门和生产部门对预算过程的参与，把各部门的作业计划和公司资源通过透明的程序进行配比，从而可以分清轻重缓急，达到资源的有效配置和利用。

(2) 全额是指预算金额的总体性，不仅包括财务预算，更重要的是还包括业务预算和资本预算。现代企业经营管理不仅关注日常经营活动，还关注投资和资本运营活动；不仅考虑资金的供给、成本的控制，还考虑市场需求、生产能力、产量、材料、人工及动力等资源间的协调和配置。只有在业务预算(即销售和生产预算)、资本预算的基础上形成资金预算和预计的财务报表，才能合理预测、统筹安排企业的资源，才能将资源的使用与相关活动结合起来以达到有效控制，保证目标实现。

(3) 全程是指预算管理流程的全程化，即预算管理不能仅停留在预算指标的下达、预算的编制和汇总上，更重要的是要通过预算的执行和监控、预算的分析和调整、预算的考核与评价，真正发挥预算管理的权威性和对经营活动的指导作用。这就要求企业的预算管理和会计核算系统密切配合，会计核算过程同时也是预算的执行过程。预算执行过程中的任何反常现象都应该通过会计核算系统地体现出来，通过预算的预警制度，及时发现和解决预算执行过程中出现的经营问题或预算目标问题，并通过预算的考核和评价制度，有效地激励经营活动按照预期的计划顺利进行。

### 8.3.2 全面预算的构成

全面预算除包含传统意义上预算的各个方面，还包含企业与部门的年度运作计划。具体而言，全面预算主要包括经营预算、资本预算和财务预算。

**1. 经营预算**

经营预算主要包括销售预算、生产预算、成本预算和费用预算四项内容，其中，销售预算是企业最具市场的预测分析，确定在预算期内预计的销售品种、数量、单价和销售收入等指标，是经营预算的龙头，是编制其他预算的起点。

**2. 资本预算**

资本预算主要是对长期使用的资产的采购支出计划和其所需资金的供应来源进行的预算。资本预算在企业的财务决策中非常重要，资产需求预测的错误常常会导致严重的后果，如果企业在资产方面投资过多，将带来不必要的支出，如果投资过少，则会使企业的设备不够现代化而失去竞争力。

**3. 财务预算**

财务预算主要包括现金预算、预计利润表、预计资产负债表、预计现金流量表四项内容。财务预算以经营预算和资本预算为基础，是企业全面预算编制结果的财务体现。

### 8.3.3 全面预算的作用

全面预算的作用主要体现在以下几个方面。

**1. 有利于企业的各级各部门明确其在计划期间的工作目标**

预算作为一种计划，规定了企业一定时期的总目标以及各级各部门的具体目标。全面预算有助于全体职工了解本部门和自己与整个企业的经营目标之间的关系，明确了自己在业务量、收入成本费用各方面应达到水平的努力方向，促使每个职工想方设法，从各自的角度去完成企业总的战略目标。

**2. 有利于协调企业内部各职能部门的工作**

全面预算把企业各方面的工作纳入了统一计划之中，促使企业内部各部门的预算相互协调，环环紧扣，达到平衡。在保证企业总体目标最优的前提下，组织各自的生产经营活动。例如，企业的销售、生产、财务等各部门可以分别编制出对自己来说是最好的计划，但该计划在其他部门不一定能行得通。只有通过全面预算进行综合平衡后，才可以体现解决各级各部门冲突的最佳办法。全面预算代表企业的最优方案，可以使各级部门的工作在此基础上协调地进行。

**3. 有利于控制企业日常经济活动**

全面预算可以说是控制企业日常经济活动的依据。在预算执行过程中，各级各部门应通过计量、对比，及时发现实际偏离或脱离预算的差异，并分析其差异产生的原因，以便采取必要的措施，保证预定目标的实现。

**4. 有利于评定企业各级各部门的工作业绩**

企业在执行预算的过程中，发现差异不仅是控制企业日常经济活动的主要依据，也是评定各级各部门及个人工作业绩好坏的重要标准。

在评定各部门工作业绩时，要根据预算的完成情况，分析偏离预算的程度和原因，划清责任，奖罚分明，促使各部门为完成预算规定的目标努力工作。

### 8.3.4 全面预算管理组织体系的构成

全面预算管理组织体系由预算管理决策机构、预算管理工作机构和预算管理执行机构三个层次构成。

预算管理决策机构是指组织领导企业全面预算管理的最高权力组织；预算管理工作机构是指负责预算的编制、审查、协调、控制、调整、核算、分析、反馈、考评与奖惩的组织机构；

预算管理执行机构是指负责预算执行的各个责任预算执行主体。

预算管理决策机构和预算管理工作机构承担着相应的预算管理责任，同时，预算管理决策机构和预算管理工作机构中的某些成员在预算管理执行机构中担任负责人的职务。因此，对于企业的绝大多数职能管理部门而言，它们都具有预算管理工作机构和预算管理执行机构的双重身份。所以，预算管理决策机构、预算管理工作机构和预算管理执行机构并非绝对相互分离的三个层面。

全面预算管理组织体系的具体框架如下。

**1. 股东大会**

股东大会是企业的最高权力机构，在全面预算管理中的主要职责如下：

(1) 审议批准企业的经营方针和投资计划。

(2) 审议批准企业年度预算和决算方案。

(3) 对发行企业债券作出决议。

**2. 董事会**

董事会是具体负责全面预算管理的最高决策机构，在全面预算中的主要职责如下：

(1) 决定企业年度经营计划和投资方案。

(2) 制定企业年度经营目标，决定年度经营目标偏差的修订。

(3) 制定企业年度全面预算方案，提出预算总目标。

(4) 决定企业资本性投资预算。

(5) 决定企业整体预算考评与奖惩方案。

(6) 制定企业年度财务决算。

**3. 全面预算管理委员会**

全面预算管理委员会是在董事会领导下，专门负责全面预算的决策机构，其组织成员如下：主任由企业总经理兼任，副主任由副总经理、财务总监兼任，各预算责任单位负责人兼任委员。其主要职责如下：

(1) 制定预算管理的制度、规定等全面预算的纲领文件。

(2) 贯彻企业的经营目标及方针，审议、确定目标利润。

(3) 审议年度经营计划和预算编制的方针、程序和要求。

(4) 审查预算编制委员会提交的整体预算草案，并提出必要的修改意见。

(5) 向董事会提交预算执行的月度、季度、年度执行情况及分析报告。

(6) 在预算编制和执行过程中，对各预算责任单位之间以及预算责任单位与预算监控、考评部门之间出现的分歧进行协调和仲裁。

(7) 将经过审查的预算方案提交董事会审批，待董事会批准后下达正式预算。

(8) 根据需要，对预算的调整事项进行审议并做出决定。

(9) 审议预算奖惩办法和兑现方案。

**4. 全面预算编制委员会**

全面预算编制委员会是预算日常管理机构，在全面预算管理委员会的领导下，它负责组织企业预算的编制、预算监控和考评、预算协调和预算信息反馈工作，其成员大部分由企业内部各职能部门的领导担任。企业财务部门具有信息管理、分析评价、资金管理、费用控制等方面的优势，因此，通常将该机构设在企业财务部，其主要职责如下：

(1) 根据下达的预算总目标及年度经营计划，编制企业预算大纲，确定预算编制的原则和程序，具体分解各预算责任单位的预算指标，分别在投资中心、利润中心和成本(费用)中心设计预算指标体系。

(2) 组织预算培训工作，提供统一编制业务计划和预算所使用的表格，指导各预算责任单位编制业务计划和预算草案，提供相关定员、定额、费用开支标准等基础信息。

(3) 负责初步审查各预算责任单位的业务计划和预算草案。

(4) 汇总编制预算草案并上报预算管理委员会审查。

(5) 负责企业预算管理制度的起草和报批，并负责监控各预算责任单位预算管理制度的执行。

(6) 负责审核各预算责任单位预算偏差分析及预算纠偏措施报告，负责汇总编制预算偏差分析报告并提交预算管理委员会。

(7) 对预算责任单位提出的预算修改、调整方案作出初步判断并提出意见。

(8) 根据全面预算管理需要，调整会计核算工作。

(9) 定期向预算管理委员会提交预算执行报告，负责组织相关部门对预算的执行情况进行考评。

**5. 各预算责任单位**

各预算责任单位是全面预算编制、调整、执行及考核的主体，承担相对独立的预算责任，并享有相应权利和利益的公司内部单位，如管理部门、研发部门、采购部门、生产部门、销售部门等。

需要说明的是，预算责任网络的界定过程是根据各环节、各单位在预算总目标的实现过程中的作用和职责分层设置的。任何一个部门既具有管理的职能，同时又具有执行的职能。由于两者的分层依据不同，同一单位或人员在不同组织中可能具有不同的层级，亦即其在整个预算体系中具有双重甚至多重身份。

8-3 扫一扫练一练

8-4 扫一扫练一练答案

8-5 案例：全面预算管理

## 8.4 经营预测

### 8.4.1 经营预测的特征

企业经营预测是指企业以过去的历史资料和现在所取得的经济信息、统计资料为基础，利用各种科学的方法及有关人员多年的实践经验，对未来经济活动可能产生的经济效益和发展趋势作出科学的预测和推测的过程。其主要特点是根据过去和现在预计未来，根据已知推测未知。

目前，在市场经济条件下，企业的竞争非常的激烈，在这样一个复杂多变的经济环境里，为了求生存、谋发展，如果没有科学的经营预测和周密的计划安排，工作上必然处处被动，缺乏应变能力和竞争能力，很难实现企业的经营目标，更无法提高经济效益。只有科学的预测分析，才能为企业管理层的决策提供科学的依据。

**1. 依据的客观性**

经营预测是以客观准确的历史数据和合乎实际的经验为依据所进行的分析，而不是毫无根据的、纯主观的臆测。

**2. 时间的相对性**

经营预测事先应明确规定某项预测的时间期限范围。经营预测的时间越短，受不确定因素的影响越小，预测结果越准确。反之，预测的时间越长，受不确定因素的影响越大，预测结果的准确性就相对差一点。

**3. 结论的可检验性**

经营预测应考虑到可能产生的误差，且能够通过对误差的检验进行反馈，调整预测程序的方法，尽量减少误差。

**4. 方法的灵活性**

经营预测可灵活运用多种方法，在选择预测方法时，应事先进行试点，选择那些简便易行、成本低、效率高的一种或几种方法配套使用，才能达到事半功倍的效果。

### 8.4.2 经营预测的内容

8-6 经营预测的原则

经营预测的内容包括销售预测、成本预测、利润预测、资金预测等几个方面。

**1. 销售预测**

销售预测是其他各项预测的前提，是根据市场调查所得到的有关资料，通过有关因素的分析研究，预计和测算特定产品在一定时期内的市场销售量及变化趋势，进而预测本企业产品未来销售量的过程。销售预测的基本方法可分为定性销售预测法和定量销售预测法两大类，这些方法同样适用于其他经营预测。

(1) 定性销售预测法。

定性销售预测法又称为定性分析法或非数量分析法，它主要是依靠预测人员丰富的实践经验和知识以及主观的判断分析能力，在考虑政治经济形势、市场变化、经济政策、消费倾向等各项因素对经营影响的前提下，对事物的性质和发展趋势进行预测和推测的分析方法。由于经济生活的复杂性，并非所有影响因素都可以进行定量分析，某些因素（如政治经济形势的变动、消费倾向、市场前景、宏观环境的变化等）只有定性的特征。定量分析本身也存在着局限性，数学方法不能概括所有复杂的经济变化情况。如果不结合预测期间的政治、经济、市场以及政策方面的变化情况，必然会导致预测结果脱离客观实际。所以，我们必须根据具体情况，把定量分析与定性分析方法结合起来使用，这样才能得到良好的效果。

定性销售预测法又分为判断分析法和调查分析法。

① 判断分析法。判断分析法是指销售人员根据直觉判断进行预估，然后由销售经理加以综合，从而得出企业总体的销售预测的一种方法。销售人员接近和了解市场，熟悉自己所负责区域的具体情况，因此，用这种方法得出的预测数据比较接近实际情况；另外，采用这种方法，便于确定分配给各销售人员的销售任务，发挥其积极性，激励他们努力完成各自的销售任务。但是，受各种因素的影响，销售人员的预测也会出现偏差，因此对销售人员的预测往往需要进行修正。

**【例8-1】** 琴岛有限责任公司有三名销售人员和一名经理。每个预测者预计其销售量和概率如表8-1所示，先用概率计算出每个预测者的期望值，然后用加权平均法加以综合。

表 8-1 琴岛有限责任公司预测资料

| | 销售量(件) | 概率 | 销售量×概率 |
|---|---|---|---|
| 甲销售员预测: | | | |
| 最高 | 1 000 | 0.2 | 200 |
| 最可能 | 800 | 0.5 | 400 |
| 最低 | 600 | 0.3 | 180 |
| 期望值 | | | 780 |
| 乙销售员预测: | | | |
| 最高 | 1 200 | 0.2 | 240 |
| 最可能 | 1 000 | 0.6 | 600 |
| 最低 | 800 | 0.2 | 160 |
| 期望值 | | | 1 000 |
| 丙销售员预测: | | | |
| 最高 | 1 100 | 0.2 | 220 |
| 最可能 | 900 | 0.5 | 450 |
| 最低 | 700 | 0.3 | 210 |
| 期望值 | | | 880 |
| 经理预测: | | | |
| 最高 | 1 000 | 0.3 | 300 |
| 最可能 | 900 | 0.5 | 450 |
| 最低 | 600 | 0.2 | 120 |
| 期望值 | | | 870 |

假设经理的预测更准确、更重要,将其预测的权重确定为2,而将销售人员的预测权重均确定为1,则综合预测结果为:

$$综合的预测销售量=\frac{780\times1+1\ 000\times1+880\times1+870\times2}{1+1+1+2}=880(件)$$

这种方法一般适用于不便直接向顾客调查的公司。

② 调查分析法。调查分析法是指通过对有代表性顾客的消费意向的调查,了解市场需求的变化趋势,进行销售预测的一种方法。公司的销售取决于顾客的购买,顾客的消费意向是销售预测中最有价值的信息。如果通过调查,可以了解到顾客明年的购买量、顾客的财务状况以及顾客爱好、习惯和购买力的变化、顾客购买本公司产品占总需要量的比重和顾客选择供应商的标准,这对销售预测将更有帮助。

在调查时应注意以下几点:首先,选择的调查对象要具有代表性和普遍性,调查对象应能反映市场中不同阶层或行业的需要及购买需要;其次,调查的方法必须简便易行,使调查对象乐于接受调查;最后,对调查所取得的数据与资料要进行科学的分析,特别要注意去伪存真、去粗取精。只有这样,所获得的资料才具有真实性、代表性,才能作为预测的依据。

凡是顾客数量有限、调查费用不高、顾客意向明确又不会轻易改变的,均可以采用调查分析法预测。

（2）定量销售预测。

定量销售预测法也称数量分析法。它主要是应用数学的方法，对与销售有关的各种经济信息进行科学的加工处理，建立相应的数学模型，充分揭示各有关变量之间的规律性联系并作出相应的预测结论的分析方法。定量销售预测法又可以分为趋势预测分析法和因果预测分析法。

① 趋势预测分析法。趋势预测分析法是指根据企业历史的、按发生时间的先后顺序排列的一系列销售数据，应用一定数学方法进行加工处理，按时间数列找出随销售时间而发展变化的趋势，由此推断其未来发展趋势的分析方法。这种方法是假设事物的发展将遵循延续性原则，是可以预测的。常用的趋势分析法主要有算术平均法、移动平均法、趋势平均法和指数平滑法。

② 因果预测分析法。影响产品销售的因素是多方面的，既有企业外部因素，也有企业内部因素；既有客观因素，又有主观因素。在这些因素中，有些因素对产品销售起着决定性作用或与产品销售存在某种函数关系，只要找到与产品销售（因变量）相关的因素（自变量）以及它们之间的函数关系，就可以利用这种函数关系进行产品的销售预测，这种销售预测方法就是因果预测分析法。

因果预测分析法最常用的方法是回归分析法，回归分析法又包括回归直线法、对数直线法和多元回归法等。

**2. 成本预测**

成本预测是根据企业未来发展目标和其他有关资料，运用专门方法，预测企业未来成本发展水平及发展趋势的过程。

成本预测是企业进行产品设计方案的选择、零件外购或自制、是否增加新设备、新产品是否投产等决策的基础。通过成本预测，企业可以掌握未来的成本水平及其变动的趋势，为编制成本计划，进行成本控制、成本分析和成本考核提供依据。

为了保证成本预测达到预期的目标，成本预测应该服从企业总的经营目标，各部门、单位的成本预测应该以企业经营目标为基准进行协调，以保证整个企业的成本预测，决策系统的协调性、一致性；成本预测的方案应该切实可行，包括技术上是否可行、产品质量是否有保证、是否符合国家有关的法律及社会道德的约束等；成本预测方案应该具有应变能力，必须考虑可能发生的因素变化，并拟定应变措施，使成本预测、决策方案具有一定的弹性。

成本预测可以分为近期预测（月、季、年）和远期预测（3 年、5 年、10 年），远期预测通常用于分析宏观经济变动对企业成本的影响（如生产力布局变动、经济结构变动、价格变动等），为企业确定中长期预算和年度预算提供资料。近期预测着重分析影响成本的各个因素的变动，预算各个方案的成本指标，从中选择最优方案据以确定计划成本指标。在近期预测中，成本预测的侧重点是年度成本预测。一般来说，成本预测的步骤如下：

（1）根据企业的经营目标，提出初选的目标成本。

（2）初步预测当前生产经营条件下成本可能达到的水平，并找出与初选目标成本的差距。

（3）提出各种成本降低方案，对比、分析各种成本方案的经济效果。

（4）选择成本最优方案并确定正式目标成本。

（5）成本预测按产品的不同，又可分为可比产品成本预测和不可比产品成本预测。

### 3. 利润预测

利润是企业在一定会计期间进行经营活动的结果，是营业收入减去与之相配比的费用后的余额。利润预测是指在销售预测和成本预测的基础上，按照企业经营目标的要求，通过对影响利润变化的成本、产销量等因素的综合分析，对未来一定时间内可能达到的利润水平和变化趋势所进行的科学预计和推测。

对企业利润的预测可采用直接预测法和因素分析法两种方法。

(1) 直接预测法。直接预测法是指根据本期的有关数据，直接推算出预测期的利润数额。

对企业利润的预测可根据利润总额的构成方式分项进行。其公式如下：

$$利润总额=营业利润+投资净收益+营业外收支净额$$

预测时先分别预测营业利润、投资净收益、营业外收支净额，然后将各部分的预测结果相加，得出利润预测数额。

营业利润是由产品销售利润和其他业务利润组成的，这两部分预测利润的公式分别为：

$$预测产品销售利润=预计产品销售收入-预计产品销售成本-预计产品销售税金$$

$$=\begin{matrix}预计产品\\销售数量\end{matrix}\times\left(\begin{matrix}预计产品\\销售单价\end{matrix}-\begin{matrix}预计单位\\产品成本\end{matrix}-\begin{matrix}预计单位产品\\销售税金\end{matrix}\right)$$

$$预测其他业务利润=预计其他业务收入-预计其他业务成本-预计其他业务税金$$

预测企业的投资净收益是根据预计企业向外投资的收入减去预计投资损失后的数额得出的。预测营业外收支净额是用预计营业外收入减去预计营业外支出后的差额。

将所求的各项预测数额加总，便可计算出下一期间的预测利润总额。

**【例8-2】** 琴岛有限责任公司生产A、B、C三种产品，本期有关销售价格、单位成本及下期产品预计销售量如表8-2所示，预测下期其他业务利润的资料为：其他业务收入为20 000元，其他业务成本为14 000元，其他业务税金为4 000元。

表8-2 **琴岛有限责任公司产品资料**

| 产品 | 销售单价 | 单位产品 | | 预计下期产品销售量(件) |
|---|---|---|---|---|
| | | 销售成本 | 销售税金 | |
| A | 100 | 50 | 20 | 5 000 |
| B | 240 | 170 | 40 | 2 000 |
| C | 80 | 50 | 12 | 8 000 |

根据资料，预测下一会计期间的营业利润。

预测各产品销售利润额为：

A产品：5 000×(100－50－20)＝150 000(元)

B产品：2 000×(240－170－40)＝60 000(元)

C产品：8 000×(80－50－12)＝144 000(元)

合计：354 000(元)

预测其他业务利润为：

20 000－14 000－4 000＝2 000(元)

所以，预测下一会计期间的营业利润为：

预测营业利润＝预测产品销售利润＋预测其他业务利润

＝354 000＋2 000＝356 000(元)

(2) 因素分析法。因素分析法是在本期已实现的利润水平基础上，充分估计预测期影响产品销售利润的各因素增减变动的可能，来预测企业下期产品销售利润的数额。影响产品销售利润的主要原因有产品销售数量、产品品种结构、产品销售成本、产品销售价格及产品销售税金等。

**4. 资金预测**

资金预测是指在销售预测、利润预测和成本预测的基础上，根据企业未来经营发展的目标并考虑影响资金的各项因素，运用一定方法预计、推测企业未来一定时期内或一定项目所需要的资金数额、来源渠道、运用方向及其效果的过程。

资金需要量的预测在提高企业经营管理水平和企业经济效益方面具有十分重要的意义：资金需要量的预测是进行经营决策的主要依据；资金需要量的预测是提高经济效益的重要手段；资金需要量的预测是编制资金预算的必要步骤。资金需要量的预测包括固定资金预测和流动资金预测两大类。

(1) 固定资金需要量预测。固定资金需要量预测是对未来一定时期内企业进行生产经营活动所需固定资金进行预计和测算。要预测固定资金需要量，先要预测固定资产的需要量。固定资产需要量的预测，就是根据企业的生产经营方向、生产经营任务和现有的生产能力，预计和测算企业为完成生产经营任务所需要的固定资产数量。固定资产需要量的预测既要保证生产经营的正常需要，又要尽可能地节约资金、减少占用；既要考虑企业现有的技术条件，充分利用、挖掘现有的生产经营能力，又要尽可能地采用先进的科学技术成果，不断提高企业的生产经营技术的现代化水平。

由于企业的固定资产种类繁多，生产经营活动对各类固定资产需要的具体情况非常复杂，所从事的行业不同，其差别也很大。预测时，不可能逐一详细计算，而必须有重点地进行。在工业企业全部固定资产中，生产设备是企业进行生产经营活动的主要物质技术基础，是决定生产经营的基本因素。它品种繁多、构成复杂、数量很大、占用资金最多，因此固定资产需要量的预测应以生产设备为重点。在正确预测生产设备需要量的基础上，其他各类固定资产可以根据生产设备配套的需要量合理的进行测算。

(2) 流动资金需要量预测。预测流动资金需要量的方法很多，最常见的有资金占有比例法、周转期预测法、因素测算法和余额测算法。

### 8.4.3 经营预测的步骤

**1. 明确预测目的和要求**

预测目的不同，预测的内容和项目所需要的资料以及运用的方法都会有所不同。根据经营活动的需要明确预测的具体要求，并根据具体要求拟定预测项目，制订预测计划以保证预测顺利进行。

**2. 明确预测对象**

要做好经营预测，必须先确定预测对象，即确定预测的内容和范围，进而有针对性地做好各阶段的预测工作。

**3. 收集整理资料**

进行经营预测必须要有充分的资料，才能为预测提供进行分析的可靠数据。收集资料是预测的基础性工作。收集资料应力求资料完整，资料越完整，预测结果越精确可靠。同时要对所收集的大量资料进行整理、归纳，找出与预测对象有关的各项因素之间的相互依存关系。

**4. 选择预测方法**

不同的预测对象和内容，应选择不同的预测方法。尤其是用定量分析法进行预测时，必须根据预测目的和历史数据的变化类型来选择数学模型，确定各变量之间可能存在的联系，根据有关参数，建立预测模型，将有关数据代入预测模型，求得预测值。

8-7 扫一扫 练一练

**5. 分析预测误差并修正预测值**

任何方法的预测不可能完全准确，特别是中、长期预测。尤其是根据数学模型计算出来的预测值可能没有将非计量因素考虑进去，这就需要对其进行修正，使预测值切实为决策提供科学依据。

8-8 扫一扫 练一练答案

## 8.5 决策管理

### 8.5.1 决策分析概述

正确的决策对于一个企业的生存和发展至关重要。一个处于困境的企业常常由于管理者的正确决策而起死回生，一个经营良好的企业也可能因为一个错误决策而陷入困境。

所有决策的目的都是使企业目标最优化。决策是面向未来的，而未来含有许多不确定性因素，因此，良好的预测是决策的基础，是决策科学化的前提。同时，决策是规划的基础，没有具体的决策结论，就无法作出相应的计划和预算，也无法进行相应的控制和考核。

**1. 决策的程序**

决策应尽可能做到主客观一致，与企业内外部环境相适应。为此决策者必须按照科学的程序来进行决策。从本质上说，决策程序就是提出问题、分析问题和解决问题的过程。一般而言，决策的程序有如下几个步骤：

(1) 确定决策目标。决策目标是决策的出发点和终点。企业制订决策是为了实现一定的经济目标。因此，决策先要明确某项决策要解决什么问题，达到什么目的。确定决策目标就是要根据企业所面临的内外部环境和条件，确定某项决策究竟要解决什么问题，达到什么目的。例如，企业在生产方面，存在新产品研制和开发问题、生产力如何提高问题、生产设备如何充分利用问题、生产工艺技术革新问题以及产品生产组合问题等，有关生产决策就是要确定决策要解决的是上述所列问题的哪一个问题。

(2) 收集相关信息。确定了决策的目标，决策者就要针对并围绕决策目标，广泛地收集与决策目标相关的信息。这是决策程序中具有重要意义的步骤，它是关系决策成败的关键问题之一。

在当今信息社会，信息是管理决策的重要依据，任何管理决策都离不开信息。决策者所收集的信息必须符合决策所需的质量要求，只有这样，才能使所收集的信息对决策具有相关性。因此，收集与决策目标相关的信息在企业决策程序中要反复进行，贯穿决策各个步骤之间。也就是说,决策程序中各个步骤都涉及信息。

(3) 提出备选方案。决策就是对未来的各种可能行动方案进行选择或作出决定。为了未来各种可能行动方案作出最优的选择,必须根据所确定的决策目标和所掌握的相关信息,提出实现决策目标的各种备选方案。这是科学决策的基础和保证。

(4) 选择最优方案。选择最优可行方案是整个决策过程中最关键的环节。在这个环节中,决策者必须根据所掌握的相关信息,对各种备选方案的可行性进行充分的论证。全面权衡有关因素的影响,通过不断比较、筛选,选择出最优的可行方案。

(5) 方案的实施和修正。决策的付诸实施才是决策的目的,其实施结果也是检验所作决策正确性与否的客观依据。因此,决策方案选定之后,就应该将其纳入企业的计划,并具体组织实施。在方案实施过程中,要对实施的具体情况进行检查和监督,将实施结果与决策目标进行比较,揭示偏离决策目标的程度及其原因,采取相应的措施,纠正偏差,甚至修正原先的决策方案,使之尽量符合客观需要和适应企业内外部环境,以保证决策目标的顺利实现。

**2. 决策的相关概念**

(1) 相关收入。

相关收入是指与特定决策方案相联系的、能对决策产生重大影响、在短期经营决策中必须予以充分考虑的收入。如果某项收入只属于某个经营决策方案,即若有这个方案存在,就会发生这项收入;若这个方案不存在,就不会发生这项收入,那么,这项收入就是相关收入。相关收入的计算,要以特定的决策方案的单价和相关销售量为依据。与相关收入相对立的是无关收入。如果无论是否存在某个决策方案,均不会发生某项收入,那么该项收入就是该方案的无关收入。显然,在经营决策中是不考虑无关收入的。

(2) 相关成本。

相关成本是与特定决策方案相互联系的、能对决策产生重大影响、在经营决策中必须予以充分考虑的成本。这里所说的相关成本,是指与某个特定决策方案直接相关的成本,此方案采用,该成本就会发生;否则,该成本就不会发生。相关成本包括边际成本、机会成本、付现成本、专属成本、可延缓成本等。

① 边际成本。边际成本是指当业务量发生微小变动时所引起的成本变动额。但在实际经济活动中,业务量的微小变动只能小到一个经济单位。因此,在管理会计中,边际成本是指当业务量增加一个单位所引起的成本增加额,在相关范围内,边际成本实际上就是单位变动成本。

**【例 8-3】** 琴岛有限责任公司每增加1个单位产量的生产引起总成本的变化及追加成本的变化,如表8-3所示。

表8-3 **相关数据**

| 产量(件) | 总成本(元) | 边际成本(元) |
|---|---|---|
| 100 | 800 | — |
| 101 | 802 | 2 |
| 102 | 804 | 2 |
| 103 | 806 | 2 |

（续表）

| 产量(件) | 总成本(元) | 边际成本(元) |
|---|---|---|
| 104 | 808 | 2 |
| 105 | 918 | 110 |
| 106 | 920 | 2 |
| 107 | 922 | 2 |

由表8-3可以看出，产量每增加1个单位，边际成本并不总是一个固定数值。当产量从100件递增至104件时，每增加1单位产量的边际成本为2元；但从104件增加到105件时，增加1个单位产量的边际成本就上升为110元，接着总成本又以每增加1单位产量边际成本为2元的变化趋势，这是因为当产量从100件增加到104件时，是在相关范围内，固定成本不随产量变化，而只是变动成本随产量变化。当从104件增加到105件时，边际成本上升为110元，这表明第105件产品已超出了原来的相关范围，要达到这个产量需增加固定成本。在这之后，边际成本又以一个固定数值(2元)，在新的相关范围内，随着单位产量的增加而增加。

② 机会成本。企业在进行经营决策时，必须从多个备选方案中选择一个最优方案，而放弃另外的方案。此时，被放弃的方案所可能获得的潜在利益就成为已选中的最优方案的机会成本，也就是说，不选其他方案而选最优方案的代价，就是已放弃方案的获利可能。选择方案时，将机会成本的影响考虑进去，有利于对所选方案的最终效益进行全面评价。

**【例8-4】** 琴岛有限责任公司现有一空置的车间，既可以用于A产品的生产，也可以出租。如果用来生产A产品，其收入为35 000元，成本费用为18 000元，可获净利17 000元；用于出租则可获租金收入12 000元。在决策中，如果选择用于生产A产品，则必须放弃出租的方案，其本来可能获得的租金收入12 000元应作为生产A产品的机会成本，由生产的A产品负担。这时，我们可以得出正确的判断结论：生产A产品将比出租多获净利5 000元。

可见，机会成本产生于公司的某项资产的用途选择。具体来讲，如果一项资产只能用来实现某一职能而不能用于实现其他职能，不会产生机会成本，如公司购买的一次还本付息债券，只能在到期时获得约定的收益，因而不会产生机会成本；如果一项资产可以同时用来实现若干功能，则可能产生机会成本，如公司购买的可转让债券，既可以到期获得约定收益，又可以在未到期前中途转让以获得转让收益，从而可能产生机会成本。

此外，应注意的是，由于机会成本只是被放弃方案的潜在收益，而非实际支出，不能据以登记入账。但由于公司资源的有限性，必须充分利用资源效益，所以机会成本在经营决策中应作为一个现实的重要因素予以考虑。

③ 付现成本。付现成本是指在决策方案开始实施时，立即用现金支付的营运成本。在一定意义上来说，决策方案的成本往往都要用现金来支付的，但发生的时间有所不同。有的发生在决策方案实施前，如购买原有设备的支出；有的发生在决策方案实施后，如购买原材料采用分期付款方式时的后期付款。管理会计中所说的付现成本不包括前面所说的方案实施前和实施后用现金支付的成本，只是指方案开始实施时马上用现金支付的成本。

④ 专属成本。专属成本是指那些能够明确归属于特定决策方案的成本。它往往是为了弥补生产能力不足的缺陷，增加有关设备而发生的。专属成本的确认与取得有关设备的

方式有关。若采用购买方式，则购买设备的支出就是该方案的专属成本；若采用租入方式，则设备的租金就是该方案的专属成本。另外，在具体应用时，凡是属于某一方案新增加的固定成本，都可确认为专属成本。如采购材料决策时，到外地采购材料的差旅费支出，就可确认为该采购方案的专属成本。

⑤ 可延缓成本。可延缓成本是指那些在经营决策中对其暂缓开支不会对企业未来的生产经营产生重大不利影响的那部分成本，可延缓成本也是决策中必须考虑的相关成本。

(3) 无关成本。

无关成本是指不受决策结果影响，已经发生或不管方案是否采用都注定要发生的成本。在经营决策中，没有必要考虑无关成本。无关成本主要包括沉没成本、联合成本和不可延缓成本。

① 沉没成本。沉没成本是指过去已经发生并无法由现在或将来的任何决策所改变的成本。由于沉没成本是对现在或将来的任何决策都无影响的成本，决策时不予考虑。

**【例 8-5】** 琴岛有限责任公司有一台旧设备要提前报废，其原始成本为 10 000 元，已计提折旧 8 000 元，折余价值 2 000 元，这 2 000 元的折余价值就是沉没成本。假设处理这台旧设备有两个方案可供考虑：一是将旧设备直接出售，可获得变价收入 500 元，二是经修理后再出售，需支出修理费用 1 000 元，但可获得 1 800 元。

在进行决策时，由于旧设备折余价值 2 000 元属于过去已经支出再无法收回的沉没成本，对此可以不予考虑，只需将这两个方案的收入进行比较。直接出售可得收入 500 元，而修理后出售可得净收入 800 元(1 800－1 000)，显然，第二个方案比第一个方案可多得 300 元(800－500)。所以，应将旧设备修理后再出售。

可见，沉没成本是企业在以前经营活动中已经支付的现金，而在现在或将来经营期间摊入成本费用的支出，如固定资产、无形资产、递延资产等均属于企业的沉没成本。

8-9 视频：相关成本与非相关成本

② 联合成本。联合成本是指为多种产品的生产或多个部门的设置而发生的，应由这些产品或这些部门共同负担的成本。例如，在企业生产过程中，几种产品共同的设备折旧费、辅助车间成本等都属于联合成本。

③ 不可延缓成本。不可延缓成本是与可延缓成本相对立的成本，是指在经营决策中，若对某项成本暂缓开支就会对企业未来的生产经营产生重大不利影响，这类成本就是不可延缓成本。由于不可延缓成本具有较强的刚性，注定要发生，必须保证对它的支付，没有什么可选择的余地，对此决策中没有必要加以考虑。

8-10 扫一扫练一练

**知识拓展 8-1**

8-11 扫一扫练一练答案

### 警惕协和谬误

决策中沉没成本的概念是科学的，但沉没成本也可能导致协和谬误。协和谬误即某项投资进行到一定程度后发现不宜继续下去，却苦于各种原因而将错就错，欲罢不能。

沉没成本很可能会延续人们无谓的坚持。已经沉没的成本本该放弃，可惜大部分人有"赌徒式"的心理，相信阿基米德的杠杆终将启动，可惜他们在撬动杠杆的支点之前，已经失败了。协和谬误可能会给人们半途而废的理由，但是应该相信人们有足够的理智，他们完全可以比较沉没成本、机会成本和未来收益的关系，看清问题的本质后，坦然地走出协和谬误。

例如，亚莉妈妈花2 000元给亚莉购买了一架电子琴。但亚莉对音乐没有什么兴趣，电子琴渐渐落了灰。不久，亚莉妈妈的同事介绍说有一位音乐学院钢琴专业的老师可以给亚莉做家教。亚莉妈妈决定请家教，理由是："电子琴都买了，当然要好好学，要不这个琴就浪费了。"于是，亚莉妈妈又坚持付出半年每月500元的家教费，最终还是不得不放弃了，为了不浪费2 000元的电子琴，亚莉妈妈又浪费了3 000元的家教费。

当你进行了一项不理性的行动后，应该暂时忽略已经发生的行为和支付的成本，需要考虑不理性行为之后的耗费和益处，再综合评定它能否给自己带来正向效应。例如，进行投资时，审时度势，如果发现这项投资并不能盈利，应该及早停止，不要惋惜已经投入的各项成本，如精力、时间、金钱等。

### 8.5.2 经营决策分析

经营决策分析即通过计算、分析和比较有关短期经营决策方案的优劣，据以作出选择的过程。经营决策分析不外乎是在本、量、利之间进行总量或差量的比较和优选。常用的决策分析方法有差量分析法、贡献毛益分析法、成本平衡点法等。

定价决策是指企业根据市场及相关因素确定产品销售价格的决策，它是企业一项重要的经营决策。在市场经济条件下，企业产品的价格必然要与市场的需求相联系，受到市场供需法则的制约，市场环境复杂多变，定价决策必须具有一定的灵活性，下面介绍几种常用的定价方法。

(1) 以完全成本为基础的定价。以完全成本为基础的定价是按产品的完全成本加上一定百分比的利润确定产品售价的方法。其定价模型为：

$$单价=预计单位产品完全成本\times(1+利润加成率)$$

(2) 以变动成本为基础的定价。以变动成本为基础的定价是指在产品变动成本的基础上加上一定数量的边际贡献，以此确定产品的销售价格。此法一般使用在企业尚有剩余生产能力的情况下，衡量是否接受追加订货的产品价格的标准。其定价模型为：

$$产品单价=产品单位变动成本\div(1-边际贡献率)$$

(3) 以市场为基础的定价。以市场为基础的定价是指企业制定产品售价主要以市场需求和消费者对特定价格水平的接受程度作为客观依据。以市场需求为定价基础的基本出发点是价格与市场需求量呈相反方向的变化，价格高则需求量小，价格低则需求量大。市场需求量对企业的产销量有直接的制约作用。在产品供不应求时，可适当提高产品的售价，但同时产销量可能会减少；在供过于求时，则可适当降低产品的售价，以增加销售量。以市场需求为基础的定价决策的关键问题在于，在售价与销售量之间寻求一种平衡，从而使得企业的利润能够最大。

### 8.5.3 长期投资决策分析

**1. 长期投资的概念**

长期投资是指涉及投入大量资金，投资所获得报酬要在长时期内逐渐收回，能在较长时间内影响企业经营获利能力的投资。与长期投资项目有关的决策，叫作长期投资决策。广义的长期投资包括固定资产投资、无形资产投资和长期证券投资等内容。而固定资产投资在长期投资中所占比例较大，所以狭义的长期投资特指固定资产投资，本节主要论述狭义的长期投资决策。

**2. 长期投资的特征**

长期投资有如下特征：

(1) 投资金额大。长期投资，特别是战略性扩大生产能力的投资需要的金额一般都较大，往往是企业多年的资金积累。在企业总资产中占到很大比重。因此，长期投资对企业未来的财务状况和现金流量起到相当大的影响。

(2) 影响时间长。长期投资的投资期和发挥作用的时间都较长，项目建成后对企业的经济效益会产生长久的效应，并有可能对企业的前途有决定性的影响。

(3) 变现能力差。长期投资的使用期长，一般不会在短期内变现，即使由于种种原因想在短期内变现，其变现能力也较差。长期投资项目一旦建成，想要改变是很困难的，不是无法实现，就是代价太大。

(4) 投资风险大。长期投资项目的使用期长，面临的不确定因素很多，如原材料供应情况、市场供求关系、技术进步速度、行业竞争程度、通货膨胀水平等都会影响投资的效果。因此，长期投资面临较高的投资风险。

长期投资不仅需要投入较多的资金，而且影响的时间长，投入资金的回收和投资所得收益都要经历较长的时间才能完成。在进行长期投资决策时，一方面要对各方案的现金流入量和现金流出量进行预测，正确估算出每年的现金净流量；另一方面要考虑资金的时间价值，还要计算出为取得长期投资所需资金所付出的代价，即资金成本。因此，现金净流量、资金时间价值和资金成本是影响长期投资决策的重要因素。

8-12 影响企业长期投资决策的因素

## 8.6 业 绩 评 价

### 8.6.1 业绩评价概述

**1. 业绩评价含义**

业绩评价是指运用科学、规范的管理学、财务学和数理统计等方法，对企业或其各责任中心一定经营期间内的生产经营状况、资本运营效益、经营者业绩等进行定量与定性的考核、分析，并作出客观公正的综合评价。业绩评价的关键在于通过业绩评价，找出影响业绩的关键点，明确影响业绩的关键责任人，以便最终改善业绩。

业绩评价可以将企业战略逐步转化为执行目标；业绩评价可以完善激励机制，提升企业价值；业绩评价可以揭示企业价值创造的动因，提高企业成本管理决策依据的科学性。

**2. 业绩评价构成要素**

企业业绩评价作为一个系统，是企业整个管理控制系统中的一个子系统，由评价目标、评价主体、评价对象、评价指标、评价标准和评价报告六个基本要素构成。

(1) 业绩评价目标。企业业绩评价目标是业绩评价系统运行的指南和目的，它服从和服务于企业的整体目标。企业业绩评价的目标就是为企业管理当局制订最优战略及其实施提供有用的信息。

(2) 业绩评价主体。在现代企业制度下，公司治理结构中的企业业绩评价主体可能包括股东与股东大会、董事与董事会、监事与监事会、经理层。

(3) 业绩评价对象。企业业绩评价的对象主要有两类：一是团体单位，如企业或者企业的分支机构、职能部门；二是个人，如经营者、高级管理人员和普通员工。

企业在业绩评价时通常将所属部门分为三个主要类型：成本(费用)中心、利润中心和投资中心。对于不同的评价对象，其评价要求、评价目标、评价内容和评价指标是有所不同的。

(4) 业绩评价指标。业绩评价指标分为财务评价指标和非财务评价指标，如何选择业绩评价指标是企业业绩评价系统设计中最重要的问题。

(5) 业绩评价标准。业绩评价标准是指判断评价对象业绩优劣的标准。业绩评价标准具有规划、控制、考核等功能，评价标准的选择取决于业绩评价的目的。在选择业绩评价标准时，应当从企业全局出发，力求有充分的科学的依据。企业业绩评价常用的标准包括公司的战略目标与预算标准、历史标准、行业标准或竞争对手标准、经验标准、公司制度和文化标准。

(6) 业绩评价报告。业绩评价报告是业绩评价系统的结论性文件。业绩评价报告的文字与格式应当简洁、明了，便于理解，应突出关键的问题与原因，提高效率。

业绩评价报告是业绩评价人员通过会计信息系统及其他相关信息系统，获取与评价对象有关的信息，经过加工整理后得出业绩评价对象的评价指标数据，再与事先确定的评价标准进行对照比较，揭示差异以及差异产生的原因、责任归属和对企业产生的影响，得出评价对象业绩优劣的结论后形成的书面总结性报告文件。其格式与写法因评价对象与内容的不同而不同，没有统一的规定。

**3. 业绩评价的功能**

企业业绩评价具有以下三个基本功能。

(1) 激励与约束功能。一个企业所编制的年度预算一般是以下年度该企业特定的经营环境为依据制定的该企业下年度生产经营活动的行动指南。一个企业的年度预算一般由该企业的经理人员参与编制，并由该企业的管理人员实际执行。因此，以年度预算为标准的业绩评价具有激励与约束的功能。

(2) 项目再评估功能。一个企业所编制的资本预算，是对该单位的长期重大投资活动(项目)所进行的可行性研究和收支计划安排。它一般包括投资项目的投资报酬率、净现值、现金流量等指标。一个投资项目的实际运行效果是否与预期一致，是企业管理当局极为关心的问题。以资本预算为标准的业绩评价，可以不断提高企业投资预测的准确性，从而起到对项目再评估的作用。

(3) 资源再配置功能。将竞争对手的有关指标作为企业业绩评价的标准，对企业的战略分析和资源的合理配置具有十分重要的意义。成功的企业应该在其所属行业或产品线中具有竞争优势。对于一个大型企业集团或跨国公司来说，往往同时经营多个行业或一个行业的多个产品线，要求在其所涉及的行业或产品线都应该具有一定的竞争优势。这时，以竞争对手的有关指标作为评价标准，有助于企业发现自己已经具有的竞争优势并根据这些信息，重新进行战略分析并确定应相应采取的战略措施，对原有资源进行调整和重新配置，放弃不具备或不可能获得竞争优势的行业或产品线，增强已经具备竞争优势的行业和产品线，或者重新选择新的经营方向。

### 8.6.2 责任中心的业绩评价

责任中心是指按照各自的管理权限，承担相应经济责任，并能考核其经济责任履行情况的企业内部单位。责任中心通常包括成本中心、利润中心和投资中心。对责任中心进行业绩评价，可以分析各责任中心的责任履行过程、结果及其原因，以落实有效的约束和激励机制。

**1. 成本中心的业绩评价**

成本中心是成本(费用)发生的责任区域，是以成本(费用)作为主要目标和控制数据的责任中心，由于它只能控制成本，而无法控制销售和收益，因而只需对成本负责。在三类责任中心中，成本中心是最基础、最直接的责任中心。

成本中心是指只对成本或费用负责的责任中心。成本中心的范围最广，只要有成本费用发生的地方，都可以建立成本中心，从而在企业形成逐级控制、层层负责的成本中心体系。

对成本中心来说，其所发生的各项成本，有些是可以控制的，即可控成本；有些则是无法控制的，即不可控成本。成本中心只能对其可控成本负责。一般来讲，可控成本应同时符合以下三个条件：

第一，责任中心能够通过一定的方式了解将要发生的成本；

第二，责任中心能够对成本进行计量；

第三，责任中心能够通过自己的行为对成本加以调节和控制。

凡是不能同时符合上述三个条件的成本通常为不可控成本，一般不在成本中心的责任范围之内。

成本的可控与不可控是相对而言的，这与责任中心所处管理层次的高低、管理权限的大小以及控制范围的大小有直接关系。对企业来说，几乎所有成本都可以被视为可控成本，一般不存在不可控成本；而对于企业内部的各个部门、车间、工段、班组来说，则既有其各自专属的可控成本，又有其各自的不可控成本。一项对于较高层次的责任中心来说属于可控的成本，对于其下属的较低层次的责任中心来说，可能就是不可控成本；反过来，较低层次责任中心的可控成本，则一定是其所属的较高层次责任中心的可控成本。

成本中心业绩评价的基本内容是将实际成本与责任成本(可控成本之和)进行比较，确定两者差异的性质、数额以及形成的原因，并根据差异分析的结果，对各成本中心进行奖惩，以督促各成本中心调整行为误差，保证责任目标的实现。

成本中心业绩评价的主要指标是责任成本增加额、责任成本升降率以及与其作业相关的非财务指标等。其公式如下：

$$成本增减额=实际成本额-预算成本额$$

$$成本升降率=\frac{成本增减额}{预算成本额}\times100\%$$

运用该财务指标评价成本中心时的前提条件是要正确区分可控成本和不可控成本。由于各成本中心只对其可控成本负责，因此对各成本中心的财务业绩评价只能局限于其可控成本，即上述公式中的各项数据只包括责任中心发生的可控成本，现举例说明如下。

**【例8-6】** 琴岛有限责任公司包括三个成本中心A、B、C。三个成本中心某时期的责任成本预算值分别为50 000元、60 000元和70 000元。其可控成本实际发生额分别是48 500元、62 500元和69 500元，则根据上述公式计算如表8-4所示。

表8-4 **成本中心业绩考核与评价表** 金额单位：元

| 项目 | 预算 | 实际 | 增减额 | 升降率 |
|---|---|---|---|---|
| A中心 | 50 000元 | 48 500元 | −1 500元 | −3% |
| B中心 | 60 000元 | 62 500元 | 2 500元 | 4.17% |
| C中心 | 70 000元 | 69 500元 | −500元 | −0.71% |

注：表中负数为节约，正数为超支。

显然，在三个成本中心里，A中心的成本预算完成情况最好，而B中心的成本预算完成情况最不好。

成本中心业绩评价的另一个重要问题是对非财务指标的运用。由于成本中心通常运用在较低层次的组织，而财务业绩指标的综合性特征使其在成本中心的运用非常有限，非财务指标更普遍适用于成本中心，因此在对成本中心业绩评价指标的设计中，应特别重视非财务指标在其中的运用，相比较而言，有时非财务指标对于成本中心的业绩评价更为重要。当然，不同成本中心的作业性质和作业内容不同，其非财务指标也不尽相同，必须针对每一个具体作业的具体情况加以确定。

**2. 利润中心的业绩评价**

利润中心不同于成本中心，它不仅对成本负责，而且对收入负责，并进一步将两者进行比较考核其利润。利润是销售量、价格、成本和费用等各因素的综合作用的结果。对利润中心的业绩评价通常应该以收益指标为主。由于不同类型、不同层次的利润中心的可控范围不同，从而其用于评价的收益指标亦不同，具体可包含毛利、贡献毛益以及营业利润三种不同层次的收益形式。

(1) 毛利。毛利是销售净额经过销售成本抵减后的余额，它是利润表中最有意义的指标之一。作为利润中心的考核指标，它包含了利润中心管理者所能控制的销售收入和销售产品成本两个因素，满足了责任会计制度的基本要求，有利于各部门进行成本分析与控制。

(2) 贡献毛益。贡献毛益是销售收入与变动成本总额的差额。采用贡献毛益指标对利润中心进行评价，可以保持利润中心目标与企业总目标的一致，可以更好地体现可控性原则，还有利于高层管理者的决策。例如，当一个部门亏损时，只要该部门能创造贡献毛益，在没有其他更佳方案的前提下，就应保留。

(3) 营业利润。营业利润是在上述贡献毛利基础上减去各部门应负担的全部营业费用后的余额。采用营业利润作为评价指标，克服了上述毛利指标带来的利润中心目标和企业目标的不一致问题。但是，由于企业发生的间接费用都是间接地为各部门产品生产和销售服务的，而这些间接费用通常属于共同费用，它们不能直接确认、归属于某一部门，只能根据企业具体情况，分别采用适当的比例加以分配。共同费用的分配必须有公平合理的基础，这不仅是保证营业利润可控，并且还是保护各部门积极性的关键。

**3. 投资中心的业绩评价**

投资中心是对投资负责的责任中心，其特点是既要对成本和利润负责，又要对投资效果负责。从管理层次看，投资中心是最高一级的责任中心，业绩评价的基本内容是有关责任中心的成本、收入、利润及资金占用等指标的完成情况。

一般来说，投资中心的业绩评价有三个重要财务指标：投资报酬率、剩余收益和经济增加值。

(1) 投资报酬率。投资报酬率是投资中心一定时期内的营业利润和该期的投资占用额之比。其计算公式如下：

投资报酬率＝(营业利润 ÷ 投资占用额)×100％

实务中，为了更详细的情况，投资报酬率公式通常还可扩展如下：

投资报酬率＝销售利润率×投资周转率

其中：　销售利润率＝营业利润÷营业收入

投资周转率＝营业收入÷投资占用额

举例说明上述指标的运用。

**【例 8-7】** 接［例 8-6］，琴岛有限责任公司有三个投资中心 X、Y、Z，各自的投资报酬率可计算如表 8-5 所示。

表 8-5　**投资中心业绩考核与评价表(1)**　单位：万元

| 投资中心 | 营业收入 | 营业利润 | 投资占用额 | 投资报酬率 |
|---|---|---|---|---|
| X 部门 | 180 000 | 24 000 | 115 000 | 20.9％ |
| Y 部门 | 475 000 | 39 500 | 490 000 | 8.1％ |
| Z 部门 | 390 000 | 32 500 | 290 000 | 11.25％ |

投资报酬率包含了投入、产出两大因素及其相互关系，从而更为综合地反映了投资中心的经营业绩。在表 8-5 中，尽管 Y 部门营业利润最高，但占用的资金也最多，从而导致其投资报酬率反而最低。

为进一步分析，我们还可将各投资中心的业绩进行分解：

X 部门：投资报酬率＝(24 000÷180 000)×(180 000÷115 000)

＝13.33％×1.565＝20.9％

Y 部门：投资报酬率＝(39 500÷475 000)×(475 000÷490 000)

＝8.32％×0.969＝8.06％

Z 部门：投资报酬率＝(325 000÷390 000)×(390 000÷290 000)

＝8.33％×1.35＝11.2％

销售利润率和投资周转率两个因素各自的着眼点不同：销售利润率表示每 100 元销售收入带来的利润，所关注的是产品的盈利性。投资周转率表示每 1 元投资能实现的销售收入，关注的是资产利用效率。投资周转率越大，意味着资产利用效率越高。投资额一定的情况下，要提高投资周转率就要采用各种方式促进销售。在[例8-7]中，Y、Z两个部门的销售利润率都约为8.3%，但由于Z部门的投资周转率要高于Y部门，即Z部门的资产利用效率高，最终，它获得高于Y部门的投资报酬率。对投资报酬率的分解分析，有助于了解投资报酬率高低的真实原因，寻找提高投资报酬率的正确途径。

当然，投资报酬率这个指标也有其自身的缺陷，主要是它会使投资者拒绝接受超出企业平均投资报酬率而低于该部门现有投资报酬率的投资项目，损害了企业的整体利益。

(2) 剩余收益。剩余收益是一个部门的营业利润超过其预期最低收益的部分。一个部门的预期最低收益是该部门的投资占用额与企业最高管理当局所确定的预期最低投资报酬率的乘积。其计算公式如下：

剩余收益＝营业利润－预期最低收益
＝营业利润－投资占用额×预期最低报酬率

**【例8-8】** 接[例8-7]，琴岛有限责任公司预期最低投资报酬率为10%，其三个投资中心的剩余收益计算如表8-6所示。

表8-6 **投资中心业绩考核与评价表(2)** 单位：万元

| 投资中心 | 营业利润 | 投资占用额 | 最低投资报酬率 | 剩余收益 |
|---|---|---|---|---|
| X部门 | 24 000 | 115 000 | 115 000×10%＝11 500 | 12 500 |
| Y部门 | 39 500 | 490 000 | 490 000×10%＝49 000 | －9 500 |
| Z部门 | 32 500 | 290 000 | 290 000×10%＝29 000 | 3 500 |

利用剩余收益指标评价投资中心的经营业绩可以使投资中心的局部利益与企业的整体利益趋于一致。当资金比较充裕时，一般采用剩余收益指标较好，只要有利可图即可；当资金比较短缺时，应尽可能充分利用好资金，将其投入最有利的项目中去，力求尽可能高的投资报酬率。

8-13 视频：投资中心的业绩评价

(3) 经济增加值。经济增加值(EVA)是企业税后营业利润减去资本成本总额后的余额，用公式表示为：

经济增加值＝税后营业利润－资本成本总额

8-14 扫一扫练一练

经济增加值与剩余收益不同，经济增加值扣除的是资本成本而不是最低报酬率，是债务成本和股权成本的加权资本成本，其战略性要稍强。经济增加值是一种全面财务管理和薪金激励体制的框架，它把资本预算、绩效评价和激励报酬有效地结合起来。以经济增加值为目标导向的管理几乎涵盖了管理决策的所有方面，从战略计划、资源分配、兼并与分立、确定年度目标，一直到日常经营决策等，而所有这些活动的目的都是增加经济增加值。

## 8.6.3 平衡计分卡

8-15 扫一扫练一练答案

平衡计分卡是由美国哈佛大学的Robert S. Kaplan教授和David D. Norton教授率先提出的。平衡计分卡作为一种管理方法，其注意力主要放在组织目标的实现方面。该方法认识到，企业要向员工、供应商、顾客、合伙人、社区和股东等不同利益相关集团负责。由于不同利害关系人的目标和要求不同，企业必须在这些相互矛盾和竞争的不同要求之间进行平衡。从本质上看，平衡计分卡实际上是在衡量和评价公司在满足不同利害关系人要求方面的业绩。平衡计分卡在将公司使命和战略转化为具体目标和业绩指标的同时，也在平衡公司各方利害关系人之间的不同要求。

平衡计分卡的基本内容表现为以下四个方面。

**1. 财务方面**

评价企业业绩传统上通常采用财务绩效指标，公司的利益相关者（包括股东、经理人、员工、债权人）都是按照财务指标判断企业是否成功，平衡计分卡保留有关财务方面的内容，是因为财务指标对概述可计量经济结果是有价值的，财务业绩指标能反映出公司的战略是否对提高企业净利有帮助。典型的财务业绩指标包括如上所述的利润、投资报酬率、经济增加值等。

**2. 客户方面**

在客户方面，管理者要确定经营单位将要面对的竞争性客户和市场份额，并计量经营单位在这个目标范围内的业绩情况。典型的客户方面的核心业绩指标包括客户满意程度、客户保持程度、新客户的获得、客户可获利能力及市场份额等。

**3. 内部作业流程方面**

内部作业流程是内部经营过程在平衡计分卡上的反应，包括三个主要过程：创新、经营和售后服务。创新过程包括确定市场和开发产品、提供服务；经营过程是把现有的产品和服务生产出来并交付给客户，这一过程强调效率、一致；售后服务过程包括保证书、修理及退换货、支付手段的管理。

**4. 学习与成长方面**

在平衡计分卡的学习和成长方面，确立了企业必须建立长期的成长和进步的基础结构。企业的学习和成长来自三个方面：人员、信息系统和企业的程序。平衡计分卡上的财务目标、客户目标和内部作业流程目标，通常显示出在现有人员、系统和程序的生产能力与实现突破性业绩目标所要求的生产能力之间的巨大差距。为了弥补这些差距，企业必须培训员工、提高信息技术和信息系统，并组织企业进行程序改进等。

作为一种战略导向的综合绩效评价系统，平衡计分卡对传统绩效评价的改善主要体现在以下几个方面：

(1) 平衡计分卡将战略目标具体化。平衡计分卡的设计先要分析企业目标和基本战略对于经营活动各方面的基本要求，并由此确定各方面工作的着重点，有利于保证目标与战略在具体经营活动中的体现。

(2) 平衡计分卡的运用，从绩效评价体系构建的方法上加强了内部沟通，也就使各个层次的具体职员能更好地理解企业的目标和战略，从而有助于促进内部决策目标的战略一致性。

(3) 平衡计分卡以客户为尊，重视竞争优势的获取和保持。

(4) 平衡计分卡重视非财务业绩的计量，促进了结果考核和过程控制的结合。

(5) 平衡计分卡利用多方面考核所具有的综合性，促进了短期利益和长期利益的平衡。

## 8.7 管理会计报告

8-16 案例：平衡计分卡

### 8.7.1 管理会计报告概述

管理会计报告是管理会计信息输出的呈现方式之一，报告是管理会计循环的环节之一，为企业各层级进行规划、决策、控制和评价等管理活动提供有用信息。在管理会计报告这一概念产生之前，报告就一直伴随着管理会计。管理会计报告概念被广泛重视，一是体现了会计信息服务于企业内部管理决策的重要性，也代表着管理会计的深入发展和重要性；二则说明了管理会计信息输出的呈现方式越来越被重视。

**1. 管理会计报告的定义**

管理会计报告没有一个广泛认可的定义，甚至对于名称也有不同的提法，如内部财务报告、内部管理报告、内部报告等。与管理会计中其他的工具和方法（如成本管理、预算管理等）相比，管理会计报告在概念、内涵、要素、维度、体系等基本问题上尚未形成统一认识。根据财政部2017年发布的《管理会计应用指引第801号——企业管理会计报告》；管理会计报告是指企业运用管理会计方法，根据财务和业务的基础信息加工整理形成的，满足企业价值管理和决策支持需要的内部报告。

企业内部流转着各种报告形式的文本，如战略规划报告、人力资源报告、研究开发报告、绩效评价报告等，但并非所有这些内部报告都是管理会计报告。管理会计工作的呈现方式，即提供信息服务的方式有很多种。未必所有的信息都通过报告形式的文本来呈现。管理会计报告试图去归纳、设计、规范管理会计的信息输出，以更好地实现管理会计工作的目标。管理会计报告的边界与管理会计的边界相同，管理会计覆盖哪些内容和方面，作为管理会计工作呈现方式之一的管理会计报告就需要努力去覆盖那些内容和方面。管理会计的目标就是管理会计报告的终极目标。企业可以通过管理会计报告去设计和打造一个上下联通的信息沟通和控制渠道，使管理者的决策能力和员工的执行能力在瞬息万变的经营环境下始终与公司战略保持一致，从而持续地提升公司价值。

**2. 管理会计报告的特点**

根据《管理会计应用指引第801号——企业管理会计报告》，管理会计报告具有以下几个特点：

(1) 相关性。提供的信息与企业各层级、各部门管理决策密切相关。

(2) 灵活性。编制的周期、格式、内容、流程、方法等可以随需而定。

(3) 分层次。用于满足各个层级、各个环节的管理者需求。

(4) 多维度。信息维度更丰富，可按照多种标准进行分类。

(5) 可预见。面向未来、基于过去的信息分析现在、预见未来。

**3. 管理会计报告的目标**

管理会计具有服务于企业内部、方法灵活、面向未来、会计信息不受会计准则约束的特点，管理会计报告作为管理会计结果的载体，其目标是为企业各层级进行规划、决策、控制和评价等管理活动提供有用信息，具体为以下几点：

(1) 解析过去。对过去发生的财务数据和业务数据进行深入的加工、重组和分析，为管理层更好地对未来规划决策和控制现在提供支持。

(2) 掌控当下。管理会计报告在控制中通过一系列指标纠正实施过程中的偏差，使企业的经济活动能够严格按照预定的战略方向有效进行。

(3) 规划未来。预测和战略决策是规划未来的主要形式，管理会计报告充分利用所掌握的财务信息和非财务信息，利用现代化信息手段和管理会计工具，进行严密的科学分析，及时、全面地帮助企业管理层规划未来，提高预测和战略决策的科学性。

**4. 管理会计报告与财务会计报告的区别和联系**

财务会计报告通过确认、计量、记录以及报告四个步骤制成，严格遵守了公认会计准则或者其他会计制度，报告的模式较为固定。而相比之下，管理会计报告不仅综合了企业的财务信息和非财务信息，还结合了统计和数学的方法，来对企业经营活动进行预测和分析，帮助企业提高经济效益。两者之间的区别有以下几点：

第一，报告格式的灵活性，是否要严格遵守法定规则等。

第二，管理会计报告综合多种信息，有财务的和非财务的，而财务会计报告仅仅是财务信息。

第三，财务会计报告披露的主要对象是外部信息使用者，虽然内部管理者也对此重视。而管理会计报告重在向内部使用者披露信息，以协助其进行决策或管理。

第四，管理会计报告是面向未来的报告，旨在帮助管理者决策和价值管理，财务会计报告是面向过去的报告，旨在为利益相关者提供决策信息。

第五，从内容上来说，财务会计报告涵盖了企业经营活动的全过程，而管理会计报告可能涵盖的是企业整体，也可能是企业的管理单元，针对性强。

财务会计报告和管理会计报告的区别如表 8-7 所示。

表 8-7　**财务会计报告和管理会计报告的区别**

| 项目 | 财务会计报告 | 管理会计报告 |
|---|---|---|
| 编制格式 | 公认会计准则以及其他会计法则 | 格式灵活、具有针对性 |
| 信息种类 | 财务信息；面向过去 | 财务信息、非财务信息；面向未来 |
| 主要服务对象 | 内部和外部投资者 | 内部投资者 |
| 目的 | 为内部和外部使用者提供信息 | 内部管理者价值管理和决策 |
| 内容 | 涵盖整个企业经营活动的全过程 | 企业整体或者单个管理单元 |

管理会计报告与财务会计报告之间既有区别，也有联系。其联系体现在以下几点：

第一，从财务数据的源头来看，两者都使用了财务数据。财务会计报告是管理会计报告编制的基础，在此之上，管理会计再进行深加工形成满足管理者管理和决策需求的管理会计报告。

第二，从内容来看，管理会计报告不仅仅包含了财务信息，还包含了非财务信息，而财务会计报告中也会披露一些内部管理计划和企业或者部门的方案等管理信息。

第三，信息可靠性的相关性。财务会计报告信息质量要求具有可靠性，这是在管理会计报告信息的可靠性基础之上所建立的，只有保障了管理会计报告信息的可靠性，财务会计报告信息的可靠性才有保障。

## 8.7.2 管理会计报告的分类

管理会计报告体系可以按照多种标志进行分类，包括但不限于：

(1) 按照使用者所处的管理层级不同，管理会计报告可以分为战略层管理会计报告、经营层管理会计报告和业务层管理会计报告。

(2) 按照内容不同，管理会计报告可以分为综合企业管理会计报告和专项企业管理会计报告。

(3) 按照管理会计功能不同，管理会计报告可以分为管理规划报告、管理决策报告、管理控制报告和管理评价报告。

(4) 按照责任中心不同,管理会计报告可以分为投资中心报告、利润中心报告和成本中心报告。

(5) 按照报告主体整体性程度不同,管理会计报告可以分为整体报告和分部报告。

企业有着不同的管理层级,尤其是在大型企业集团中,管理层级更是错综复杂。不同层级的管理者不仅需要的信息内容不同,而且需要信息的繁简程度、及时程度和报告形式也不同。因此,按照企业管理会计报告使用者所处的管理层级进行分类是最能体现不同管理、不同需要的基本分类。

以下按照企业管理会计报告使用者所处的管理层级进行分类说明。

**1. 战略层管理会计报告**

战略层是指企业的最高决策层,其决策直接影响企业的成败,且其影响会长期存在,如企业的市场定位、重大融资决策、投资决策、商业模式选择、经营战略等。战略层关注企业如何进行资源配置,需要充分了解宏观经济环境和产业政策,把握行业未来发展前景,准确分析企业的资源优势。因此,战略层管理会计报告并不需要细微和局部的信息,而是需要全局性、综合性的信息,能够揭示未来发展前景、帮助制定战略的信息,以及对战略执行情况进行反馈、帮助进一步优化资源配置的信息。关乎企业成败的战略决策不是一个日常活动,战略层管理会计报告的使用频率不像其他层级管理会计报告那么高,但由于其重要性,对报告的质量要求也很高。

战略层管理会计报告是为战略层开展战略规划、决策、控制和评价以及其他方面的管理活动提供相关信息的对内报告。战略层管理会计报告的对象是企业的战略层,包括股东大会、董事会和监事会等。战略层管理会计报告包括但不仅限于战略管理报告、综合业绩报告、价值创造报告、经营分析报告、风险分析报告、重大事项报告、例外事项报告等。这些报告可独立提交,也可根据不同需要整合后提交。

(1) 战略管理报告。报告的内容一般包括内外部环境分析、战略选择与目标设定、战略执行及其结果,以及战略评价等。战略管理报告一般是在 SWOT 分析、价值链分析等战略分析基础上,侧重于本企业与竞争对手的优劣对比,列示获取竞争优势的要素(如产品、市场份额、定价、成本、产量等方面的信息),依此制定企业竞争战略、设定竞争目标、规划战略执行的路径和方法、进行战略评价。

(2) 综合业绩报告。报告的内容一般包括关键绩效指标预算及其执行结果、差异分析以及其他重大绩效事项等。综合业绩报告是在设定竞争目标的基础上,基于获取竞争优势的要素确定关键绩效指标,依此编制战略预算(通常表现为企业的资本预算),在战略执行中对预算执行结果进行差异分析,并修订和完善战略。

(3) 价值创造报告。报告的内容一般包括价值创造目标、价值驱动的财务因素与非财务因素、内部各业务单元的资源占用与价值贡献,以及提升公司价值的措施等。

(4) 经营分析报告。报告的内容一般包括经营决策执行情况回顾、本期经营目标执行的差异及其原因、影响未来经营状况的内外部环境与主要风险分析、下一期的经营目标及管理措施等。

(5) 风险分析报告。报告的内容一般包括企业全面风险管理工作回顾、内外部风险因素分析、主要风险识别与评估、风险管理工作计划等。

(6) 重大事项报告。其是针对企业的重大投资项目、重大资本运作、重大融资、重大担保事项、关联交易等事项进行的报告。

(7) 例外事项报告。其是针对企业发生的管理层变更、股权变更、安全事故、自然灾害等偶发事项进行的报告。

**2. 经营层管理会计报告**

经营层是指企业的中层管理人员，其决策是对企业整体战略的分解和落实，负责把战略层的宏大战略落实执行。经营层需要对接战略层，根据战略层的战略意图进行本层级的管理，保证其部门的顺畅运行和资源的合理使用。经营层的管理特点决定了其既需要概括性的总体信息，也需要细节性的信息。有关成本、收入、资产、绩效、投资等方面的信息都是这一层级需要关注的。这一层级的管理决策具有日常性，因此经营层管理会计报告使用的频率较高，内容比战略层报告更为细致和详尽。

经营层管理会计报告是为经营管理层开展与经营管理目标相关的管理活动提供相关信息的对内报告。经营层管理会计报告主要包括全面预算管理报告、投资分析报告、项目可行性报告、融资分析报告、盈利分析报告、资金管理报告、成本管理报告、绩效评价报告等。

(1) 全面预算管理报告。报告的内容一般包括预算目标制定与分解、预算执行差异分析以及预算考评等。

(2) 投资分析报告。报告的内容一般包括投资对象、投资额度、投资结构、投资进度、投资效益、投资风险和投资管理建议等。

(3) 项目可行性报告。报告的内容一般包括项目概况、市场预测、产品方案与生产规模、厂址选择、工艺与组织方案设计、财务评价、项目风险分析，以及项目可行性研究结论与建议等。项目可行性报告通常由投资等业务部门编制，财务部门主要负责其中的财务评价、项目风险分析。

(4) 融资分析报告。报告的内容一般包括融资需求测算、融资渠道与融资方式分析及选择、资本成本、融资程序、融资风险及其应对措施和融资管理建议等。融资分析报告可以以企业为主体编制，也可以以工程或项目为主体编制。

(5) 盈利分析报告。报告的内容一般包括盈利目标及其实现程度、利润的构成及其变动趋势、影响利润的主要因素及其变化情况，以及提高盈利能力的具体措施等。企业还应对收入和成本进行深入分析。盈利分析报告可基于企业集团、单个企业，也可基于责任中心、产品、区域、客户等进行，如上市公司的盈利预测就属于盈利分析报告的一种。

(6) 资金管理报告。报告的内容一般包括资金管理目标、主要流动资金项目(如现金、应收票据、应收账款、存货)的管理状况、资金管理存在的问题以及解决措施等。企业集团资金管理报告的内容一般还包括资金管理模式(集中管理还是分散管理)、资金集中方式、资金集中程度、内部资金往来等。

(7) 成本管理报告。报告的内容一般包括成本预算、实际成本及其差异分析、成本差异形成的原因以及改进措施等。

(8) 绩效评价报告。报告的内容一般包括绩效目标、关键绩效指标、实际执行结果、差异分析、考评结果，以及相关建议等。绩效评价报告可以以企业或责任中心为主体编制，其关键绩效指标可以是利润、利润率、EVA 等，编制方法可以基于财务指标，也可以基于财务指标和非财务指标的结合(如平衡计分卡)。

### 3. 业务层管理会计报告

业务层是指企业的基层管理人员，其决策非常具体，即时性很强。这一层级的管理者最终执行了企业的各项政策和战略，真正决定了企业产品的销售、机器的利用、成本的耗费等，如车间主任、采购主管、销售主管等。业务层所面对的决策非常具体，所需要的客户分析管理信息也非常具体细致，因此业务层管理会计报告非常具体，甚至需要反映每个生产工人、每个销售人员、每条生产线、每台设备的详细信息。也就是说，业务层管理会计报告应做到内容具体、数据充分。

业务层管理会计报告是为企业开展日常业务或作业活动提供相关信息的对内报告。其报告的对象是企业的业务部门、职能部门以及车间、班组等。业务层管理会计报告应根据企业内部各部门、车间或班组的核心职能或经营目标进行设计，主要包括研究开发报告、采购业务报告、生产业务报告、配送业务报告、销售业务报告、售后服务业务报告、人力资源报告等。

(1) 研究开发报告，报告的内容一般包括研发背景、主要研发内容、技术方案、研发进度、项目预算等。研究开发报告通常由研究开发部门根据竞争战略、经营目标、对技术和产品的需要编制，主要负责研发背景、主要研发内容、技术方案、研发进度等技术层面的工作；财务部门主要负责基于技术发展的项目预算(按研发项目进度给予资金支持)和研发绩效评价。

(2) 采购业务报告。报告的内容一般包括采购业务预算、采购业务执行结果、差异分析及改善建议等。采购业务报告通常由采购部门编制，重点反映采购质量、数量以及时间、价格等方面的内容；财务部门主要负责基于业务部门的采购业务活动的成本计算和资金管理。

(3) 生产业务报告。报告的内容一般包括生产业务预算、生产业务执行结果、差异分析及改善建议等。生产业务报告通常由生产部门编制，重点反映生产成本、生产数量以及产品质量、生产时间等方面的内容；财务部门主要负责基于生产部门的生产经营业务活动的成本计算和资金管理。

(4) 配送业务报告。报告的内容一般包括配送业务预算、配送业务执行结果、差异分析及改善建议等。配送业务报告要重点反映配送的及时性、准确性以及配送损耗等方面的内容，如妥投率就应该成为配送业务报告的关键绩效指标。

(5) 销售业务报告。报告的内容一般包括销售业务预算、销售业务执行结果、差异分析及改善建议等。销售业务报告通常由销售部门编制，重点反映销售的数量结构和质量结构等方面的内容；财务部门应重点关注应收账款周转率和销售收现率等的管理。

(6) 售后服务业务报告。报告的内容一般包括售后服务业务预算、售后服务业务执行结果、差异分析及改善建议等。售后服务业务报告重点反映售后服务的客户满意度等方面的内容。

(7) 人力资源报告。报告的内容一般包括人力资源预算、人力资源执行结果、差异分析及改善建议等。人力资源报告通常由人力资源管理部门编制，重点反映人力资源使用及考核等方面的内容；财务部门应重点关注人力资源的效果评价。

## 8.7.3 管理会计报告的编制原则

为适应支持管理决策的需要，管理会计报告在报告内容、信息类型、表现形式等方面均有极大的弹性。这种弹性使得管理会计报告能够根据决策需要进行适当创新，这种常变常新也意味着需要更加明确管理会计报告的编制原则，以保证管理会计报告聚焦支持管理决策、提升企业价值。管理会计报告的编制原则，是指在管理会计报告的设计、编制、传递等过程中需要遵循的基本原则。

**1. 责任匹配原则**

管理会计报告的使用者是企业内部各个层级的管理者，他们依据其管理权限承担不同的经济责任。报告的内容应该与之匹配，针对不同责任中心的管理者提供不同的信息。这使得责任中心的管理者能够根据报告对其可控成本和收入作出正确的决策。管理会计报告应该从报告使用者的视角而不是会计人员的视角来设计和提供。施工现场的管理者与总部办公室的管理者所需要的信息差异巨大。集团公司总经理关注的是整体的运行情况，子公司总经理关注的是子公司的业绩，底层的管理者可能更关注现场工作的每个员工的表现。

**2. 例外原则**

为了避免管理者信息过载，日常经营活动中的常规事宜应交由制度化的流程予以控制。随着部门的扩展和复杂化，管理者不可能深入每个细节去监督、检查。故此，管理会计报告应该将那些进展符合预期、比较顺利的情况与进展不符合预期、需要管理者关注的情况区别开，即管理会计报告应该强调例外原则。按照既定路线进展的项目，通常情况下不应该是管理会计报告的重点。例如，制造成本超过标准成本30%显然是例外，需要重点关注。制造成本偏离标准成本0.2%显然就不应该是管理会计报告的重点。

**3. 比较原则**

只披露实际发生的数据往往不能直接服务于管理决策，实际数据应该与一定的参照对象进行比较，这样才能使信息使用者更好地对情况作出判断。常见的参照对象包括预算值、事先确定的标准、历史数据、行业数据等。管理会计报告中应揭示重要的趋势和联系。例如，不仅报告期末各类存货的数量，而且报告各类存货数量变化的趋势，还揭示存货数量上升与销售情况、供应链管理情况之间的联系。

**4. 及时原则**

管理会计报告应该及时提供。由于管理决策本身的动态性，支持管理决策的信息必须及时。滞后提供的报告与没有提供报告一样对决策毫无用处。故此，企业需要确定管理会计报告提供的频率，针对不同类型的信息采用不同的方式和频率。

**5. 标准化原则**

为了降低管理会计报告所提供信息的复杂性，减少信息传递过程中的信息扭曲和理解偏差，便于管理者理解和准确把握，管理会计报告应尽可能地标准化。标准化主要是指管理会计报告的风格、设计、篇幅、数据口径、名词界定等。由于管理会计报告服务于决策、价值创造的目的，其内容、指标等要随着管理决策的需要而动态调整。故此，标准化并不意味着绝对固化，而是在保证决策支持目的得以实现的前提下，保持信息基本要素的相对稳定，便于管理者更便捷地使用报告信息。

**6. 清晰原则**

所谓清晰，一是指信息准确，二是指信息简单明晰，可理解性强。报告所提供的信息必须准确地反映与之相关的业务活动，否则就会导致决策失误。报告的信息应该简单明晰，避免使用过于技术性的会计术语，复杂的报表和细节可以略去或者放在附件备查。报告的设计能够让报告使用者付出最小的努力就掌握所有重要的情况。作为这一原则的延伸，随着管理者层级的提高，报告所提供的数据应该以更概要的形式提供。车间主任和负责生产的副总经理都需要生产制造方面的信息，但负责生产的副总责任区域更大，故需要信息的细致深入程度也不同。不能为了创设管理会计报告这一管理工具，而人为将其复杂化。报告应尽可能简化，提供最少而不是最多的信息。对高层管理者的管理会计报告尤其如此，这种报告常以一个简单的摘要开始，其余部分包括大量的支持性细节作为备查，不一定非要报告使用者阅读。为了使报告简单明晰、便于理解，对于不那么直白易懂的内容，一般都会有一些解释性的评论。这些解释性的评论用来提醒报告使用者注意某些重要情况，简要解释发生某种状况的原因，指出已经采取的对策，提出未来可以采取的措施。

**7. 成本收益原则**

管理会计报告的使用收益要大于信息的制造、存储和使用成本。在不影响使用的情况下，片面追求报告外在形式的美观没有价值。对于常规性的定期报告，报告编制是一个程序化的过程，成本收益原则主要在初始设计时应用。对于涉及特殊情况的特别报告，是否提供报告，提供何种详略程度和准确程度的报告，都应考虑其成本和相关收益。

## 本章小结

8-17 非财务信息的报告

本章主要学习管理会计的形成与发展以及管理会计的基本内容与职能；全面预算的内涵、构成、作用；销售预测、成本预测、利润预测的特点和内容；经营决策分析，长期投资分析；业绩评价的概念，责任中心的内涵以及管理会计报告。

## 本章重要概念

管理会计　经营预测　经营决策　长期投资决策　业绩评价　平衡计分卡

## 本章练习

8-18 扫一扫看课件

### 一、单选题

1. 现代管理会计开始于(　　)。

A. 20世纪20年代　　B. 20世纪80年代

C. 20世纪90年代　　D. 20世纪50年代

2. 下列各项中，现代管理会计不包括(　　)。

A. 责任会计　　B. 预测决策会计　　C. 控制会计　　D. 环境会计

3. (　　)是进行经营决策的基础。

A. 本量利分析　　B. 预测分析　　C. 成本控制　　D. 成本性态分析

4. 对于制造业企业来说，经营预测的对象包括对产品销售市场、产品生产成本、利润以及(　　)等方面的预测。

A. 资金需要量　　B. 流动资金需要量

C. 固定资金需要量　　D. 材料需要量

5. 下列各项中，不属于定量分析法的是（　　）。

A. 调查分析法　B. 算术平均法　C. 回归分析法　D. 购买力指数法

6. 下列成本中，（　　）为相关成本。

A. 机会成本　B. 共同成本　C. 联合成本　D. 沉没成本

7. 下列成本中，（　　）为无关成本。

A. 专属成本　B. 沉没成本　C. 机会成本　D. 可延缓成本

8. 对于那些只发生费用支出的部门，建立的责任中心是（　　）。

A. 投资中心　B. 利润中心　C. 销售中心　D. 成本中心

9. 投资中心的利润与其投资额的比率称作（　　）。

A. 投资报酬率　B. 税前净利　C. 内部报酬率　D. 剩余收益

10. 下列指标中，不能用于企业内部业绩评价的是（　　）。

A. 投资报酬率　B. 剩余收益　C. 经济增加值　D. 市场增加值

## 二、多选题

1. 管理会计的基本职能包括（　　）。

A. 计划　B. 评价

C. 控制会计　D. 帮助投资者和债权人作出合理的决策

2. 下列属于定性分析法的有（　　）。

A. 判断分析法　B. 平滑指数法

C. 回归分析法　D. 调查分析法

3. 由于经济活动的复杂性，并非所有影响因素都可以通过定量进行分析，如下列因素中，只有定性的特征的有（　　）。

A. 市场前景　B. 政治形势　C. 宏观环境　D. 购买力指数

4. 下列各项中，属于责任中心内容的有（　　）。

A. 成本中心　B. 包装中心　C. 销售中心　D. 投资中心

5. 下列各项指标中，属于考核投资中心投资效果的有（　　）。

A. 责任成本　B. 投资报酬率　C. 剩余收益　D. 营业收入

## 三、判断题

1. 管理会计具备的职能，是由人们的认知水平决定的。（　　）

2. 凡是顾客数量有限，调查费用不高，每个顾客意向明确又不会轻易改变的，均可以采用调查分析法进行销售预测。（　　）

3. 凡是亏损产品都应该停产。（　　）

4. 责任会计的核心在于利用会计信息对各分权单位的业绩进行计量。（　　）

5. 在一定的时空条件下，可控成本与不可控成本可以实现相互转化。（　　）

## 四、简答题

1. 资金需要量预测的意义有哪些？

2. 什么是平衡计分卡？

# 模 拟 试 题

## 模拟试题(一)

| 得分 | |
|---|---|

**一、单选题(本大题共10小题,每小题1分,共10分,将答案填在下表内)**

| 1 | 2 | 3 | 4 | 5 | 6 | 7 | 8 | 9 | 10 |
|---|---|---|---|---|---|---|---|---|---|
| | | | | | | | | | |

1. “实收资本”通常按照(　　)设置明细科目。

A. 企业投资人　　B. 企业债权人　　C. 客户　　D. 供应商

2. 资产=负债+所有者权益不是(　　)。

A. 设置账户的理论依据

B. 总分类账户与明细分类账户平行登记的理论依据

C. 编制资产负债表的理论依据

D. 复式记账的理论依据

3. 企业生产的产品完工,应将其生产成本转入(　　)账户。

A.“库存商品”　　B.“营业成本”　　C.“营业外支出”　　D.“本年利润”

4. 企业用银行存款预付购货款,将引起企业的(　　)。

A. 一项资产增加,另一项资产减少　　B. 资产增加,同时负债减少

C. 资产和负债同时增加　　D. 资产和负债同时减少

5. 在一定时期内多次记录发生地同类型经济业务的原始凭证是(　　)。

A. 一次凭证　　B. 累计凭证　　C. 汇总凭证　　D. 通用凭证

6. “制造费用”属于(　　)账户。

A. 资产类　　B. 负债类　　C. 成本类　　D. 损益类

7. 下列各项经济业务中,应编制转账凭证的是(　　)。

A. 收到销售商品的款项存入银行　　B. 从银行提取现金

C. 购买原材料货款未付　　D. 接受某单位现金投资

8. 下列应采用数量金额式账簿的是(　　)。

A. 应收账款明细账　　B. 管理费用明细账

C. 应付账款明细账　　D. 原材料明细账

9. 下列错误中能通过试算平衡查找的是(　　)。

A. 某项经济业务未入账　　B. 某项经济业务重复记账

C. 应借应贷账户中借贷方向颠倒　　D. 应借应贷账户中借贷金额不等

10. 通过“累计折旧”账户对“固定资产”账户进行调整，反映固定资产的(　　)。

A. 原始价值　　B. 折旧额　　C. 净值　　D. 增减价值

| 得分 | |
|---|---|

## 二、判断题(本大题共 10 小题，每小题 1 分，共 10 分，将答案填在下表内)

| 1 | 2 | 3 | 4 | 5 | 6 | 7 | 8 | 9 | 10 |
|---|---|---|---|---|---|---|---|---|---|
| | | | | | | | | | |

1. 购销合同不属于会计凭证。
2. “生产成本”账户期末若有借方余额，表示企业月末有在产品。
3. 所有经济业务的发生，都会引起会计恒等式两边同时发生变化。
4. 现金日记账应该使用订本式。
5. 若试算结果借贷平衡，说明企业日常的记账工作一定是正确的。
6. 原始凭证在任何情况下不得涂改，挖补。
7. 会计主体不一定是法律主体。
8. 资产负债表属于动态报表。
9. 会计期间是人为划分出来的。
10. 自制原始凭证必须由单位会计人员自行填制。

| 得分 | |
|---|---|

## 三、名词解释题(本大题共 5 小题，每小题 4 分，共 20 分)

1. 资产
2. 会计账户
3. 权责发生制
4. 会计凭证
5. 全面预算

| 得分 | |
|---|---|

## 四、计算题(本大题共 3 小题，每小题 10 分，共 30 分)

1. 琴岛有限责任公司 2×21 年 1 月初，资产总计 375 000 元，负债总计 100 000 元。该公司 2×21 年 1 月份发生如下经济业务：

(1) 用银行存款购入设备 20 000 元。

(2) 接受投资者投入原材料 1 000 元。

(3) 取得短期借款 9 000 元，存入银行。

(4) 购入原材料 30 000 元，货款尚未支付。

(5) 以银行存款偿还上月原材料价款 6 000 元。

(6) 从银行提取现金 8 000 元。

(7) 按规定将资本公积金 20 000 转为实收资本。

要求:计算1月末琴岛有限责任公司的资产、负债、所有者权益总额。

2. 根据下列资料,分别按权责发生制和收付实现制计算1月份的收入、费用和利润(列出计算过程)。

琴岛有限责任公司2×21年1月发生如下经济业务:

(1) 销售产品一批,价款300 000元尚未收到。

(2) 用银行存款支付本月电费500元。

(3) 预付本年度1~6月的办公用房租金6 000元。

(4) 负担上年预付的本月财产保险费800元。

(5) 收回某单位前欠货款150 000元存入银行。

(6) 预收货款60 000元存入银行。

(7) 计提本月短期借款利息2 600元。

3. 根据账户期初余额、本期发生额和期末余额的计算方法,填列下表。

**相关数据**

| 账户名称 | 期初余额 | | 本期发生额 | | 期末余额 | |
|---|---|---|---|---|---|---|
| | 借方 | 贷方 | 借方 | 贷方 | 借方 | 贷方 |
| 原材料 | 0 | | 30 000 | (　　) | 14 600 | |
| 应收账款 | 160 000 | | 140 000 | (　　) | 140 000 | |
| 预收款项 | | 20 000 | (　　) | 15 000 | | 10 000 |
| 实收资本 | | 320 000 | 100 000 | 200 000 | | (　　) |
| 应付账款 | | (　　) | 30 000 | 20 000 | | 0 |

| 得分 | |
|---|---|

## 五、账务处理题(本大题共15小题,每小题2分,共30分)

琴岛有限责任公司2×21年12月发生如下业务,运用借贷记账法编制会计分录:

1. 12月1日,收到投资者投入资金200 000元,存入银行。

2. 12月3日,采购甲材料,买价50 000元,增值税进项税额6 500元,运杂费500元,款项尚未支付。材料已经验收入库。

3. 12月4日,发出甲材料,其中,制造A产品耗用55 000元,制造B产品耗用45 000元,车间一般耗用8 000元,公司管理部门耗用2 000元。

4. 12月30日,计提固定资产折旧费7 000元,其中,车间固定资产计提折旧费用5 000元,公司管理部门(即厂部)固定资产计提折旧费用2 000元。

5. 12月30日,分配本月应付工资总额95 000元,其中,制造A产品工人工资40 000元,制造B产品工人工资30 000元,车间管理人员工资25 000元.

6. 12月7日,向银行借入2年期借款100 000元,存入银行。

7. 结转本月发生的制造费用38 000元,其中:A产品20 000元,B产品为18 000元。

8. 结转本月完工入库A、B产品成本。A产品为100 000元,B产品为80 000元。

9. 12月31日,银行存款支付上月所欠货款25 000元。

10. 12月31日,收到利达公司违约罚款30 000元,存入银行。

11. 12月31日,开出现金支票支付产品展览费5 000元。

12. 计算并结转本年所得税费用 24 000 元。

13. 12 月 31 日，结转本年净利润 280 000 元。

14. 12 月 31 日，从本年税后利润中提取盈余公积金 40 000 元。

15. 12 月 31 日，决定向股东分配现金股利 300 000 元。

# 模拟试题(二)

| 得分 | |
|---|---|

**一、单选题(本大题共 10 小题,每小题 1 分,共 10 分,将答案填在下表内)**

| 1 | 2 | 3 | 4 | 5 | 6 | 7 | 8 | 9 | 10 |
|---|---|---|---|---|---|---|---|---|---|
| | | | | | | | | | |

1. 会计的基本职能是(　　)。

A. 监督　　B. 反映　　C. 反映和核算　　D. 核算和监督

2. 关于会计主体的概念,下列各项说法中不正确的是(　　)。

A. 可以是独立法人,也可以是非法人

B. 可以是一个企业,也可以是企业内部的某一个单位

C. 可以是一个单一的企业,也可以是由几个企业组成的企业集团

D. 当企业与业主有经济往来时,将企业与业主作为同一个会计主体处理

3. 下列项目中,不属于材料采购成本的是(　　)。

A. 材料的买价　　B. 运杂费

C. 购入材料负担的增值税　　D. 入库前整理挑选费用

4. 应收账款账户的期初余额为借方 2 000 元,本期借方发生额 8 000 元,本期贷方发生额 6 000 元,该账户的期末余额为(　　)。

A. 借方 5 000 元　　B. 贷方 8 000 元　　C. 借方 4 000 元　　D. 贷方 5 000 元

5. 引起资产和权益同时减少的业务是(　　)。

A. 购买材料货款未支付　　B. 向银行借款直接偿付应付账款

C. 用银行存款偿付应付账款　　D. 工资计入产品成本但未支付

6. 从数量上看,所有者权益是(　　)的余额。

A. 流动资产减去流动负债　　B. 长期资产减去长期负债

C. 全部资产减去流动负债　　D. 全部资产减去全部负债

7. 用来记录经济业务,明确经济责任作为记账的书面证明称为(　　)。

A. 通知凭证　　B. 记账凭证　　C. 会计凭证　　D. 原始凭证

8. 企业用 700 元现金支付管理部门水电费,该笔经济业务涉及的会计分录应该编制在(　　)。

A. 付款凭证　　B. 收款凭证　　C. 转账凭证　　D. 上述三种均可

9. 现金日记账的格式一般采用(　　)。

A. 多栏式　　B. 数量金额式　　C. 三栏式　　D. 横线登记式

10. 将记账凭证分为收款凭证、付款凭证和转账凭证的依据是(　　)。

A. 记载经济业务内容的不同　　B. 凭证填制手续的不同

C. 凭证用途的不同　　D. 所包括的会计科目是否单一

| 得分 | |
|---|---|

## 二、判断题(本大题共10小题,每小题1分,共10分,将答案填在下表内)

| 1 | 2 | 3 | 4 | 5 | 6 | 7 | 8 | 9 | 10 |
|---|---|---|---|---|---|---|---|---|---|
| | | | | | | | | | |

1. 会计中期是指短于一个完整的会计年度的报告期间,包括半年度、季度和月度等。
2. 不论是盈利还是亏损,都是财务成果。
3. 收入类账户与费用类账户一般没有期末余额,但有期初余额。
4. 期末结账时,应用蓝色圆珠笔划线。
5. 银行存款日记账应该使用订本式。
6. "累计折旧"账户性质虽然属于资产类,但结构同于负债类。
7. 资产负债表是静态报表。
8. 现金存入银行时,为避免重复记账只编制银行存款收款凭证,不编制现金付款凭证。
9. 审核无误的原始凭证是登记账簿的直接依据。
10. 经济合同书可以作为原始凭证。

| 得分 | |
|---|---|

## 三、名词解释题(本大题共5小题,每小题4分,共20分)

1. 负债
2. 会计科目
3. 收付实现制
4. 借贷记账法
5. 平衡计分卡

| 得分 | |
|---|---|

## 四、计算题(本大题共3小题,每小题10分,共30分)

1. 琴岛有限责任公司2×21年度有关利润表账户本年累计发生额如下表所示。

**利　润　表**

2×21年度　　　　单位:元

| 账户名称 | 借方发生额 | 贷方发生额 |
|---|---|---|
| 主营业务收入 | | 130 000 |
| 其他业务收入 | | 2 000 |
| 主营业务成本 | 65 000 | |
| 其他业务成本 | 1 200 | |
| 销售费用 | 20 000 | |
| 管理费用 | 19 120 | |
| 财务费用 | 800 | |

（续表）

| 账户名称 | 借方发生额 | 贷方发生额 |
|---|---|---|
| 营业外收入 | | 1 100 |
| 营业外支出 | 500 | |
| 所得税费用 | 7 494 | |

要求：根据上述资料计算企业的营业利润、利润总额、净利润。

2. 琴岛有限责任公司年末情况如下表所示。

**资产负债表** 单位：元

| 资产 | 期末数 | 负债与所有者权益 | 期末数 |
|---|---|---|---|
| 货币资金 | 50 000 | 应付账款 | 1 000 000 |
| 应收账款净额 | 1 000 000 | 应交税费 | 80 000 |
| 存货 | 3 000 000 | 长期负债 | 850 000 |
| 固定资产净值 | 5 880 000 | 实收资本 | 6 000 000 |
| | | 未分配利润 | 2 000 000 |
| 总计 | 9 930 000 | 总计 | 9 930 000 |

当年净利润为 1 500 000 元，销售收入 3 000 000 元。

要求：分别计算琴岛有限责任公司期末的下述比率。

（1）流动比率。

（2）速动比率。

（3）资产负债率。

（4）销售净利率。

（5）净资产收益率。

3. 琴岛有限责任公司本月初关于总账账户的余额及发生的经济业务如下：

（1）借入短期借款 30 000 元，存入银行。

（2）接受投资者投入设备，价值 9 600 元。

要求：编制以上经济业务完成本期发生额及余额试算平衡表。

**本期发生额及余额试算平衡表**

| 账户名称 | 期初余额 | | 本期发生额 | | 期末余额 | |
|---|---|---|---|---|---|---|
| | 借方 | 贷方 | 借方 | 贷方 | 借方 | 贷方 |
| 银行存款 | 60 600 | | （ ） | | （ ） | |
| 固定资产 | 1 400 | | （ ） | | （ ） | |
| 短期借款 | | 11 000 | | （ ） | | （ ） |
| 实收资本 | | 51 000 | | （ ） | | （ ） |
| 合计 | 62 000 | 62 000 | （ ） | （ ） | （ ） | （ ） |

| 得分 | |
|---|---|

## 五、账务处理题(本大题共 15 小题,每小题 2 分,共 30 分)

琴岛有限责任公司 2×21 年 12 月份发生如下业务,运用借贷记账法编制会计分录:

1. 12 月 1 日,向银行借入两年期借款 300 000 元,存入银行。

2. 12 月 1 日,向银行借入六个月期的借款 50 000 元,存入银行,年利率 6%,利息按月计提,按季支付。

3. 12 月 3 日,接受明阳公司投入机器设备一台作为投资,价值 100 000 元,双方最终协商入账价值为 80 000 元。

4. 12 月 4 日,企业将 50 000 元资本公积转增资本。

5. 12 月 4 日,购入一台需要安装的设备,价值 100 000 元,发生包装运杂费 2 000 元,增值税税率 13%,款项以银行存款支付。

6. 12 月 4 日,该设备投入安装,共发生安装费 3 000 元。以银行存款支付。

7. 12 月 11 日,销售闲置乙材料 3 000 元,增值税税率 13%,款项收到存入银行。

8. 12 月 15 日,向华丽公司销售甲产品 30 000 元,增值税税率 13%,款项尚未收到。

9. 12 月 16 日,购入需要安装的设备安装完成,结转完工设备成本。

10. 12 月 17 日,张某出差回来报销差旅费,实花 3 500 元,原借 4 000 元。多余款项以现金交回。

11. 12 月 18 日,现金支付广告费 3 000 元。

12. 12 月 20 日,银行存款支付环境管理部门罚款 4 000 元。

13. 12 月 23 日,收到佳丽公司捐赠一笔收入 40 000 元,存入银行。

14. 结转本月销售甲产品成本 20 000 元。

15. 12 月 31 日,计提当月短期借款的利息。

# 本章练习参考答案

## 第1章 总　　论

**一、单选题**

| 1 | 2 | 3 | 4 | 5 |
|---|---|---|---|---|
| D | B | A | B | D |

**二、多选题**

| 1 | 2 | 3 | 4 | 5 |
|---|---|---|---|---|
| ABCDE | ABCD | ABCDE | ABCD | ABCDE |

**三、判断题**

| 1 | 2 | 3 | 4 | 5 |
|---|---|---|---|---|
| × | √ | √ | × | × |

**四、简答题**

1. 会计核算职能是指会计通过确认、计量、记录、报告从数量上反映企业、事业单位已经发生或完成的经济活动，为经营管理提供完整的、系统的以财务信息为主的经济信息。

会计监督职能是指会计按照一定的目的和要求，利用会计核算所提供的经济信息，对企业、事业单位经济活动的合法性、合理性和有效性进行指导和控制，使其达到预期目标。

会计核算职能和会计监督职能是相辅相成、辩证统一的。会计核算是基础，如果没有会计核算提供可靠、完整的会计资料，会计监督就没有客观依据，也就无法进行会计监督；反之，会计核算又必须以会计监督为保证，没有科学、严格的会计监督，会计核算就失去了存在的意义。会计核算不可能提供真实可靠的会计信息，从而起不到发挥会计管理、提高经济效益的作用。因此，正确的会计核算是会计监督的基础和前提，而加强会计监督又能强化会计核算。

2. 填制和审核凭证，设置会计科目和账户，复式记账，登记会计账簿，成本计算，财产清查，编制财务会计报告。

**五、案例题**

首先，刘月娟需要考虑怎样组织她的企业(美术培训部)。“周围”是一个独资企业，即只有一个人拥有的企业，刘月娟是企业唯一的所有者。由于她同学的加入，“周围”美术培训部便成为了一个合伙企业。如果刘月娟毕业后仍想继续经营,她还可以组建公司。现代企业的三种形式,即独资企业、合伙企业和公司。

其次,刘月娟请朋友吃饭帮她出主意的花销,这就是开办费。刘月娟需要有一笔足够的资金来创办"周围",即企业需要筹集资金。她将个人的财产 400 元进行了投资,并向她的师姐借了 4 000 元。这就是创办企业而进行的所有投资和负债。

再次,刘月娟怎样才能知道企业的全部收入?怎样了解企业曾经的各项费用?企业会计记录提供了这些数据,否则她只能依靠估计。收入、费用等概念是人们日常对话中经常使用的会计术语。而基础会计会对收入、费用这样的一些概念以及它们的特征作出精确的解释。

最后,"周围"在 4 个月左右的时间里,共获得 67 800 元的盈余。什么是盈余?一般来讲,我们说 4 个月"周围"赚了 67 800 元。就是说,在扣除了所有费用支出后,该企业共获得利润 67 800 元。盈余和利润在会计上是同义词,它是会计学上一个非常重要的名词。基础会计会向你介绍许多诸如"利润"等重要概念。

# 第 2 章　会计要素与科目

**一、单选题**

| 1 | 2 | 3 | 4 | 5 | 6 | 7 | 8 | 9 | 10 |
|---|---|---|---|---|---|---|---|---|---|
| C | B | B | B | D | B | D | A | C | C |

**【解释】**

第 7 题:D 中报废固定资产的收益产生于企业非日常活动,不属于我国会计准则规范的收入,属于利得。因此选择 D。

第 10 题:期间费用包括三项:销售费用、管理费用和财务费用,制造费用最终需分配计入产品成本,因此选择 C。

**二、多选题**

| 1 | 2 | 3 | 4 | 5 |
|---|---|---|---|---|
| ABC | ABCD | AD | AB | BCD |

**三、判断题**

| 1 | 2 | 3 | 4 | 5 |
|---|---|---|---|---|
| √ | √ | × | √ | √ |

**【解释】**

第 5 题:根据会计科目设置的实用性原则,在保证提供统一核算指标的前提下,各会计主体可以根据本单位的具体情况和经济管理要求,对统一规定的会计科目作必要的增设、分拆和合并。

**四、简答题**

1. 对于经济活动的内容按其性质加以归纳分类，形成会计上必不可少的要素，即会计要素。会计要素是会计记录上的主要对象，也是经济业务的大类项目。会计要素是建立会计系统理论和实务的重要基础，是财务报表的基本构成内容。其划分不但有利于根据各要素的性质和特点分别制定会计确认、计量、记录、报告的标准和方法，而且可以为合理建立会计科目体系和设计财务报表提供根据和基本框架。我国《企业会计准则》将会计要素分为：资产、负债、所有者权益、利润、收入、费用六大类。

2. 会计科目是对会计对象的具体内容（即会计要素）进行分类核算的项目，也是按照经济内容对各会计要素所进行的进一步分类。确定会计科目是正确组织会计核算的一个重要条件。常见的流动资产类科目有“库存现金”“银行存款”“原材料”“库存商品”“应收账款”“其他应收款”等。

3. 设置会计科目的原则如下：

(1) 合法性原则。合法性又称统一性，是指所设置的会计科目应当符合国家统一的会计制度的规定，按照企业会计准则对一些主要会计科目的设置及其核算内容所做的统一规定，以保证不同企业对外提供的会计信息的可比性。

(2) 相关性原则。相关性原则是指所设置的会计科目应当为提供有关各方所需要的会计信息服务，满足对外报告与对内管理的要求。

(3) 实用性原则。实用性又称灵活性，是指在保证提供统一核算指标的前提下，各会计主体可以根据本单位的具体情况和经济管理要求，对统一规定的会计科目作必要的增设、分拆和合并。

**五、业务题**

资产：(1)(2)(3)(8)(10)(13)(17)

负债：(5)(6)(7)(9)(15)

所有者权益：(16)(18)

收入：(11)

费用：(4)(12)(14)

利润：无

# 第3章　会计等式与复式记账

**一、单选题**

| 1 | 2 | 3 | 4 | 5 | 6 | 7 | 8 | 9 | 10 |
|---|---|---|---|---|---|---|---|---|---|
| A | D | B | B | A | B | D | D | D | A |

【解释】

第8题：本月“应付账款”账户的余额为：80＋30－50＝60（万元），因此选择D。

第10题：根据全部账户的借方发生额合计＝全部账户的贷方发生额合计，所以，全部账户贷方发生额合计数为 136 万。而实收资本以外账户的贷方发生额合计为 120 万，则“实收资本”账户贷方发生额＝136－120＝16(万元)，因此选择 A。

**二、多选题**

| 1 | 2 | 3 | 4 | 5 |
|---|---|---|---|---|
| BCD | AC | AC | AB | ABCD |

**三、判断题**

| 1 | 2 | 3 | 4 | 5 |
|---|---|---|---|---|
| √ | × | × | × | × |

【解释】

第 2 题：在借贷记账法下，任何一项经济业务发生都必须以相等的金额，借贷相反的方向，在两个或两个以上相互关联的账户中进行登记。

第 3 题：资产与权益是恒等的关系，企业的任何经济活动都不会破坏这一基本的恒等关系。

第 4 题：复合会计分录必须是同一经济业务的处理合在一起，不同类型的经济业务不可以合并编制复合会计分录。

**四、简答题**

1. 在企业生产经营活动中，各项会计要素互相联系，客观地看，它们之间存在着一定的数量关系。用数学方程来表示会计要素之间的数量关系，即会计等式。会计等式有：

(1) 基本会计等式：

资产＝权益

或资产＝负债＋所有者权益

或资产－负债＝所有者权益

(2) 动态会计等式：

收入－费用＝利润

(3) 扩展的会计等式：

资产＝负债＋所有者权益＋收入－费用

或资产＋费用＝负债＋所有者权益＋收入

或资产＝负债＋所有者权益＋利润

2. (1) 资产项目与权益项目同时增加，即等式两边同增：资产项目和负债项目同增，或资产项目和所有者权益项目同增。

(2) 资产项目与权益项目同时减少，即等式两边同减：资产项目和负债项目同减，或资产项目和所有者权益项目同减。

(3) 资产项目内部有增有减，即等式左边有增有减：资产项目此增彼减。

(4) 权益项目内部有增有减，即等式右边有增有减：负债项目此增彼减，或者所有者权益项目此增彼，或者负债项目和所有者权益项目一增一减。

**五、业务题**

(1) 借：原材料　　1 000 000
　　贷：应付账款　　1 000 000
(2) 借：银行存款　　5 000 000
　　贷：短期借款　　5 000 000
(3) 借：应付账款　　30 000
　　贷：银行存款　　30 000
(4) 借：短期借款　　600 000
　　贷：银行存款　　600 000
(5) 借：银行存款　　100 000
　　贷：库存现金　　100 000
(6) 借：固定资产　　4 000 000
　　贷：银行存款　　4 000 000
(7) 借：资本公积　　2 000 000
　　贷：实收资本　　2 000 000
(8) 借：应付账款　　120 000
　　贷：实收资本　　120 000

**六、案例题**

(1)

| 序号 | 会计要素 | | |
|---|---|---|---|
| | 资产 | 负债 | 所有者权益 |
| 1 | ＋100 | ＋100 | |
| 2 | ＋500 | ＋500 | |
| 3 | －3 | －3 | |
| 4 | －60 | －60 | |
| 5 | ＋10,－10 | | |
| 6 | ＋400,－400 | | |
| 7 | | | ＋200,－200 |
| 8 | | －12 | ＋12 |

(2) 资产总额＝(6 500＋8 000)＋100＋500－3－60＝15 037(万元)

负债总额＝6 500＋100＋500－3－60－12＝7 025(万元)

所有者权益总额＝8 000＋12＝8 012(万元)

所以，资产 15 037 万元＝负债 7 025 万元＋所有者权益 8 012 万元。

# 第 4 章　会计凭证与会计账簿

## 一、单选题

| 1 | 2 | 3 | 4 | 5 | 6 | 7 | 8 | 9 | 10 |
|---|---|---|---|---|---|---|---|---|---|
| B | D | D | C | B | A | B | C | A | C |

【解释】

第 3 题：对于完全符合要求的原始凭证，应及时编制记账凭证入账；对于真实、合法、合理但内容不完整，填写错误的原始凭证，应退回给有关经办人员，由其负责将有关凭证补充完整、更正的错误或重开；对于不真实、不合法的原始凭证，会计人员有权不予接受，并向单位负责人报告。因此选择 D。

第 7 题：为了保持账簿记录的持久性，防止涂改，登记账簿必须使用蓝黑墨水或碳素墨水书写，不得使用圆珠笔(银行复写账簿除外)或者铅笔书写。

## 二、多选题

| 1 | 2 | 3 | 4 | 5 |
|---|---|---|---|---|
| ABD | AB | ABCD | BC | ABC |

## 三、判断题

| 1 | 2 | 3 | 4 | 5 |
|---|---|---|---|---|
| × | × | × | × | × |

## 四、简答题

1. 会计凭证，简称凭证，是记录经济业务、明确经济责任和据以登记账簿的书面证明。

会计凭证具有以下几个方面的作用：

(1) 会计凭证是提供原始资料、传导经济信息的工具。

(2) 会计凭证是登记账簿的依据。

(3) 会计凭证是加强经济责任制的手段。

(4) 会计凭证是实行会计监督的条件。

会计凭证按其填制程序和用途的不同，可以分为原始凭证和记账凭证两大类。

2. 会计账簿是指由一定格式账页组成的，以经过审核的会计凭证为依据，全面、系统、连续地记录各项经济业务的账簿。会计账簿按其用途不同，可分为序时账簿、分类账簿和备查账簿。会计账簿按其外形特征不同，可以分为订本式账簿、活页式账簿和卡片式账簿。会计账簿按其账页的格式不同，可以分为三栏式账簿、多栏式账簿、数量金额式账簿。

## 五、案例题

1. 王先生的做法并不是小题大做。刘某丢的三张记账凭证问题不是很严重，因为记账凭证是会计人员根据审核后的原始凭证进行归类、整理，按照会计准则和记账规则确定会计分录而编制的凭证，是登记账簿的依据。如果记账凭证丢了，还可以根据原始凭证重新编制记账凭证，不至于对会计工作造成太大影响。而顾某弄丢的20万元的现金支票存根属于原始凭证，并且是外来原始凭证，是证明经济业务发生的初始文件，与记账凭证相比较，具有较强的法律效力，是证明经济业务发生的重要依据。一旦丢失，补偿原始凭证(尤其是外来原始凭证)的成本较高，同时也令记账凭证和会计分录缺乏依据。此外，现金付款凭证所附原始凭证与凭证所注张数不符，说明原始凭证有丢失，或者是所注张数出错，这些都是较为严重的问题。

2. 现金、银行存款日记账必须要采用订本式账簿，而记录内容比较复杂的财产明细账，如固定资产卡片则需使用卡片式账簿，除此之外的明细账可以使用活页式账簿，该公司所有账簿都采用活页账显然不够规范。企业所有发生的经济业务必须根据原始凭证编制记账凭证，并根据记账凭证登记账簿，该公司往来账项，直接用往来会计凭证控制，不再记账，显然不规范。会计账簿发生错误，必须采用正确的方式方法更正包括划线更正法、红字更正法及补充登记法，不得乱涂乱改。该公司记账时发生了错误允许使用涂改液，显然不规范。根据会计不相容职务相分离的原则，出纳人员不得兼任会计档案的保管工作，该公司张先生在登记现金总账的同时也要负责出纳工作，显然不规范。

# 第5章　账务处理程序

## 一、单选题

| 1 | 2 | 3 | 4 | 5 | 6 | 7 | 8 | 9 | 10 |
|---|---|---|---|---|---|---|---|---|---|
| B | B | C | A | D | B | B | C | C | A |

## 二、多选题

| 1 | 2 | 3 | 4 | 5 |
|---|---|---|---|---|
| ABC | BCD | BCD | AD | ABD |

## 三、判断题

| 1 | 2 | 3 | 4 | 5 |
|---|---|---|---|---|
| × | √ | √ | √ | × |

## 四、简答题

1. 账务处理程序，也称会计核算组织程序或会计核算形式，是指会计凭证、会计账簿、财务报表相结合的方式，包括会计凭证和账簿的种类、格式，会计凭证与账簿之间的联系方法。由原始凭证到编制记账凭证、登记明细分类账和总分类账，编制财务报表的工作程序和方法等。

常用的主要账务处理程序有：记账凭证账务处理程序、汇总记账凭证账务处理程序、科目汇总表账务处理程序。

2. 记账凭证账务处理程序的一般步骤：根据原始凭证填制汇总原始凭证；根据原始凭证或汇总原始凭证填制收款凭证、付款凭证和转账凭证；根据收款凭证和付款凭证逐笔登记库存现金日记账和银行存款日记账；根据原始凭证、汇总原始凭证和记账凭证登记各种明细分类账；根据记账凭证逐笔登记总分类账；期末，将库存现金日记账、银行存款日记账的余额，以及各种明细分类账的余额合计数，分别与总分类账中相关账户的余额核对相符；期末，根据核对无误的总分类账和明细分类账编制财务报表。

记账凭证账务处理程序的特点：直接根据记账凭证对总分类账进行逐笔登记。

记账凭证账务处理程序优点：在记账凭证上能够清晰地反映账户之间的对应关系；总分类账上能够比较详细地反映经济业务的发生情况；总分类账登记方法简单，易于掌握。

记账凭证账务处理程序的缺点：总分类账登记工作量过大；账页耗用多，预留账页多少难以把握。

记账凭证账务处理程序一般只适用于规模较小、经济业务量比较少、会计凭证不多的单位。

3. 汇总记账凭证账务处理程序的一般步骤：根据原始凭证填制汇总原始凭证；根据原始凭证或汇总原始凭证填制记账凭证；根据收款凭证和付款凭证逐笔登记库存现金日记账和银行存款日记账；根据原始凭证、汇总原始凭证和记账凭证登记各种明细分类账；根据各种记账凭证编制有关汇总记账凭证；根据各种汇总记账凭证登记总分类账；期末，将库存现金日记账、银行存款日记账的余额，以及各种明细分类账的余额合计数，分别与总分类账中相关账户的余额核对相符；期末，根据核对无误的总分类账和明细分类账的相关资料，编制财务报表。

汇总记账凭证账务处理程序的特点：定期将全部记账凭证分别编制汇总收款凭证、汇总付款凭证和汇总转账凭证，根据各种汇总记账凭证上的汇总数字登记总分类账。

汇总记账凭证账务处理程序的优点：在汇总记账凭证上能够清晰地反映账户之间的对应关系；可以大大减少登记总分类账的工作量。

汇总记账凭证账务处理程序的缺点：定期编制汇总记账凭证的工作量比较大；对汇总过程中可能存在的错误难以发现。

汇总记账凭证账务处理程序一般只适用于规模较大、经济业务量比较多、专用记账凭证也比较多的会计主体。

4. 科目汇总表账务处理程序的一般步骤：根据原始凭证填制汇总原始凭证；根据原始凭证或汇总原始凭证填制记账凭证；根据收款凭证和付款凭证逐笔登记库存现金日记账和银行存款日记账；根据原始凭证、汇总原始凭证和记账凭证登记各种明细分类账；根据各种记账凭证编制科目汇总表；根据各种科目汇总表登记总分类账；期末，将库存现金日记账、银行存款日记账的余额，以及各种明细分类账的余额合计数，分别与总分类账中相关账户的余额核对相符；期末，根据核对无误的总分类账和明细分类账的相关资料，编制财务报表。

科目汇总表账务处理程序的特点：定期根据所有记账凭证汇总编制科目汇总表，根据科目汇总表上的汇总数字登记总分类账。

科目汇总表账务处理程序的优点：可以利用该表的汇总结果进行账户发生额的试算平衡；在试算平衡的基础上记账能保证总分类账登记的正确性；可以大大减轻登记总账的工作量；适用性比较强。

科目汇总表账务处理程序的缺点：编制科目汇总表的工作量比较大；科目汇总表上不能够清晰地反映账户之间的对应关系。

科目汇总表账务处理程序主要适用于经济业务较多的单位，但是实际工作中不论规模大小的会计主体都可以采用。

**五、案例题**

王华的想法没有道理。一个企业选择恰当的账务处理程序要满足以下要求：

(1) 要结合本单位实际，适应本单位生产经营活动的特点和规模的大小，满足本单位组织会计核算的要求。

(2) 要有利于全面、及时、正确地反映本单位经济活动情况，提供高质量的会计核算信息，满足投资者和债权人等外部和单位内部会计信息使用者的需要。

(3) 要有利于简化会计核算手续，提高会计工作效率，节约会计核算工作的人力、物力和财力。

# 第6章　制造业企业主要经济业务的核算

**一、单选题**

| 1 | 2 | 3 | 4 | 5 | 6 | 7 | 8 | 9 | 10 |
|---|---|---|---|---|---|---|---|---|---|
| B | B | D | A | B | A | C | D | D | B |

**二、多选题**

| 1 | 2 | 3 | 4 | 5 |
|---|---|---|---|---|
| ABC | BCD | CD | ABCD | ABCD |

**三、判断题**

| 1 | 2 | 3 | 4 | 5 |
|---|---|---|---|---|
| × | √ | × | √ | × |

**四、账务处理题**

(1) 借：固定资产　800 000
　　贷：实收资本　800 000

(2) 借：银行存款　10 000
　　贷：短期借款　10 000

(3) 借：在途物资——甲材料　10 500
　　应交税费——应交增值税(进项税额)　1 300
　　贷：应付账款　11 800

(4) 借：应付账款　20 000
　　贷：银行存款　20 000

(5) 借：生产成本——A　10 000
　　——B　20 000
　　制造费用　4 000
　　管理费用　2 000
　　贷：原材料——甲材料　36 000

(6) 借：制造费用　　4 000
　　管理费用　　3 000
　　贷：累计折旧　　7 000
(7) 借：库存现金　　5 000
　　贷：银行存款　　5 000
(8) 借：生产成本——A　　10 000
　　——B　　20 000
　　制造费用　　7 000
　　管理费用　　15 000
　　贷：应付职工薪酬　　52 000
(9) 借：生产成本——A　　17 000
　　——B　　34 000
　　贷：制造费用　　51 000
(10) 借：库存商品——A　　37 000
　　——B　　74 000
　　贷：生产成本——A　　37 000
　　——B　　74 000
(11) 借：银行存款　　20 000
　　贷：营业外收入　　20 000
(12) 借：销售费用　　6 000
　　贷：银行存款　　6 000
(13) 借：银行存款　　2600 000
　　贷：主营业务收入　　200 000
　　应交税费——应交增值税(销项税额)　　26 000
(14) 借：主营业务成本　　100 000
　　贷：库存商品　　100 000
(15) 借：本年利润　　140 000
　　贷：利润分配　　140 000

# 第 7 章　财务会计报告

## 一、单选题

| 1 | 2 | 3 | 4 | 5 | 6 | 7 | 8 | 9 | 10 |
|---|---|---|---|---|---|---|---|---|---|
| C | B | C | A | A | C | B | B | B | B |

【解释】

第 9 题：营业利润＝营业收入－营业成本－税金及附加－销售费用－管理费用－财务

费用－资产减值损失＋公允价值变动收益(－公允价值变动损失)＋投资收益(－投资损失)

其中,营业收入＝主营业务收入＋其他业务收入

营业成本＝主营业务成本＋其他业务成本

因此,本期营业利润＝500＋200－300－100－15－45＋60＋20＝320(万元)

因此选择B。

第10题:存货项目金额＝100 000＋50 000＋120 000－10 000＝260 000(元)。

因此选择B。

**二、多选题**

| 1 | 2 | 3 | 4 | 5 |
|---|---|---|---|---|
| ABD | BD | BCD | BD | AD |

**三、判断题**

| 1 | 2 | 3 | 4 | 5 | 6 | 7 | 8 | 9 | 10 |
|---|---|---|---|---|---|---|---|---|---|
| × | × | × | × | √ | × | × | √ | × | √ |

**四、简答题**

1. 资产负债表是指反映企业在某一特定日期(月末、季末或年末)的财务状况的报表。

资产负债表的格式分为账户式和报告式两种。

(1) 账户式资产负债表

账户式资产负债表是将表内项目分左、右两方,左方为资产项目,大体按资产的流动性大小排列。右方为负债及所有者权益项目,一般按要求清偿时间的先后顺序排列。资产各项目的合计等于负债和所有者权益项目金额的合计。

(2) 报告式资产负债表

报告式资产负债表是将资产负债表的项目自上而下排列,顺序列示资产、负债、所有者权益数额,使用的是“资产－负债＝所有者权益”的会计平衡公式。

2. “期末余额”栏主要有以下几种填列方法:一般应根据资产、负债和所有者权益类科目的期末余额填列:

(1) 根据总账账户余额填列。

(2) 根据有关明细账户的余额计算填列。

(3) 根据总账账户和明细账户的余额分析计算填列。

(4) 根据有关账户余额减去其备抵账户余额后的净额填列。

(5) 综合运用上述填列方法分析填列。

3. 利润表是指反映企业在一定会计期间(如年度、季度、月份)内经营成果的动态财务报表。

多步式利润表是将不同性质的收入和费用进行对比,从而可以得出一些中间性的利润数据,便于使用者理解企业经营成果的不同来源。企业一般分如下三个步骤编制利润表:

第一步,计算营业利润。

第二步,计算利润总额。

第三步,计算净利润(或亏损)。

4. 反映资产营运能力的财务比率有存货周转率、应收账款周转率、固定资产周转率、总资产周转率等。

$$存货周转率=\frac{营业成本}{存货平均余额}$$

$$应收账款周转率=\frac{赊销收入净额}{应收账款平均余额}$$

$$固定资产周转率=\frac{产品销售收入}{固定资产平均总值}$$

$$总资产周转率=\frac{销售收入净额}{平均总资产}$$

5. 评价公司偿债能力的指标有短期偿债能力比率和长期偿债能力比率。短期偿债能力比率主要包括流动比率和速动比率；长期偿债能力比率主要包括资产负债率和股东权益比率等。

速动比率，相对流动比率而言，优点：扣除了一些流动性非常差的资产，如待摊费用等，这种资产其实根本就不可能用来偿还债务；另外，考虑存货的毁损、所有权、现值等因素；其变现价值可能与账面价值的差别非常大，因此，将存货也从流动比率中扣除。这样的结果是，速动比率非常苛刻的反映了一个单位能够立即还债的能力和水平。不足：不能全面地体现数据地变化，速动比率的分析不能独立于流动资产周转能力的分析之外，存货、应收账款的周转效率低下也会影响流动比率的分析实用性，所以上述两指标的应用应结合流动项目的构成和各流动资产的效率综合分析。

**五、业务题**

1.

**资产负债表** 会企 01 表

编制单位：琴岛有限责任公司 2×21 年 12 月 31 日 单位：元

| 资产 | 期末余额 | 年初余额 | 负债和股东权益 | 期末余额 | 年初余额 |
|---|---|---|---|---|---|
| 流动资产： | | | 流动负债： | | |
| 货币资金 | 80 500 | | 短期借款 | 55 000 | |
| 交易性金融资产 | | | 交易性金融负债 | | |
| 衍生金融资产 | | | 衍生金融负债 | | |
| 应收票据 | | | 应付票据 | | |
| 应收账款 | 44 200 | | 应付账款 | 30 000 | |
| 应收款项融资 | | | 预收款项 | | |
| 预付款项 | | | 合同负债 | | |
| 其他应收款 | 25 000 | | 应付职工薪酬 | 22 000 | |
| 存货 | 188 000 | | 应交税费 | 6 000 | |
| 合同资产 | | | 其他应付款 | 24 600 | |

（续表）

| 资产 | 期末余额 | 年初余额 | 负债和股东权益 | 期末余额 | 年初余额 |
|---|---|---|---|---|---|
| 持有待售资产 | | | 持有待售负债 | | |
| 一年内到期的非流动资产 | | | 一年内到期的非流动负债 | | |
| 其他流动资产 | | | 其他流动负债 | | |
| 流动资产合计 | 337 700 | | 流动负债合计 | 137 600 | |
| 非流动资产： | | | 非流动负债： | | |
| 债权投资 | | | 长期借款 | | |
| 其他债权投资 | | | 应付债券 | | |
| 长期应收款 | | | 其中：优先股 | | |
| 长期股权投资 | | | 永续债 | | |
| 其他权益工具投资 | | | 租赁负债 | | |
| 其他非流动金融资产 | | | 长期应付款 | | |
| 投资性房地产 | | | 预计负债 | | |
| 固定资产 | 309 400 | | 递延收益 | | |
| 在建工程 | | | 递延所得税负债 | | |
| 生产性生物资产 | | | 其他非流动负债 | | |
| 油气资产 | | | 非流动负债合计 | | |
| 使用权资产 | | | 负债合计 | 137 600 | |
| 无形资产 | | | 所有者权益（或股东权益） | | |
| 开发支出 | | | 实收资本（或股本） | 400 000 | |
| 商誉 | | | 其他权益工具 | | |
| 长期待摊费用 | | | 其中：优先股 | | |
| 递延所得税资产 | | | 永续债 | | |
| 其他非流动资产 | | | 资本公积 | 4 500 | |
| 非流动资产合计 | 309 400 | | 减：库存股 | | |
| | | | 其他综合收益 | | |
| | | | 专项储备 | | |
| | | | 盈余公积 | 42 000 | |
| | | | 未分配利润 | 63 000 | |
| | | | 所有者权益（或股东权益）合计 | 509 500 | |
| 资产总计 | 647 100 | | 负债及所有者权益（或股东权益）总计 | 647 100 | |

2.

**利 润 表**

会企 02 表

编制单位:琴岛有限责任公司　　2×21 年度　　单位:元

| 项目 | 本期金额 | 上期金额 |
| --- | --- | --- |
| 一、营业收入 | 132 000 | (略) |
| 减:营业成本 | 66 200 | |
| 税金及附加 | 4 500 | |
| 销售费用 | 20 000 | |
| 管理费用 | 19 120 | |
| 研发费用 | 0 | |
| 财务费用 | 800 | |
| 其中:利息费用 | 800 | |
| 利息收入 | | |
| 加:其他收益 | | |
| 投资收益(损失以"一"填列) | 3 000 | |
| 其中:对联营企业和合营企业的投资收益 | 0 | |
| 以摊余成本计量的金融资产终止确认收益(损失以"一"填列) | | |
| 净敞口套期收益(损失以"一"填列) | | |
| 公允价值变动收益(损失以"一"填列) | 2 500 | |
| 信用减值损失(损失以"一"填列) | | |
| 资产减值损失(损失以"一"填列) | 1 000 | |
| 资产处置收益(损失以"一"填列) | | |
| 二、营业利润(亏损以"—"填列) | 25 880 | |
| 加:营业外收入 | 1 100 | |
| 减:营业外支出 | 500 | |
| 三、利润总额(亏损总额以"—"填列) | 26 480 | |
| 减:所得税费用 | 7 494 | |
| 四、净利润(净亏损以"—"填列) | 18 986 | |
| (一) 持续经营净利润(净亏损以"一"填列) | | |
| (二) 终止经营净利润(净亏损以"一"填列) | | |
| 五、其他综合收益的税后净额 | (略) | |
| (一) 不能重分类进损益的其他综合收益 | | |
| 1. 重新计量设定受益计划变动额 | | |
| 2. 权益法下不能转损益的其他综合收益 | | |
| 3. 其他权益工具投资公允价值变动 | | |

（续表）

| 项目 | 本期金额 | 上期金额 |
| --- | --- | --- |
| 4. 企业自身信用风险公允价值变动 | | |
| …… | | |
| （二）将重分类进损益的其他综合收益 | | |
| 1. 权益法下可转损益的其他综合收益 | | |
| 2. 其他债权投资公允价值变动 | | |
| 3. 金融资产重分类计入其他综合收益的金额 | | |
| 4. 其他债权投资信用减值准备 | | |
| 5. 现金流量套期 | | |
| 6. 外币财务报表折算差额 | | |
| …… | | |
| 六、综合收益总额 | （略） | |
| 七、每股收益 | （略） | |
| （一）基本每股收益 | | |
| （二）稀释每股收益 | | |

**六、案例题**

1. 货币资金＝236＋74 052＝74 288(元)
应收账款＝41 900(元)
预付款项＝17 000(元)
存货＝176 570＋30 182＋17 270＝224 022(元)
固定资产＝500 000－181 500＝318 500(元)
应付账款＝54 350(元)
预收款项＝10 000(元)
未分配利润＝36 000－32 760＝3 240(元)

2. 存货周转次数＝630 000÷存货＝4.5(次)
则期初存货＝期末存货＝630 000÷4.5＝140 000
应收账款净额＝864 000－588 000－50 000－140 000＝86 000(元)
流动比率＝流动资产÷流动负债＝(864 000－588 000)÷流动负债＝1.5
则流动负债＝276 000÷1.5＝184 000(元)
应付账款＝184 000－50 000＝134 000(元)
资产负债率＝50％
则负债总额＝432 000(元)
长期负债＝432 000－184 000＝248 000(元)
未分配利润＝432 000－600 000＝－168 000(元)

# 第8章　管理会计基础

## 一、单选题

| 1 | 2 | 3 | 4 | 5 | 6 | 7 | 8 | 9 | 10 |
|---|---|---|---|---|---|---|---|---|---|
| D | D | B | A | A | A | B | D | A | D |

## 二、多选题

| 1 | 2 | 3 | 4 | 5 |
|---|---|---|---|---|
| ABC | AD | ABC | AD | BC |

## 三、判断题

| 1 | 2 | 3 | 4 | 5 |
|---|---|---|---|---|
| × | √ | × | √ | √ |

## 四、简答题

1. 资金需要量的预测在提高企业经营管理水平和企业经济效益方面具有十分重要的意义:资金需要量的预测是进行经营决策的主要依据;资金需要量的预测是提高经济效益的重要手段;资金需要量的预测是编制资金预算的必要步骤。

2. 平衡计分卡作为一种管理方法,其注意力主要放在组织目标的实现方面。平衡计分卡实际上是在衡量和评价公司在满足不同利害关系人要求方面的业绩。平衡计分卡在将公司使命和战略转化为具体目标和业绩指标的同时,也在平衡公司各方利害关系人之间的不同要求。

# 模拟试题参考答案

## 模拟试题(一)

**一、单选题(本大题共 10 小题,每小题 1 分,共 10 分,将答案填在下表内)**

| 1 | 2 | 3 | 4 | 5 | 6 | 7 | 8 | 9 | 10 |
|---|---|---|---|---|---|---|---|---|---|
| A | B | A | A | B | C | C | D | D | C |

**二、判断题(本大题共 10 小题,每小题 1 分,共 10 分,将答案填在下表内)**

| 1 | 2 | 3 | 4 | 5 | 6 | 7 | 8 | 9 | 10 |
|---|---|---|---|---|---|---|---|---|---|
| √ | √ | × | √ | × | √ | √ | × | √ | × |

**三、名词解释题(本大题共 5 小题,每小题 4 分,共 20 分)**

1. 资产是过去的交易或事项形成的,由企业拥有或控制的,预期能带来经济利益流入的资源。

2. 会计账户是用来反映会计要素增减变动及结果的工具。

3. 权责发生制是以收入的权利和支出的义务的归属作为判断当期收入和费用的标准。

4. 会计凭证是记录经纪业务、明确经济责任、据以登记账簿的书面证明。

5. 全面预算管理是企业内部控制的一种方法,是兼具控制、激励、评价等功能为一体的综合贯彻企业经营战略的管理机制。

**四、计算题(本大题共 3 小题,每小题 10 分,共 30 分)**

1. 资产=375 000+20 000−20 000+1 000+9 000+30 000−6 000+8 000−8 000=409 000(元)(4 分)

负债=100 000+9 000+30 000−6 000=133 000(元)(3 分)

所有者权益=275 000+1 000+20 000−20 000=276 000(元)(3 分)

2. (1) 按权责发生制核算:

收入=300 000(元)

费用=500+1 000+800+2 600=4 900(元)

利润=300 000−4 900=295 100(元)(5 分)

(2) 按收付实现制核算:

收入=150 000+60 000=210 000(元)

费用=500+6 000=6 500(元)

利润=210 000−6 500=203 500(元)(5 分)

3. 每空2分,共10分。

| 账户名称 | 期初余额 | | 本期发生额 | | 期末余额 | |
|---|---|---|---|---|---|---|
| | 借方 | 贷方 | 借方 | 贷方 | 借方 | 贷方 |
| 原材料 | 0 | | 30 000 | (15 400) | 14 600 | |
| 应收账款 | 160 000 | | 140 000 | (160 000) | 140 000 | |
| 预收账款 | | 20 000 | (25 000) | 15 000 | | 10 000 |
| 实收资本 | | 320 000 | 100 000 | 200 000 | | (420 000) |
| 应付账款 | | (10 000) | 30 000 | 20 000 | | 0 |

**五、账务处理题(本大题共15小题,每小题2分,共30分)会计分录题**

1. 借:银行存款　200 000
　　贷:实收资本　200 000
2. 借:原材料——甲材料　50 500
　　应交税费——应交增值税(进项税额)　6 500
　　贷:应付账款　57 000
3. 借:生产成本——A　55 000
　　　　　　——B　45 000
　　制造费用　8 000
　　管理费用　2 000
　　贷:原材料——甲材料　110 000
4. 借:制造费用　5 000
　　管理费用　2 000
　　贷:累计折旧　7 000
5. 借:生产成本——A　40 000
　　　　　　——B　30 000
　　制造费用　25 000
　　贷:应付职工薪酬　95 000
6. 借:银行存款　100 000
　　贷:长期借款　100 000
7. 借:生产成本——A　20 000
　　　　　　——B　18 000
　　贷:制造费用　38 000
8. 借:库存商品——A　100 000
　　　　　　——B　80 000
　　贷:生产成本——A　100 000
　　　　　　　——B　80 000
9. 借:应付账款　25 000
　　贷:银行存款　25 000

10. 借：银行存款 30 000
    贷：营业外收入 30 000
11. 借：销售费用 5 000
    贷：银行存款 5 000
12. 借：本年利润 24 000
    贷：所得税费用 24 000
13. 借：本年利润 280 000
    贷：利润分配 280 000
14. 借：利润分配 40 000
    贷：盈余公积 40 000
15. 借：利润分配 300 000
    贷：应付股利 300 000

# 模拟试题(二)

**一、单选题(本大题共10小题,每小题1分,共10分,将答案填在下表内)**

| 1 | 2 | 3 | 4 | 5 | 6 | 7 | 8 | 9 | 10 |
|---|---|---|---|---|---|---|---|---|---|
| D | D | C | C | C | D | C | A | C | A |

**二、判断题(本大题共10小题,每小题1分,共10分,将答案填在下表内)**

| 1 | 2 | 3 | 4 | 5 | 6 | 7 | 8 | 9 | 10 |
|---|---|---|---|---|---|---|---|---|---|
| √ | √ | × | × | √ | √ | √ | × | × | × |

**三、名词解释题(本大题共5小题,每小题4分,本题共20分)**

1. 负债是过去的交易或事项形成的,会导致企业经济利益流出的一种现实义务。
2. 会计科目是对会计要素进一步分类以后形成的具体项目。
3. 收付实现制是以款项是否实际收到和付出作为确定本期收入和费用的标准。
4. 借贷记账法是以“借”和“贷”为记账符号的一种复式记账方法。
5. 平衡计分卡是是常见的绩效考核方式之一,平衡计分卡是从财务、客户、内部运营、学习与成长四个角度,将组织的战略落实为可操作的衡量指标和目标值的一种新型绩效管理体系。

**四、计算题(本大题共3小题,每小题10分,共30分)**

1. 营业利润=(130 000+2 000)-(65 000+1 200)-20 000-19 120-800=25 880(元)(4分)

利润总额=258 800+1 100-500=26 480(元)(3分)

净利润=26 480-7 494=18 986(元)(3分)

2. (1) 流动比率=4 050 000÷1 080 000×100%=375%(2分)

(2) 速动比率＝1 050 000÷1 080 000×100%＝97.22%(2分)

(3) 资产负债率＝1 930 000÷9 930 000×100%＝19.44%(2分)

(4) 销售净利率＝1 500 000÷3 000 000×100%＝50%(2分)

(5) 净资产收益率＝1 500 000÷8 000 000×100%＝18.75%(2分)

3.

| 账户名称 | 期初余额 | | 本期发生额 | | 期末余额 | |
|---|---|---|---|---|---|---|
| | 借方 | 贷方 | 借方 | 贷方 | 借方 | 贷方 |
| 银行存款 | 60 600 | | (30 000)1分 | | (90 600)1分 | |
| 固定资产 | 1 400 | | (9 600)1分 | | (11 000)1分 | |
| 短期借款 | | 11 000 | | (30 000)1分 | | (41 000)1分 |
| 实收资本 | | 51 000 | | (9 600)1分 | | (60 600)1分 |
| 合计 | 62 000 | 62 000 | (39 600)<br>0.5分 | (39 600)<br>0.5分 | (101 600)<br>0.5分 | (101 600)<br>0.5分 |

**五、账务处理题(本大题共15小题,每小题2分,共30分)**

1. 借:银行存款 300 000
    贷:长期借款 300 000

2. 借:银行存款 50 000
    贷:短期借款 50 000

3. 借:固定资产 80 000
    贷:实收资本 80 000

4. 借:资本公积 50 000
    贷:实收资本 50 000

5. 借:在建工程 102 000
    应交税费——应交增值税(进项税额) 13 000
    贷:银行存款 115 000

6. 借:在建工程 3 000
    贷:银行存款 3 000

7. 借:银行存款 3 390
    贷:其他业务收入 3 000
        应交税费——应交增值税(销项税额) 390

8. 借:应收账款 33 900
    贷:主营业务收入 30 000
        应交税费——应交增值税(销项税额) 3 900

9. 借:固定资产 105 000
    贷:在建工程 105 000

10. 借:管理费用 3 500
    库存现金 500
    贷:其他应收款 4 000

| | | |
|---|---|---|
| 11. 借：销售费用 | 3 000 | |
| 贷：库存现金 | | 3 000 |
| 12. 借：营业外支出 | 4 000 | |
| 贷：银行存款 | | 4 000 |
| 13. 借：银行存款 | 40 000 | |
| 贷：营业外收入 | | 40 000 |
| 14. 借：主营业务成本 | 20 000 | |
| 贷：库存商品——甲产品 | | 20 000 |
| 15. 借：财务费用 | 250 | |
| 贷：应付利息 | | 250 |

# 参 考 文 献


[1] 财政部.企业会计准则应用指南2021[M].上海:立信会计出版社,2021.
[2] 陈德英,马俊云,李小林.基础会计学习指导书[M].上海:立信会计出版社,2020.
[3] 袁树民,丁小云.会计学[M].4版.上海:上海财经大学出版社,2019.
[4] 陈少华.会计学原理[M].5版.厦门:厦门大学出版社,2017.
[5] 宋献中,王丹舟,谭小平.基础会计[M].北京:高等教育出版社,2018.
[6] 陈国辉,迟旭升.基础会计[M].7版.大连:东北财经大学出版社,2017.
[7] 陈德英,马俊云,李小林.基础会计[M].上海:立信会计出版社,2018.
[8] 朱虹,周雪艳,等.基础会计[M].3版.大连:东北财经大学出版社,2015.
[9] 刘永泽,陈立军.中级财务会计[M].7版.大连:东北财经大学出版社,2021.
[10] 注册会计师全国统一考试精编教材编委会.注册会计师全国统一考试精编教材,会计[M].北京:企业管理出版社,2021.
[11] 徐伟丽.管理会计[M].2版.上海:立信会计出版社,2019.
[12] 余绪缨,汪一凡.管理会计[M].3版.沈阳:辽宁人民出版社,2009.
[13] 余绪缨,王怡心.成本管理会计[M].上海:立信会计出版社,2004.
[14] 张新民,钱爱民.财务分析报表分析[M].5版.北京:中国人民大学出版社,2019.
[15] 曹军.财务报表分析[M].4版.北京:中国人民大学出版社,2021.